Jean Guitton

Mein Jüngstes Gericht

Der Philosoph und der Tod

Topos plus Taschenbücher

Topos plus **Verlagsgemeinschaft**

Butzon & Bercker, Kevelaer | Don Bosco, München | Echter, Würzburg
Lahn-Verlag, Limburg Kevelaer | Matthias-Grünewald-Verlag, Mainz
Paulusverlag, Freiburg Schweiz | Friedrich Pustet, Regensburg
Styria, Graz Wien Köln | Tyrolia, Innsbruck Wien

verlags gruppe engagement

Die Deutsche Bibliothek – CIP-Einheitsaufnahme
Ein Titeldatensatz für diese Publikation
ist bei Der Deutschen Bibliothek erhältlich

Aus dem Französischen übersetzt von Wolfgang Häussermann
Originalausgabe: Mon testament philosophique. Presses de la Renaissance.
Paris 1998

Einband- und Reihengestaltung:
home.made designarbeit, Essen
Herstellung: Pustet, Regensburg
Printed in Germany

Topos plus – Bestellnummer: 3-7867-8382-9

Topos plus **Taschenbücher**
Band 382

Inhaltsverzeichnis

1. TEIL

Mein Tod

Ein seltsamer Besucher

In meiner Todesnacht ereigneten sich in meiner Pariser Wohnung seltsame Dinge. Es begann, als ich friedlich in den letzten Zügen lag. Ich war fast einhundert Jahre alt. Ich litt nicht, hatte auch kaum Todesangst. Beim ruhigen Einschlummern hing ich meinen Gedanken nach. Trotzdem wartete ich auf etwas.

Es war etwa neun Uhr abends. Ich war in meinem Zimmer allein. Im Nebenzimmer unterhielt sich mein Neffe Theophil mit Marzena. Sie war meine Sekretärin und meine Krankenschwester. Sie war Polin, und ich bedurfte ihrer ständig. Das Gespräch war uninteressant. Ohne besonders hinzuhören, verstand ich, was sie sagten. Mein Neffe war beunruhigt.

– Ist er schon tot?
– Noch nicht, antwortete Marzena.
– Glauben Sie, dass er die Nacht überlebt?
– Ich hoffe nicht. Seit elf Tagen sollte er schon tot sein, und er lebt immer noch. Er wird uns noch alle überleben.
– Welche Widerstandskraft!
– Er scheint auf etwas oder auf jemanden zu warten.
– Das ist unwahrscheinlich. Er hasst es, zu warten. Was sagt er?
– Nichts. Er sagt nichts. Aber jedes Mal, wenn jemand in sein Zimmer kommt, schaudert er und öffnet den Mund. Dann erschlafft er wieder.
– Und das dauert jetzt schon elf Tage. Hören Sie, es läutet.

Entschuldigen Sie mich, ich werde die Tür öffnen. Vielleicht ist es der Arzt.

Ich höre, wie die Tür geöffnet wird. Dann wird es wieder still. Ich wusste, nun war er gekommen, auf den ich wartete. Vor ihnen stand ein eleganter Mann in einem schwarzen Anzug, etwa fünfzig Jahre alt, mit einem in zwei Spitzen endenden Schnurrbart. Ich sah ihn noch nicht, hatte aber seine Gegenwart schon oft verspürt. Ich konnte ihn mir sofort vorstellen, wie er seinen Blick über meine vertraute Unordnung schweifen ließ: alte Möbel im Halbdunkel, vereinzelte Bilder an der Wand, aufgehäufte Bücher und überall Papiere. Mein Neffe sprach ihn an.

– Sie sind nicht der Arzt?
– Ich möchte Herrn Jean Guitton sprechen, antwortete der Besucher.
– Herr Guitton kann Sie in seinem jetzigen Zustand nicht empfangen, sagt Marzena. Wer sind Sie?
– Er erwartet mich.
– Herr Guitton erwartet niemanden.
– Aber Sie haben doch vor kaum einer Minute das Gegenteil behauptet.
– Woher wissen Sie, dass ich das gesagt habe?
– Weil ich derjenige bin, auf den er wartet. Sagen Sie ihm, dass ich da bin.
– Wen soll ich melden?
– Sagen Sie ihm, sein Besucher sei da.

Erschrocken öffnete Marzena die Tür zu meinem Zimmer. Ich hatte die Augen geschlossen, um besser nachdenken zu können. Während sie sich auf Zehenspitzen meinem Krankenlager näherte, blieb mein Neffe mit dem Unbekannten allein.

– Kennen Sie Jean Guitton schon lange?
– Seit seiner Geburt.

– Seit seiner Geburt? Aber er ist hundert Jahre alt! Wie alt sind dann Sie?
– Wo ich herkomme, zählen die Jahre nicht.
– Oh! … Ich bin sein Neffe Theophil.
– Ich weiß.
– Das wissen Sie? Wir sind uns vielleicht schon begegnet, möglicherweise bei einer Ordensverleihung.
– Nein. Sie haben mich noch nie gesehen. Noch nie.
– Oh. Ich habe Sie noch nie getroffen. Das scheint offensichtlich. Sonst hätte ich Sie ja sofort wiedererkannt. Wo Sie sogar wissen, dass ich der Neffe bin, und wo sie ihn seit meiner Geburt kennen. Oder nein, seit Ihrer Geburt. Oder seit seiner, ich weiß nicht mehr, welcher. Entschuldigen Sie mich bitte, ich muss gehen. Auf Wiedersehen, mein Herr.
– Wir sehen uns am Freitag, im Invalidendom. Dort ist seine Beerdigung.
– Seine Beerdigung? Wer wird dort beerdigt? Guitton?
– Wer sonst? Napoleon?
– Entschuldigen Sie bitte, ich habe seit zehn Tagen nicht richtig geschlafen. Aber immerhin … er ist noch nicht tot.
– Morgen. Morgen ist es vorbei. Bis dahin müssen er und ich noch miteinander sprechen.

Während mein Neffe ganz verstört wegging, trat meine Sekretärin zu ihm. Ich hatte ihr meine Anweisungen gegeben.

– Herr Guitton wird Sie empfangen, mein Herr.
– Ich habe es Ihnen doch gesagt. Warum schauen Sie mich so erstaunt an?
– Wer sind Sie?

Er lächelt, beugt sich zu ihr herab und flüstert ihr etwas ins Ohr. Sie fällt auf dem Sofa in Ohnmacht. Der Unbekannte dreht sich nicht nach ihr um und betritt mein Zimmer.
Der Unbekannte setzt sich zwanglos auf meine Bettkante. Ich

lag da, den Kopf leicht erhoben, auf ein Kopfkissen gestützt. Ich hatte die Augen weit offen. Ich sprach mit einer gewissen Anstrengung und mit rauer Stimme.

– Sie erwarteten mich, Maître? fragte er.
– Seit elf Tagen.
– Ich mache keine Umstände. Sie ahnen, warum ich komme.
– Selbstverständlich, antwortete ich. Sie wollen mir meinen Glauben rauben. Denken Sie, dass ich einer Diskussion gewachsen bin?
– Maître, Ihr Gehirn hat bis jetzt den Verfall Ihres Körpers überlebt. Haben Sie Angst, mit mir zu sprechen?
– Das Sprechen strengt mich zu sehr an. Lassen Sie mich in Ruhe.
– Beschränken Sie sich aufs Denken. Ich lese auf dem Grund Ihrer Seele.
– Das ist unmöglich, und Sie wissen es. Ich bin wie ein Heiligtum, das Sie nicht betreten dürfen.
– Gut. Wenn Ihre Kräfte nicht ausreichen, machen Sie sich keine Mühe, deutlich zu sprechen. Es genügt, wenn Sie flüstern. Ich kann Ihre feinsten Gedanken an den leisesten Bewegungen Ihrer Lippen ablesen. Was sagen Sie dazu?
– Ich bin einverstanden. Ich fühle mich plötzlich besser. Vielleicht ist dies die Euphorie vor dem Ende. Machen wir uns das zunutze und diskutieren wir ein letztes Mal über die Dinge, die uns interessieren. Rufen Sie doch bitte meine Krankenschwester, sie soll mir das Kopfkissen zurechtmachen.
– Ich werde es selbst tun, sagte er.

Er tat es, schaute mich genau an und fragte:

– Sie wollen gerne mit mir sprechen, nicht wahr?
– Nein. Sie waren mir noch nie sympathisch.
– Und doch haben Sie auf mich gewartet.

– Ich wusste, dass Sie kommen würden. Das ist alles.
– Warum hat mich, Ihrer Meinung nach, Ihr Schutzengel nicht am Kommen gehindert?
– Ich weiß es nicht. Fragen Sie ihn.
– Vielleicht gibt es ihn ganz einfach nicht.
– Wenn es ihn nicht gibt, dann gibt es Sie auch nicht.
– Gute Antwort. Aber vielleicht gibt es mich wirklich nicht. Nehmen wir an, ich verschwinde in diesem Augenblick, und ich lasse Sie mit meinen Gedanken allein. Sie werden sehen, wie hinterhältig sie sind! Sie glauben, es seien die Ihren, und es fällt Ihnen schwer, ihnen zu widerstehen.

Und er verschwand. Zum ersten Mal in meinem Leben hatte ich Angst vor dem Alleinsein.

– Wo sind Sie? Wo sind Sie?

Niemand antwortet. Stille. War er es? War er wirklich da? Vielleicht habe ich geträumt. Vielleicht hatte ich eine Halluzination. Vielleicht war alles nur Traum und Einbildung. Nein, nein. Ich erkenne ihn. Es sind seine Gedanken. Aber was weiß ich, wenn … Ich bin voller Gedanken, die nicht meine eigenen sind, aber mir doch wie meine eigenen vorkommen. Meine Gedanken! Sagt mir doch, dass ich im Frieden bin, dass in wenigen Stunden der Schleier zerrissen ist, dass ich bei Gott bin, dass Gott sich mir gibt, dass der Kampf zu Ende ist und der Sieg und das ewige Leben mein sind. Oh! Das sind wahre und christliche Gedanken! Wer hat denn die Macht, sie heute Abend so leer und hohl klingen zu lassen? Wer schlägt euch in die Flucht? Armer Guitton, alter Dummkopf, du hast hoch gespielt und verloren. Du dachtest, du seiest genauso intelligent wie der Spieler Pascals und nun sind deine Taschen so leer, wie die seinen. In wenigen Stunden wirst du nicht mehr sein. Nur noch eine schöne Philosophenstatue aus Wachs, fest geworden für die Dauer einer Zeremonie. Man wird sie fotografieren für die Titelseite des *Match,* den Rosenkranz zwischen den eisigen Fingern als Hinweis auf deine Illusionen, Überbleibsel deiner Furcht vor dem Nichts, letzte Lüge dessen, was du deinen Glauben nanntest. Er wird im Saft deiner Verwesung verrosten. Oh! Oh! Oh!

Ich schauderte vor dem Gelächter, das aus mir aufzusteigen schien und das doch nicht aus mir kam. Ich fragte:

– Wer lacht da?
– Du selbst, schien ich zu antworten. Du lachst darüber, dass du dir dein Leben lang etwas vorgelogen hast. Du bist zu intelligent, um das nicht zu wissen, aber du hast nicht mehr die Kraft, die Komödie weiter zu spielen. Man hat dich so programmiert, armer Freund. Du hast diese Struktur des kleinen Kindes, des kleinen Christen, des kleinen Sklaven verteidigt. Du hattest nie die Kraft, wirklich etwas zu wagen. Du hast nicht gelernt, in die Frucht zu beißen, die Schönheit des Heidnischen zu genießen, dem Herrn gegenüber den Mund zu verschließen und gegen das Schweigen des Himmels zu spucken. Du hast alles versäumt, alles verloren; du bist nackt, und morgen bist du verrottet.
– Sie übertreiben, lieber Freund. Jetzt weiß ich, dass Sie da sind, weil Sie meine Gedanken schlecht nachmachen. Tausend Mal habe ich in meinem Leben gedacht, dass ich mich täuschen könnte, aber noch nie habe ich ein derartiges Pathos daraus gemacht. Wenn ich von dem, was Sie da sagen, wirklich überzeugt wäre, würde ich keine große Sache daraus machen, denn es wäre nicht mehr wichtig und es wäre auch nie wichtig gewesen. Außerdem heißt es, den Karren vor die Ochsen zu spannen, wenn man die Frage der Unsterblichkeit der Seele am Anfang diskutiert. Wenn wir uns vernünftig unterhalten sollen, dann hören Sie auf, den Nietzscheschen Jüngling zu spielen oder den burlesken Vampir, und benehmen Sie sich bitte wie ein vernünftiges Individuum.

Nachdem ich das gesagt hatte, wurde der Unbekannte wieder sichtbar.

– Wie können Sie, fragte er mich, so unmenschlich verstandesbestimmt sein? Haben Sie keinen Körper?
– Sie, als reiner Geist, fragen mich das?
– Von dieser Seite habe ich Sie noch nie in den Griff bekommen. Ich habe es schon mehrmals versucht. Sie haben es nicht einmal gemerkt. Ein wahrer Chorknabe.
– Vielleicht habe ich nur so getan, als hätte ich nichts gemerkt.
– Sind Sie so tugendhaft?
– Ich glaube nicht, dass ich tugendhaft bin. Vielleicht bin ich von Natur aus nüchtern, und wenn es nötig war, kam mir Gott zu Hilfe.

Er fuhr zusammen und begann von neuem:
– Guitton, warum sprechen Sie überhaupt mit mir? Bin ich nicht Ihr ärgster Feind?
– Mein ärgster Feind ist mein bester Freund. Nichts ist mir nützlicher als ein Feind.
– Aber ich stelle mich gegen Ihre Ideen. Ich möchte, dass Sie Ihre Meinung ändern. Ich möchte Sie aus dem Gleichgewicht bringen. Und ich versuche dies zu einem Zeitpunkt, in dem Sie am anfälligsten sind, wenn Sie darauf angewiesen sind, sich an ihren Gewissheiten festzuhalten, sich an Ihren Glauben zu klammern. Wenn Sie von Ihrem Christentum überzeugt sind, dann müssen Sie in mir einen Feind Ihres ewigen Heils sehen, und Sie können mich nicht anhören, ohne mich zu hassen.
– Verzeihen Sie, aber so sehe ich die Dinge nicht. Ich kann Ihnen nicht böse sein. Für mich ist ein Feind immer ein Bundesgenosse. Ich weiß nicht, ob Sie mich da verstehen. Meinungen zu haben, das interessiert mich nicht. Das kann jeder. Aber wahre Ideen zu haben, absolut wahre Überzeugungen, das ist gleichzeitig schwer und schön.

– Welcher Hochmut! rief er.
– Nennen Sie es, wie Sie wollen. Auf Ihr Urteil kommt es mir nicht an. Morgen bin ich tot. Aber seit einem Jahrhundert denke ich an diesen Augenblick. Seit 90 Jahren sage ich mir: Guitton, vor deinem Tod musst du mit Sicherheit wissen, was nach dem Tod kommt. Deshalb habe ich die Antwort auf diese Frage gesucht; mein ganzes Leben lang habe ich gesucht.
– Und Sie haben sie einfach so gefunden?
– Ich habe nicht den Eindruck, dass ich die Antwort wirklich gefunden habe, wenn ich nicht weitersuche, und nur aus diesem Grund habe ich Sie nicht hinausgeworfen.
– Wenn Sie immer noch suchen, haben Sie die Antwort noch nicht gefunden.
– Wenn man nicht mehr sucht, verliert man, was man gefunden hat. Es ist anders. Je mehr man findet, desto mehr sucht man.
– Das verstehe ich nicht.
– Vielleicht haben Sie nie gesucht und nie gefunden.
– Ein Punkt für Sie, sagte er lachend. Aber nicht viele Leute suchen, fing er wieder an und starrte mich aus den Augenwinkeln an. Sie sind ein Sonderfall.
– Woher wissen Sie das? Fragen Sie sie doch.
– Zugegeben, dass Sie suchten. Wie, zum Teufel, wollen Sie finden?
– Zum Teufel, wenn ich nicht suche, wie soll ich finden?
– Haben Sie nun die Antwort endlich gefunden, ja oder nein?
– Es scheint so, aber ich frage mich noch. Ich fürchte immer, nicht anspruchsvoll genug zu sein, zu voreingenommen, zu großzügig; und deshalb brauche ich einen Feind. Widerspreche mir, Kallikles, sagte Sokrates.
– Um es auf den Punkt zu bringen, Sie wollen, dass ich Sie daran hindere, dumm zu sterben.
– Es ist stärker als ich, sagte ich zu ihm. Ich brauche einen

Beweis. Der Beweis einer Idee wird nicht ohne eine Prüfung erbracht. Die Prüfung ist mehr wert, wenn sie von einem Gegner auferlegt wird.

– Ich bin Ihr Gegner, sagte er und blickte mir gerade in die Augen. Kommen wir zum Wesentlichen. Sprechen wir über Aufrichtigkeit. Als Sie die Wahrheit des Christentums erforschten, waren Sie schon Christ. Durch Ihre Erziehung, Ihre Tradition und Ihre Gewohnheiten waren Sie dem Christentum schon zugetan. Sie wollten, dass es die Wahrheit ist. Wie können Sie vorgeben, objektiv gewesen zu sein? Sie haben nur Gründe gesucht, die Ihnen ermöglichten, zu glauben; und Sie haben versucht, die Gründe zurückzuweisen, die sie zweifeln ließen. Sie haben eine *a priori* und ohne tieferen Grund gefasste Entscheidung rationalisiert.

– Ihr Argument ist nicht ohne Gewicht, antwortete ich ruhig, aber es gilt für Sie genauso, wie für mich. Da es Ihnen lieber ist, dass das Christentum nicht wahr ist, suchen Sie Gründe, nicht daran zu glauben.

– Das heißt, dass weder Sie, Guitton, noch ich diese Frage jemals mit Sicherheit klären können. Genau das will ich ja sagen.

– Da schlussfolgern Sie zu schnell. Unsere Studienobjekte hängen zwar oft mit unseren Interessen zusammen. Das bringt Schwierigkeiten für die Fragestellung, aber es ist auch ein Stimulans. Wie können Sie erforschen, was Sie nicht interessiert? Ich glaube, Sie verwechseln Objektivität mit Indifferenz. Grundlage der Forschung ist nicht Indifferenz, sondern Interesse und Liebe zur Wahrheit …

– Aber Sie suchen nicht die Wahrheit, unterbrach er mich mit schneidender Stimme. Sie wollen mir nur beweisen, dass Ihr Christentum die Wahrheit ist.

– Sie täuschen sich. Es ist nicht meine Absicht, Ihnen irgendetwas zu beweisen. Ich suche in mir und für mich nach den tiefen Gründen der Wahrheit. Der einzige Skeptiker, den ich überzeugen will, bin ich selbst. Sie, lieber Feind – entschuldigen Sie meinen Egoismus –, sind mir nur insoweit von Interesse, als Sie mir in meiner persönlichen Suche nach Wahrheit helfen. Und soweit Sie es mir ermöglichen, objektiv zu sein und den Widerstand des Skeptikers in mir zu verkörpern, sind Sie mir nützlich. Und der einzige Weg, den inneren Skeptiker zu besiegen, ist, ihn zu überzeugen.

Er lächelt und sagt mit süßlicher Stimme:

– Sie wollen sagen: ihn zu überreden.
– Wirklich überreden, das heißt das Herz ohne Manipulation zu überzeugen, dass es das *wahre* Gut gefunden hat.
– Das wahre Gut! Wieder etwas anderes. Was heißt das?
– Das wollte ich mein ganzes Leben lang finden.
– Und was ist das, das wahre Gut?
– Das interessiert Sie nicht, lassen Sie mich sterben.
– Sie sind noch nicht tot. Sagen Sie es in einem Wort?
– Die universelle Liebe.
– Baff!
– Erhabene Wahrheit.
– Die Wahrheit! Mein armer Guitton, was ist Wahrheit?
– Es gab eine Zeit, als dieses Wort für mich auch noch nichts bedeutete. Allerdings wusste ich, dass es mir etwas bedeuten sollte. Wenn ich an jene Zeit in meinem Leben denke, scheint es mir, als hätte ich in einer Art Nebel gelebt. Aber der Nebel hat sich gelichtet.

Er begann am Fuß meines Bettes auf und ab zu laufen. Er war wütend.

– Sie reden immer von Wahrheit. Aber Sie sind ein Schwindler. Die einzige Lüge ist diese Wahrheit, die sie immer im Munde führen … Sie bringen mich um den Verstand. Ich weiß nicht mehr, was ich denken soll … Oh ja! Guitton, Sie sind der Debatte ausgewichen. Der eigentliche Grund des Problems ist, dass Sie nicht zweifeln. Wie können Sie aufrichtig sein, wenn Sie nicht zweifeln?

– Aber Sie, der Sie vorgeben, zu zweifeln, wie können Sie ehrlich sein, wenn Sie nicht an Ihrem Zweifel zweifeln?

– Weil der Zweifel Teil der rationellen Methode ist, zur Wahrheit zu gelangen. Und der Zweifel macht reinen Tisch. Auf diese Weise entsteht die Freiheit des Geistes. Und diese Freiheit, Guitton, schließt Ihren Glauben aus.

– Man muss zweifeln, aber man muss richtig zweifeln. Sind Sie sicher, dass Sie richtig zweifeln? Sie glauben, an allem zu zweifeln, aber Sie zweifeln nicht an diesem Zweifel selbst. Der wirklich universelle Zweifel beinhaltet einen Zweifel am Zweifel selbst. Der wirklich kritische Geist schließt die Kritik der Kritik ein. Das ist die Art und Weise, lieber Feind-Freund, in der ich Kritik übe oder es wenigstens versuche. Sie scheint mir von der Vernunft her überlegen zu sein. Und diese Art von Zweifel macht nicht reinen Tisch. Dieser Zweifel führt zu einer höheren Freiheit, die sich mit meinem Glauben verträgt.

– Sie verzichten auf die Vernunft.

– Genauso wenig wie man auf die Republik verzichtet, wenn man die Guillotine abschafft.

– Sie haben auf alles eine Antwort.

– Leider nicht. Aber ich bin glücklich, dass ich die Wahrheit mit einer wirklich kritischen Vernunft suche. Wenn ich meinen Glauben niemals verloren habe, so deshalb, weil ich den Eindruck hatte, dass ich durch die Aufgabe des Glaubens die kritische Vernunft verraten würde. Schließlich habe ich aus meiner kritischen Einstellung heraus am Glauben festgehalten. So, als wäre ich ein rationaler Gläubiger und ein Freidenker. Verstehen Sie mich jetzt besser?

– Guitton, Sie sind teuflisch.

– Sie sind ein Engel, Luzifer.

Und der Besucher verschwand.

Wie Blaise Pascal an mein Bett kommt

Dann trat ein Mann in mein Zimmer, sanft wie auf Zehenspitzen, gekleidet wie ein Bürger zur Zeit Ludwigs XIII., in der Hand einen kleinen Federhut.

– Ah, sagte ich zu mir, da ist er ja wieder. Aber nein. Zwar ist jemand da, aber er ist es nicht. Wer sind Sie? fragte ich den Unbekannten.
– Sie erkennen mich nicht? sagte er erstaunt. Sie haben mein Porträt gemalt. Sie hatten es zwanzig Jahre lang in Ihrem Arbeitszimmer hängen.
– Wie? Treten Sie näher. Noch näher, ich erkenne Ihre Züge nur undeutlich. Himmel! Blaise Pascal! Ich träume wohl. Ich habe Halluzinationen. Das ist mein Ende.
– Nein, Sie träumen nicht. Ich bin's.
– Aber ich hatte Sie nicht erwartet!
– Ich bin der Unerwartete. Oder anders ausgedrückt, Gott schickt mich.
– Wenn Sie wüssten, Pascal, wie ich mich mein Leben lang mit Ihren Gedanken beschäftigt habe!
– Ich möchte Ihre allerletzten Überlegungen beflügeln.
– Ich bin dieser Ehre nicht würdig.
– Glückwünsche, Guitton. Sie haben unseren lieben Feind aus der Fassung gebracht.
– Ich wollte ihm gar nicht wehtun.
– Jedenfalls haben Sie ihm kein Vergnügen bereitet. Man riecht den Schwefelgestank bis Sèvres-Babylone. Nicht zu atmen. Ein Verkehrspolizist in der Rue de Rennes ist davon umgekippt. Man musste ihn ins Krankenhaus bringen.
– Alle sagen, ich liege im Sterben, aber in Wirklichkeit fühle ich mich immer besser. Marzena! Marzena!

Marzena kam herein. Sie war wieder zu sich gekommen. Pascal war im toten Winkel. Sie sah ihn nicht.

– Marzena, helfen Sie mir bitte, mich aufzurichten.

– Maître, das dürfen Sie nicht.
– Ich fühle mich viel besser. Marzena, passen Sie auf, dass ich mich nicht überanstrenge, ich könnte daran sterben.

Sie half mir, mich im Bett aufzusetzen, und legte weitere Kissen hinter meinen Kopf. Aber sie gab sich keine große Mühe. Sie gibt sich niemals große Mühe, und außerdem behauptet sie, ich sei niemals zufrieden. Wie oft habe ich wegen ihrer Nachlässigkeit einen steifen Hals gehabt. Auch wenn ich nicht im Sterben liege, bin ich zwei Drittel des Tages im Bett. Das ist meine Gesundheitsregel. Damit bin ich hundert Jahre alt geworden. Deshalb sind die Kopfkissen so wichtig.

– Aber nein, nicht so. Hinter den Kopf. Nein, so ist es nicht gut. So auch nicht. Geben Sie sich doch Mühe. Nicht so. So fühle ich mich nicht wohl.
– Jetzt ist es richtig, Maître.
– Nein, so ist es nicht gut.

Sie schaut nach oben. Ich kann ihr Gesicht nicht sehen, aber ich weiß gut, dass sie ihre Augen zum Himmel erhebt.

– So, Maître?
– Nein, aber lassen Sie nur. Lassen Sie uns allein.
– Was heißt uns? fährt sie hoch. Ist er wiedergekommen?

Erschrocken schaut sie um sich, sieht Pascal, fährt zusammen und stößt einen Schrei aus.

– Na, na! Es ist Pascal! Haben Sie ihn noch nie gesehen? Er hängt seit zwanzig Jahren in meinem Arbeitszimmer. Bringen Sie ihm doch einen Stuhl!

Sie schob ihm mechanisch einen Stuhl hin und ging ohne ein Wort hinaus, wie versteinert. Als sie gegangen war, warf Pascal seinen Hut auf einen Sessel, schob den Stuhl an mein Bett und setzte sich. Ich zeigte auf die Tür, durch die Marzena verschwunden war, und sagte:

– Sie war schon immer sehr schwierig.

Und kurz darauf:

– Ich fühle mich wirklich besser. Ich frage mich, ob ich nicht wieder die Komödie des Testaments aufführen will.
– Was ist das für eine Komödie?
– Seit meinem achtzigsten Lebensjahr habe ich immer in der Ungewissheit gelebt. Also habe ich immer, wenn ich ein neues Buch schrieb, ein Vorwort geschrieben und darin erklärt, dass dies mein letztes Buch sei, meine letzte Botschaft, mein Testament. So habe ich mehr als zwölf Bücher verfasst. Schließlich haben alle darüber gelacht. Man glaubte, ich sei nun kindisch geworden. Aber ich war jedes Mal ganz erschöpft von der Anstrengung, und ich glaubte, daran sterben zu müssen.
– Guitton, Sie hatten das Glück, hundert Jahre alt zu werden. Sie haben genug Zeit gehabt, Ihr Lebenswerk zu vollenden.
– Sie hatten noch mehr Glück als ich, Pascal. Sie konnten es nur skizzieren. Die Skizzen sind immer am schönsten. Aber sagen Sie mir, warum haben Sie mich besucht?
– Ich wollte Sie befragen.
– Wie? Da sollte ich lieber Sie befragen.
– Die mich geschickt hat, will aber, dass Sie antworten.
– Die Sie geschickt hat? Was wollen Sie damit sagen?
– Mehr darf ich nicht verraten.
– Also dann, ich höre.
– Meine erste Frage. Guitton, wie erklären Sie das allgemeine Desinteresse an der Religion?
– Diese Frage stelle ich mir seit achtzig Jahren.
– Und was ist Ihre Antwort?
– Ich gebe nicht gerne Antworten, Pascal. Ich sage Ihnen auch, warum. Wenn man den Leuten heute Antworten gibt, haben sie den Eindruck, man halte sie für dumm und man beschneide ihre Freiheit.

– Guitton: Morgen sind Sie tot. Also antworten Sie und kümmern Sie sich nicht um die Leute. Sie sprechen nur für sich. Ich bin nur da, um Ihnen den Ball zurückzuspielen.
– Sie haben vergessen, wie die Welt funktioniert. Glauben Sie mir, Pascal, irgendjemand wird unsere Unterhaltung den Zeitungen verraten. Ich muss meinen Abgang erfolgreich gestalten. Wenn ich anfange, erbaulich zu reden, wird man sagen, dass ich vor dem Tod noch trottelig geworden bin.
– Diese Einstellung wird sich ändern. Das fängt jetzt schon an. Sprechen Sie für Ihr Seelenheil, schreiben Sie für die Ewigkeit, und Sie werden aktuell bleiben. Also, wie erklären Sie die Teilnahmslosigkeit gegenüber der Religion?
– Der Mensch ist gleichzeitig ein religiöses und ein materialistisches Wesen. Er ist von Natur religiös und von Natur materialistisch. Außerdem hat er die Tendenz, religiösen Materialismus und materialistische Religionen hervorzubringen.
– Dieses religiöse Wesen hat also die Veranlagung, seine Religion zu materialisieren?
– So ist es. Und auch seinen Materialismus zu sakralisieren. Heilung von einer Krankheit, Erfolg für eine Unternehmung, Bestehen einer Prüfung usw. Er bittet Gott und erwartet von ihm nur materielle Vorteile.
– Manchmal ist dies so.
– Sagen Sie lieber, Pascal, dass das oft, ja sogar sehr oft der Fall ist. Nach und nach beschränkt sich die Religion des Menschen auf diese materialistische und eigensüchtige Praxis. Sehen Sie, in Kriegszeiten sind die Kirchen voll von Gläubigen, die den Weg zur Kirche wieder vergessen, sobald der Friede eingekehrt ist.
– Es ist etwas Wahres an dem, was Sie sagen, Guitton. Aber glauben Sie nicht, dass man das Ganze etwas differenzierter betrachten muss?

– Mit meinen hundert Jahren bin ich nicht mehr im Alter, feine Unterschiede zu machen. Man muss mich mit meinen Übertreibungen nehmen und die einen durch das Gegengewicht der anderen ausgleichen.
– Ich habe einst für die Heilung meiner Schwester gebetet. Das war mehr als nur ein medizinisches oder psychologisches Bedürfnis. Gott ist Vater und er gibt gerne. Warum wollen Sie uns hindern, ihn um materielle Dinge zu bitten?
– Ich hindere niemand daran. Ich kritisiere nicht die Praxis als solche, sondern ihren Missbrauch.
– Selbst was den Missbrauch anbetrifft, finde ich Sie zu streng. Selbst ein dem Inhalt nach materielles und eigennütziges Bittgebet kann geistlicher sein, als Sie es zu glauben scheinen. Und außerdem, Guitton, die Barmherzigkeit entschuldigt alles.
– Barmherzigkeit. Für die Leute von heute bedeutet dies Almosen.
– Für mich bedeutet das immer noch die göttliche Liebe.
– Wörter werten sich noch schneller ab als das Geld. Wenn wir zu barmherzig werden, verlieren wir unser kritisches Urteil.
– Das wiegt weniger schwer als wenn wir die Barmherzigkeit verlieren.
– Man sieht, dass Sie durch das Fegefeuer gegangen sind. Als Sie damals die *Provinciales* schrieben, haben Sie noch anders gedacht.
– Guitton, imitieren Sie nicht die Boshaftigkeiten der Menschen. Imitieren Sie die Güte Gottes.
– In Ihren Worten, mein lieber Pascal, erkenne ich die ganze Nachsicht der Kirche. Aber geben Sie doch endlich zu, dass sich die Religion nicht, ohne zu verkommen, auf materielle Ansuchen beschränken darf.
– Einverstanden.
– Meiner Meinung nach ist das immer noch sehr häufig der Fall, und vor dem technischen Zeitalter war es noch häufi-

ger so. Der Mensch hatte von Gott die Vorstellung, er wäre ein übernatürlicher Verteiler der materiellen Güter.

– Wirklich, sagte er, diese Idee scheint ihnen äußerst wichtig zu sein.

– Richelieu hatte oft Migräne. Er bat Gott, ihn davon zu befreien. Glauben Sie, dass er um etwas anderes betete?

– Ich hoffe es für ihn.

– Ich auch, Pascal. Aber stellen wir einmal die Hypothese auf, er hätte niemals um etwas anderes gebetet. Wie hat er sich dann Gott vorgestellt?

– Als himmlisches Aspirin, nehme ich an. Aber was hat das mit der Indifferenz gegenüber der Religion zu tun?

– Erfinden Sie das Aspirin, und Richelieu hört auf zu beten.

– Ich verstehe. Aber hat er damit aufgehört, ein religiöses Wesen zu sein?

– Natürlich nicht. Aber sein Gott ist arbeitslos geworden, ein arbeitsloser Gott, Pascal, wie es viele in vielen Religionen gibt. Man weiß, es gibt einen Gott, aber man gibt ihm keinen Platz im Leben. Er spielt keine Rolle. Ein Gott, zu dem man nicht mehr betet oder fast nicht mehr.

– Wenn ich Sie richtig verstehe, Guitton, dann ist der technische Fortschritt die Ursache für die religiöse Indifferenz.

– Seit der Mensch seine technischen Fähigkeiten erweitert hat, erwartet er von der Technik vieles, was er früher von Gott erwartet hat. Auf einmal kümmert er sich nicht mehr um Gott. Er scheint ihn im täglichen Leben nicht mehr zu brauchen.

– Die Medizin schiebt den Tod hinaus und vertreibt selbst die Gedanken an ihn.

– Die Todesfurcht ist immer noch gegenwärtig, aber der Gedanke an den Tod ist immer weniger im Bewusstsein der Menschen. Je weniger der Mensch Angst hat, morgen zu sterben, desto mehr richtet er sich im Leben ein, als müsste er niemals sterben. Er denkt an seine kleinen Geschäfte und vergisst die großen Fragen seiner wirklichen

Bestimmung. Er erinnert sich erst dann ans Jenseits, wenn er schon mit einem Fuß im Grab steht.

– Sie haben mir geantwortet. Die zweite Frage. Guitton, was sagen Sie zur Aggressivität gegenüber der Religion?

– Sie ist geringer als zu meiner Jugendzeit. Sie hat dieselbe Erklärung wie die Indifferenz. Der Mensch wirft Gott vor, er sei nicht so erfolgreich wie die Techniker. Er fühlt sich gedemütigt, weil er früher gezwungen war, von ihm Dinge zu erbitten, die wir uns jetzt selbst verschaffen können. Er kann sich nicht mit der Vorstellung eines höheren Wesens abfinden, dessen Nutzen zur Beschaffung der materiellen Dinge er nicht einsieht.

– Aber, Guitton, es ist doch Gott, der uns Verstand und Hände gegeben hat. Auch unsere Techniker sind eine Gabe Gottes.

– Ich behaupte ja nicht das Gegenteil. Ich sage nur, was die Leute denken. Sie haben mich ja danach gefragt.

– Man sagt, dass sich die Leute wieder für die Philosophie interessieren.

– Das ist vielleicht ein Zeichen eines wiedererwachenden Interesses für die Religion. Das gehört zusammen. Auch die Philosophie interessiert sich für Gott.

– Guitton, ist Ihrer Meinung nach die Philosophie in einem religiös indifferenten Volk genauso unnütz wie die Religion?

– Vielleicht. Die Massen sind zufrieden mit dem materiellen Paradies, der Gesundheitsfürsorge und der staatlichen Vorsorge. Diesen Gefühlen, die ja Massenphänomene geworden sind, entsprechen in der Philosophie folgende Auffassungen: Materialismus, Skeptizismus, Wissenschaftsgläubigkeit, Positivismus, Pragmatismus usw. Und doch bleibt der Mensch religiös.

– Guitton, ist nach Ihrer Meinung die religiöse Indifferenz wirklich etwas Neues?

– Nach meiner Meinung hat sie nur ihre Form geändert.

Früher betete eine materialistische und abergläubische Religiosität andauernd um die Gewährung materieller Gaben, aber im Grunde blieb sie hinsichtlich der mystischen Beziehung zu Gott oft indifferent. Im weiteren Sinne hätte man ein solches religiöses Leben vielleicht auch als „religiöse Indifferenz“ bezeichnen können.

– Andererseits, Guitton, hat der moderne Materialismus nicht auch eine religiöse Dimension?

– Ja. Der Mensch bleibt ein religiöses Wesen. Selbst seine Atheismen haben etwas Religiöses. Die beiden letzten Jahrhunderte waren von großen Mystizismen der Geschichte, der Freiheit und des Fortschritts beherrscht.

– Ich habe mir sagen lassen, dass sie in eurer heutigen Zeit weniger wichtig geworden sind.

– Das stimmt. Die Technik hat perverse Auswirkungen. Die Wissenschaft gibt metaphysische Fragen auf. Die politischen Mystizismen sind bankrott. Es gibt wieder Raum für die Religion.

– Ja, aber für welche Religion? Für die authentische oder für die materialistische?

– Für beide, Pascal, und auch für eine Mischung aus beiden.

– Sagen Sie mir, Guitton, was heute eine materialistische Religion sein könnte.

– Ein Luxusprodukt, das den befriedigten Materialisten eine weitere Satisfaktion ermöglicht. Fremdartige, außerordentliche und überflüssige Emotionen und Wahrnehmungen auf dem Gebiet der Empfindungen und der Neugier; Resakralisation einer entzauberten Erotik; Geschmack am Phantastischen und Schrecklichen, an Esoterik und Symbolismus, an Wahrsagerei und Magie; Bedürfnis nach einem gemeinschaftlichen Leben in einer derartigen Umgebung: daher die Sekten und Ähnliches.

– Hat es das nicht schon immer gegeben?

– Vielleicht, aber es hat stark zugenommen, und zwar wegen des befriedigten und gleichzeitig unbefriedigenden Materialismus. Sagen Sie es niemand, Pascal, aber wenn ich mich gehen lasse, werde ich der Religion gegenüber immer feindlicher.

– Bergson dachte auch so.

– Das stimmt. In *Les Deux Sources de la morale et de la religion (Die beiden Quellen der Moral und der Religion)* schrieb er: „Das Schauspiel, das die Religionen boten und manche heute noch bieten, ist eine Demütigung für die menschliche Intelligenz."

– Die Einbildungskraft schäumt über und wird zur ungesunden Neugier; sie verliert sich in lasterhaften und sakralisierten Leidenschaften. So nimmt die Verblendung zu und führt schließlich zur Immoralität.

– Pascal, was kann nach Ihrer Meinung die Einbildungskraft wieder gesunden lassen?

– Die Reinigung des Verstandes und des Herzens.

– Pascal, was ist die Reinigung des Intellekts?

– Drei Dinge: strenge Wissenschaftlichkeit, kritische Weisheit und reiner Glaube, der nicht fühlen will. Diese geistigen Werte dürfen nicht gegeneinander ausgespielt werden, denn sie bilden zusammen ein System, und jeder einzelne Wert ist ohne die Unterstützung der beiden anderen gefährdet. Guitton, sagte er mit einem Lächeln, Sie sind sehr geschickt. Sie sollten antworten und ich fragen. Bitte kehren wir zur religiösen Indifferenz zurück. Sagen Sie mir, ob die Lage für die Religion hoffnungslos ist?

– Ich denke nicht. Aus zwei Gründen. Erstens: jeder Mensch ist im Grunde seines Wesens religiös. Der religiöse Materialismus ist nur ein Irrweg. Es ist immer möglich, zu einer höheren Religiosität zurückzukehren. Außerdem sorgt sich ein wahrhaft religiöses Wesen weniger um die Zeit als um die Ewigkeit. Er sieht die Zeit unter dem Blickwinkel der Ewigkeit.

– Die Zeit interessiert ihn nicht?

– Doch! Sie interessiert ihn auch, Pascal, aber anders; man

kann sogar sagen, in einer höheren Weise. Ein authentisches religiöses Leben sucht in der Religion keine materiellen Vorteile oder ein psychologisches Wohlbefinden. Es handelt sich nicht um eine Form des Egoismus. Es ist ein Leben für Gott. So zu Gott zu beten, heißt: „Dein Wille geschehe."

– Die höchsten Güter, Guitton, sind anderer Natur.
– Offenkundig.
– Religion, Guitton, ist das Mystik?
– Die Mystik ist der Mittelpunkt der Religion. Sonst wäre das, was man Religion nennt, nur eine Mischung aus Magie und Herdentrieb. Ein mystischer Mensch fühlt sich vom Fortschritt der Wissenschaft und der Technik nicht bedroht. Die Mystiker bleiben immer Mystiker. Es wird immer Heilige geben.
– Guitton, ist es möglich, dass die Religion als Massenphänomen verschwindet?
– Sie wird noch eine Zeitlang zurückgehen, nicht in ihren materialistischen Formen, die sogar noch zunehmen werden, sondern in ihren erhabensten Formen.
– Wird dieser Rückgang ein Ende finden?
– Nach meiner Meinung, ja. Die technische Entwicklung der Menschheit führt zu einer immer größeren Gefährdung. Um die Gefahren zu bannen, bedarf es der Zunahme der Heiligmäßigkeit.
– Aber führt das nicht auch zu einer Rückkehr der materialistischen und eigennützigen Religion?
– Ja und nein, Pascal, denn das Paradoxon besteht darin, dass wir mehr und mehr eine wirklich heilige und wahre Religion brauchen und keine materialistische Religion. Wenn die Religion auch wegen ihrer Nützlichkeit für das praktische Leben erforderlich ist, hilft sie doch nicht viel, wenn sie nicht authentisch, geistig und uneigennützig ist. Denn nur so kann sie das Engagement, die Liebe und die Freundschaft hervorbringen. Die Zukunft gehört der Heiligkeit.

– Das hat mir schon die ganze Zeit auch Paul VI. gesagt. Er ist ein Prophet. Er mag Sie sehr, wie Sie wissen.
– Ich weiß.

Es entstand eine Pause. Die Unterhaltung hatte mich ermüdet. Ich schloss die Augen. Doch hatte mich die Anstrengung auch irgendwie gestärkt. Mein Arzt hat mir immer empfohlen, mich nicht zu schonen. Er nannte das die Überanstrengungstherapie. Ich sollte mich dauernd anstrengen und die Hälfte der Zeit im Liegen arbeiten. Das ist das Geheimnis meiner Langlebigkeit. Rousseau wollte eine Philosophie der Medizin schreiben. Auch Spinoza wollte das. Was hätten sie wohl geschrieben? Ich öffnete die Augen. Pascal fragte:

– Guitton, warum glauben Sie an Gott?
– Sie sind der große Pascal. Ich würde mich meiner kleinen Antworten schämen. Sie sehen Gott von Angesicht zu Angesicht und brauchen nicht mehr nur zu glauben. Warum also diese Frage?
– Ich stelle sie Ihretwegen, nicht meinetwegen. Sie haben es noch nötig, darauf zu antworten.
– Woher wissen Sie, dass ich es nötig habe?
– Ich habe es in Gott gesehen.
– Sie haben ganz richtig vom Menschen gesprochen als von einer unverständlichen Schimäre! Ich spreche jetzt mit Ihnen und kann nicht finden, dass das vollkommen unnormal ist. Und eine Sekunde später denke ich ans Jenseits, an Gott, und mir kommen wieder Zweifel. Ich brauche Beweise. Wenn ich mein Leben in rechter Weise betrachten könnte, würde dies nicht ausreichen, mich zu überzeugen und mich zu überreden?
– Heute Abend muss nicht ich die Antworten geben. Sie müssen es erklären. Guitton, warum glauben Sie an Gott?
– Ich habe Ihnen doch schon gesagt, dass ich nicht gerne in dieser Weise antworten möchte. Ich ziehe die Unschärfe vor, die Skizze, das *sfumato*. In meinem Alter werde ich

mich nicht mehr mit Definitionen, Beweisführungen und Syllogismen herumschlagen. Womit ich auf dieser Welt und insbesondere in meinen letzten Jahren Erfolg hatte, das ist …

– Guitton, Es geht um Ihr Seelenheil. Warum glauben Sie an Gott?

Ich stieß einen tiefen Seufzer aus. Ich würde bei diesem diabolischen Menschen nicht um eine Antwort herumkommen.

– Warum? … Weil es mir schwer fällt, daran zu glauben!
– Dass ich Sie recht verstehe, Sie sagen mir, Sie würden an Gott glauben, weil es Ihnen schwer falle, an ihn zu glauben?
– Ja. Ich werde noch weiter gehen, Pascal. Wenn es mir leicht fiele, zu glauben, dann glaube ich, würde ich nicht daran glauben.
– Das ist seltsam.
– Aber so ist es.
– Ich vermute aber, Guitton, dass das nicht Ihre einzige Begründung ist.
– Nein, aber es ist eine davon. Wenn es eine einfache Sache wäre, an Gott zu glauben, so wäre dies für jedermann leicht zugänglich. Gott wäre nicht transzendent und wäre nicht Gott. Aber wenn Gott Gott ist, besteht zwischen Ihm und uns eine große Diskrepanz. Es ist deshalb verständlich, dass wir uns, um Ihn wahrzunehmen, sozusagen auf die Zehenspitzen unseres Geistes stellen müssen.
– Aber was ist der Grund, dass Sie so schwer an Ihn glauben können?
– Ich würde seine Existenz gerne aus mir selbst ableiten. Das scheint mir nicht möglich zu sein. Insofern fällt es mir schwer. Aber wenn ich auf diese Weise glauben würde, würde ich nicht glauben und der Gott, dem ich anhängen würde, wäre nicht Gott. Deshalb hilft mir das Nichtglaubenkönnen zu glauben.

– Aber wenn Sie Gottes Existenz herleiten könnten?
– Dann befände er sich auf meinem Niveau und wäre nicht Gott.
– Ja, aber das Ganze bleibt ein Negativbeweis. Wie helfen Ihnen diese Schwierigkeiten, wirklich an den Gott zu glauben, der Gott ist?
– Weil ich auf jeden Fall an das Absolute glaube, Pascal. Wenn ich also nicht an ein Absolutes glaube, das nicht Gott ist, so muss ich an ein Absolutes glauben, das Gott ist.
– Für mich ist das sonnenklar. Sehr originell.
– Nicht so ganz. Descartes hat in den *Régles pour la direction de l'esprit (Regeln zur Leitung des Geistes)* geschrieben: „Ich zweifle, also ist Gott." *Dubito, ergo Deus est.* Ich habe auf meine Weise dasselbe gesagt.
– Es wundert mich, dass Descartes etwas so Gutes gesagt hat. Er ist also nicht so nutzlos und verschwommen, wie ich behauptet habe. Können Sie mir das Ganze noch etwas genauer erklären. Was wollen Sie mit den folgenden Ausdrücken sagen: „Gott, der nicht Gott wäre" und „Gott, der Gott wäre"?
– Daran hängt alles. Betrachten wir es näher. Ich schlage vor, zwei Wörter, die man oft für dasselbe verwendet, genau zu unterscheiden: das Absolute und Gott.
– Wie das? Kann das Absolute nicht Gott genannt werden?
– Die Antwort ist natürlich ja.
– Und kann Gott nicht das Absolute genannt werden?
– Die Antwort ist ebenfalls ja.
– Also, warum sollte man unterscheiden?
– Die beiden Wörter bezeichnen eine identische Wirklichkeit. Sie drücken aber zwei verschiedene Ideen aus. Der Ausdruck „das Absolute" bedeutet in unserer Vorstellung den ersten Ursprung, das grundlegende Prinzip des Seins und des Geistes, den absolut Ersten, Den, der ewig bleibt, unvergänglich und ohne Anfang, das Wesen, dessen Leben

alles trägt. Nichts anderes, auch wenn dies nicht wenig bedeutet. Aber die Vorstellung von Gott bedeutet noch mehr. Sie beinhaltet alles, was vom Absoluten gesagt wurde, und noch etwas anderes, noch mehr.

– Was wäre dies?

– Wenn man dieses *gewaltige Wort* „Gott" ausspricht, denkt man an das Absolute wie an „Jemanden". Dieses Absolute ist ein denkendes, wollendes, liebendes Wesen. Gott ist jemand, zu dem man beten kann.

– Die Idee Gottes ist also ein Absolutes, das gleichzeitig eine Person ist.

– Genau, Pascal. Gott im weitesten Sinne ist das Absolute. Im engeren Sinn ist Gott mehr als das Absolute, er ist Gott.

– Aber kann man sich ein Absolutes vorstellen, das nicht Gott wäre?

– Viele haben daran gedacht! Die Frage besteht eben gerade darin, zu wissen, ob das Absolute Gott ist oder nicht. Ich will Ihnen meine tiefsten Gedanken verraten. Es interessiert mich nicht, einen Beweis für die Existenz des Absoluten zu führen, denn meiner Meinung nach glauben fast alle Menschen an die Existenz des Absoluten. In diesem Sinn glauben alle an Gott im weiteren Sinne.

– Warum?

– Das ist eine Tatsache. Wenn Sie wollen, können wir später darauf zurückkommen. Aber ich sage es Ihnen noch einmal. Pascal, meiner Meinung nach ist die Existenz des Absoluten nicht die große Frage. Da die Existenz des Absoluten zweifelsfrei feststeht, besteht die wahre Frage darin, zu wissen, ob Gott auch im engeren Sinn existiert oder nicht.

– Guitton, ich fasse zusammen: Alle geben zu, dass es einen Gott im weiteren Sinne gibt. Die einzige Frage ist also, gibt es Gott im engeren Sinn.

– So ist es.

– Ich räume das ein, um die Argumentation fortführen zu können. Aber wir werden darauf zurückkommen. Nach Ihrer Meinung besteht also nicht die Wahlmöglichkeit, entweder an Gott zu glauben oder gottlos zu sein, sondern zwischen zwei Möglichkeiten zu glauben: entweder an ein unpersönliches Absolutes oder an ein persönliches Absolutes.

– Genau so ist es: zwischen dem persönlichen und transzendenten Absoluten einerseits und dem unpersönlichen und nicht transzendenten Absoluten andererseits. Fachlich ausgedrückt, besteht die Wahl zwischen dem Theismus und dem Pantheismus. Mein ganzes Leben lang habe ich über diese Alternativen nachgedacht, als ich in meinen Thesen das Verhältnis von Zeit und Ewigkeit bei Plotin und dem heiligen Augustin verglichen habe oder auch die Konzeption der Entwicklung bei Hegel und Newman. Zwei Konzeptionen von Gott, zwei Konzeptionen des Menschen, zwei Ideen des Verhältnisses zwischen Ewigkeit und Zeit, also auch zwei Konzeptionen der menschlichen Bestimmung.

– Erklären Sie die beiden Ausdrücke etwas genauer. Was verstehen Sie unter Pantheismus?

– In der Absicht, alles in der Einheit einer einzigen Darstellung zusammenzufassen, umschließt der Pantheismus in seinen Netzen alles, was ist, alles, was sein kann, und vereinigt diese ungeheure Menge, diese Unendlichkeit des Möglichen, in einer einzigen Konzeption des gesamten Alls. Das „Große Ganze“. Um besser klarmachen zu können, wie diese große Gesamtheit eine dem Verständnis zugängliche Einheit ist, stellt man sich eine einheitliche Substanz oder ein einheitliches Subjekt vor, in dem sich alles versammelt, verbindet und schließlich verschmilzt. Die unendliche Gesamtheit lässt nichts außerhalb, ruht in sich selbst, gegründet in seiner eigenen Substanz.

– Und was wären wir in dem Ganzen?
– In uns selbst ein unwichtiges Rädchen, aber im Grunde und im Wesen göttlich. Wir wären das Absolute, aber wir wüssten es nicht. Solange wir es nicht wissen, existieren wir. Und wenn wir es wissen, existieren wir nicht mehr und es gibt nur noch ihn.
– Und was ist der Theismus, Guitton?
– Er ist das andere Konzept. Gott ist nicht die Gesamtheit noch die Substanz der Gesamtheit, noch das Subjekt der Gesamtheit. Er definiert sich nicht in Bezug auf die Gesamtheit. Diese Gesamtheit ist außerdem nicht göttlich und wird auch nicht groß geschrieben. Gott ist transzendent, persönlich, frei, Schöpfer. Er hat in Freiheit geschaffen, nichts hat ihn dazu gezwungen. Nichts ist Gott ähnlicher als persönliche Wesen. Auf sublime, aber reelle Art und Weise – kennt Gott, will Gott, spricht Gott, liebt Gott.
– Dieser theistische Gott, ist er nicht eine anthropomorphe Vorstellung?
– Und der Mensch, ist er nicht eine theomorphe Realität?
– Wir schaffen Gott nach unserem Bilde.
– Und Gott schafft uns nach seinem. Ein gewisser Anthropomorphismus beruht auf der Realität des Theomorphismus, Pascal. Ein bestimmter Anthropomorphismus, kein x-beliebiger.
– Nach Ihrer Meinung, Guitton, haben wir zwischen zwei Konzepten des Absoluten zu wählen?
– Ja, und auch zwischen zwei Ideen vom Menschen und seinem Seelenheil. Diese Entscheidung ist nach meiner Meinung das einzig wichtige Problem. Hude, einer meiner Schüler, hat die Frage in seinem Buch *Prolégomènes* ausführlich behandelt. An dem Buch ist alles bemerkenswert, außer seinem Titel, der ist absurd.
– Behandeln unsere Philosophen diese Frage im allgemeinen auf diese Art und Weise?

– Ich glaube, dass man sie so stellen muss, wenn man auf der Höhe der Zeit sein will.
– Sie haben recht, Guitton. Wenn man vor allem die Entscheidung zwischen Theismus und Atheismus herausstellt, so ist das ein allzu westlicher, abendländischer Gesichtspunkt. Diese Wahlmöglichkeit stellt vor allem christliches Abendland und nicht christliches Abendland einander gegenüber.
– Das ist offensichtlich. Der Atheist ist ein Theist, der aufgehört hat, an Gott zu glauben, und sich einbildet, auch nicht mehr an das Absolute zu glauben. Wenn er nachdenken würde, so würde er verstehen, dass er mit dem Aufhören seines Glaubens an Gott automatisch anfängt, an eine der Formen des unpersönlichen Absoluten zu glauben. Insoweit ist er kein Atheist im weiteren Sinne, denn er ist nicht ohne Gott im weiteren Sinne, das heißt gottlos in Bezug aufs Absolute. Er ist nur im engeren Sinne gottlos, das heißt ohne Gott im engeren Sinne.
– Aber er ist doch Atheist.
– Ja, aber nicht mehr als jeder andere auch. Auch ich bin Atheist, und Sie, Pascal, sind auch Atheist. Sie sind Atheist in Bezug auf den Gott der Stoiker oder den Gott Giordano Brunos oder den Gott Pomponazzis, wie ich Atheist bin in Bezug auf den Gott Spinozas oder den Gott Hegels oder den Gott Taines oder Renans.
– Wir müssen uns damit zufrieden geben. Man ist immer Atheist in Bezug auf irgendeinen Gott.
– Und auch andersgläubig irgendeinem Gott gegenüber. Aber man ist auch immer zu gläubig, ohne dass man es weiß. Was unseren Christen am meisten fehlt, Pascal, ist, gottlos zu sein. Ich bin gottlos in Bezug auf den Gott Nietzsches, Marx' und Freuds. Ein jubilierender Atheist, ein gottloser Atheist.
– Das Werden, die Geschichte, das Unbewusste, dies sind auch Formen des Absoluten.

– Und selbst das Nichts ist ein Absolutes. Wie Sie mich sehen, Pascal, bin ich total gottlos in Bezug auf das Nichts. Auch Bergson dachte wie ich.
– Man sollte den Priestern in Paris vorschlagen, über dieses Thema zu predigen.
– Wenn man den guten Christen sagen würde, inwiefern sie gottlos sind, hätten sie keine Angst mehr zu sagen, dass sie an Gott glauben.
– Sie wären sogar ziemlich stolz. Denken Sie doch, Atheisten wie die starken Geister!
– Ich mag Voltaire. Übrigens hat er alles aus Ihren *Provinciales* abgeschrieben und Ihnen zum Dank noch Fußtritte gegeben. Trotzdem bleibt er mein schriftstellerisches Vorbild – auch was seine Denkweise anbetrifft. Ich bin ein Voltairianer bis auf die Knochen.
– Aber Sie sind Atheist in Bezug auf die Götter Voltaires.
– Selbstverständlich.
– Guitton, Sie unterscheiden zwischen dem Absoluten, das Gott ist, und dem Absoluten, das nicht Gott ist. Dies ist Ihr erster Schritt. Was ist der zweite?
– Folgendes, Pascal: Ich behaupte, dass alle an das Absolute glauben.
– Ist das wirklich wahr?
– Es gibt dafür einen vollkommenen Beweis. Nehmen Sie nacheinander die verschiedenen Denkschulen, die den Atheismus vertreten, und sehen Sie, wie sie das Absolute herausstellen. Die Materialisten stellen sich die Materie vor wie ein unerschaffenes und unvergängliches Absolutes oder wie ein ewiges Werden oder wie einen unsterblichen Tod, oder auch wie ein universelles Leben oder eine unendliche Natur, aber immer auch wie ein erstes, ursprüngliches und auf nichts zurückzuführendes Prinzip: eben das Absolute. Die Idealisten halten die Materie nur für ein Korrelat des Geistes, und für sie ist der Geist oder das Ich oder die Vernunft das Absolute.

– Guitton, was sagen Sie schließlich von den Skeptikern.
– Sie schwanken zwischen verschiedenen Ideen des Absoluten. Das zeigt, dass sie am Absoluten selbst nicht zweifeln.
– Gibt es andere Kandidaten des Atheismus?
– Nein, Pascal.
– Dann ist der Beweis vollständig. Aber ich habe noch Bedenken, was die Skeptiker anbetrifft. Wenn sie wirklich am Absoluten zweifelten, anstatt nur zwischen verschiedenen Konzepten des Absoluten zu schwanken?
– Wenn dem so wäre, Pascal, würden sie der Hypothese anhängen, dass nur die Illusion des Seins und das Nichts existieren. Das wäre dann der Nihilismus.
– Aber in diesem letzteren Fall, Guitton, gäbe es kein Absolutes.
– Im Gegenteil. Das Nichts würde groß geschrieben, und wir hätten eine nihilistische Metaphysik vor uns, wo das Absolute als das Nichts konzipiert ist. Ein Nichts, das nicht nichts wäre und was wahrscheinlich nicht das wäre, was man eigentlich von diesem Wort erwartet.
– Folglich lassen alle das Absolute gelten. Aber verzeihen Sie, mein lieber Guitton, ich habe immer noch Zweifel. Und die, die ein Absolutes nicht wollen? Was sagen Sie über die?
– Man muss unterscheiden. Entweder sie lehnen sich gegen das Absolute auf und geben damit zu, dass es real ist, ohne es zu lieben oder ihm zu gehorchen (erster Fall). Oder sie bilden sich ein, ihre Weigerung könnte das Absolute hindern, zu sein; und in diesem Fall halten sie ihren eigenen Willen für das Absolute, für einen großen Willen. Sie geben also zu, dass ein Absolutes real sein kann: der Wille (zweiter Fall). Oder (dritter Fall) sie wünschen einfach, dass es kein Absolutes gibt. Aber dies ist entweder ein wirkungsloser Wunsch, und wir sind wieder beim ersten Fall, oder es ist mehr und wir sind beim zweiten Fall.
– Einverstanden. Jetzt gebe ich Ihnen recht, dass wir alle das

Absolute anerkennen. Das war Ihr zweites Argument. Aber nehmen wir alle die Existenz des Absoluten zu Recht an? Das wird Ihre dritte Beweisführung sein.

– So sei es. Wenn Gott mir die Gelegenheit gibt.
– Hoffen wir es, denn Sie müssen danach wieder auf Ihre Füße fallen und uns aufzeigen, wie uns das dazu führt, an Gott zu glauben. Aber sagen Sie mir zuerst, warum wir alle Recht haben, wenn wir an das Absolute glauben.
– Gerne. Wir glauben alle daran. Wenn wir damit Unrecht hätten, so wären wir alle im Irrtum.
– Ich weiß, Guitton, aber ist es unmöglich, dass wir uns alle zusammen gemeinsam täuschen?
– Warten Sie ab. Sie fragen, ob wir alle zusammen Recht haben, wenn wir das Absolute als existent annehmen. Aber um Recht zu haben, brauchen wir einen Verstand, der einwandfrei funktioniert. Wäre das immer noch der Fall, wenn wir dies nicht annähmen? Pascal, was ist die Vernunft ohne die Idee der Wahrheit?
– Ein Fisch auf dem Sand, Guitton, ein Fisch auf dem Sand. Und ich glaube zu wissen, wie Sie Ihren Vorteil ausnützen werden. Denn was würde aus der Idee der Wahrheit ohne das tiefe und verborgene Wirken dieser Idee des Absoluten?
– Sie wäre weicher, mein lieber Pascal, als die Taschenuhren auf den Bildern von Salvador Dalí, unfähig, als Norm im Fortschreiten der Geistesgeschichte zu dienen. Aber man muss etwas nachdenken, um sich davon zu überzeugen.
– Guitton, wenn ich also Ihren Gedankengang zusammenfasse: ohne die Idee des Absoluten gibt es den Leitgedanken der Wahrheit nicht, und ohne den Leitgedanken der Wahrheit gibt es keine funktionierende Vernunft. Es gibt also keine Vernunft, die nicht irgendwie die Idee des Absoluten einschließt und nur aufgrund der Existenz des Absoluten funktioniert. Aber könnte diese Idee des Absoluten nicht nur eine strukturelle Eigenschaft unserer Vernunft

sein? In diesem Fall wären das Reale und das Absolute doch nicht erkennbar, oder?

– Illusion. Wenn wir so denken, Pascal, verwerfen wir zwar eine bestimmte Idee des Absoluten, die dann nicht mehr erkennbar und sogar absurd wird, aber nur, um sofort eine andere Idee aufzustellen.
– Das ist richtig, Guitton. Denn das, was wir unsere Vernunft nennen, würde sofort groß geschrieben werden und würde für uns zum Absoluten werden.
– So ist es. Man muss nur über sein eigenes Denken nachdenken, um dessen gewahr zu werden. Aber wie kann man dies jemandem verständlich machen, der nicht nachdenkt?
– Zusammengefasst, Guitton: Entweder nehmen wir die Existenz des Absoluten zu Recht an, oder wir haben damit nicht Recht. Aber selbst in diesem zweiten Fall hätten wir immer noch Recht, sie anzunehmen.
– Genau so ist es.
– Aber wenn wir trotz allem absolut Unrecht hätten, die Existenz des Absoluten anzunehmen?
– In diesem Falle kämen wir zurück zur nihilistischen Metaphysik, und damit hätten wir wieder und für immer Recht, an die Existenz des Absoluten zu glauben.
– Guitton, Sie sind diabolisch!
– Sieh da, auch Sie sagen das zu mir?
– Wundert Sie das?
– Aber nein … Ich wundere mich über nichts mehr.

Und wir schwiegen.
Pascal fing wieder an:

– Erlauben Sie mir, Ihre Argumentation zusammenzufassen?
– Ich bitte Sie darum.
– Erster Takt: Sie definieren die Ausdrücke Absolutes und Gott. Zweiter Takt: Sie stellen fest, dass wir alle die Exis-

tenz des Absoluten voraussetzen. Dritter Takt: Sie zeigen, dass wir Recht haben, dies vorauszusetzen, was heißt, dass es notwendigerweise irgendein Absolutes gibt. All das ist sonnenklar. Aber wenn auch alle mit Recht an die Existenz des Absoluten glauben, glauben doch nicht alle an die Existenz eines Absoluten, das Gott ist. Wie machen Sie den Übergang zur Existenz Gottes?

– Das wird der vierte Takt. Man muss sich entscheiden zwischen dem Absoluten, das nicht Gott ist, und dem Absoluten, das Gott ist. Wenn man die Welt betrachtet, findet man die Eigenschaften der Kontingenz: zum Beispiel die großen universellen physikalischen Konstanten. Warum sind diese Zahlen so und nicht anders? Für mich ist es viel plausibler, dass diese Welt auf einer Entscheidung beruht, als dass sie das Resultat einer Entfaltung ist.

– Man wird Ihnen sagen, das sei Zufall.

– Alle diese „Entscheidungen" führen dazu, dass Leben und dass persönliches Leben möglich wird. Nur eine kleine Veränderung, sagen wir der Gravitationskonstante, würde Leben unmöglich machen. Warum ist das so? Mir erscheint die einfache Annahme vernünftig, dass die Materie ihre Eigenschaften im Hinblick auf das künftige Leben mitbekommen hat.

– Man wird Ihnen weiterhin antworten, dass diese Eigenschaften der Materie Zufall sind, wie auch das Leben.

– Ich kann so etwas überhaupt nicht glauben. Das Konzept des Zufalls schließt die Idee der Nichtkoordinierung der verschiedenartigen Ursachen ein. Aber die Welt des Lebendigen zeigt ohne jeden Zweifel eine Koordinierung zwischen den einzelnen Entwicklungen und den Fakten, die man bei einer Bevorzugung des Zufalls als voneinander unabhängig annehmen müsste. Nehmen Sie zum Beispiel den Instinkt der Tiere, vor allem den der stark mechanisch wirkenden Tiere, wie die Insekten. Nehmen Sie das Beispiel der Grabwespe, das Bergson in *L'Évolution créatrice (Die schöpferische Entwicklung)* anführt. Die Grabwespe setzt drei paralysierende Stiche genau in die drei Nervenzentren der Grille und legt ihre Eier hinein. Sie hat die Grille vorher nie gesehen. Das bedeutet, dass die Anatomie der parasitierten Art mit großer Genauigkeit in den Genen des parasitären Insekts kodiert ist. Wie kann man behaupten, dass dahinter keine Koordinierung steckt?

– Man wird Ihnen sagen, Guitton, dass das immer noch der Zufall ist.

– Aber die ganze Natur ist so eingerichtet. Die Instinkte der Zugvögel, die Struktur der Gehirnrinde, der genetische Code ... Das alles ist verblüffend. Wenn Sie einmal in der Lotterie gewinnen, sagt man: Das ist Zufall. Wenn Sie zweimal oder dreimal gewinnen, sagt man: Sie haben ein unerhörtes Glück. Wenn Sie jeden Sonntag gewinnen, glaubt niemand mehr, dass das mit rechten Dingen zugeht, und Sie landen schließlich im Gefängnis.

– Wie erklären Sie, dass es Leute gibt, die dies immer noch glauben?

– Das verstehe ich nicht. Fragen Sie sie selbst.

– Ich frage Sie, Guitton.

– Ich glaube, Sie sind wie die alten Gallier. Sie fürchten, der Himmel falle ihnen auf den Kopf.

– Sie wollen damit sagen, dass Gott in ihr Leben eintritt.

– Ich glaube, dass dies für sie in etwa dasselbe bedeutet.

– Das ist sicherlich das Problem.

– Eben diese Tatsachen schließen meiner Meinung nach auch die Idee aus, dass die Welt aus Gott durch eine unaufhaltsame Entwicklung notwendigerweise hervorgeht, als wäre das Absolute eine Pflanze, die heranwächst, oder eine Definition, die ihre Theoreme selbst entwickelt. Der kontingente und koordinierte Charakter der Welt erfordert in ihrem Ursprung eine freie Organisation und eine Erschaffung aus dem Nichts, *ex nihilo.*

Nach diesen Worten schloss ich die Augen.
Durch meine halb geschlossenen Augenlider sah ich, wie Pascal nachdachte. Als ich die Augen wieder öffnete, sagte er:

– Ich habe den Eindruck, dass Sie mir den tiefsten Grund Ihrer Gedanken noch nicht enthüllt haben. Offenbaren Sie sich noch mehr.

Er übertrieb. Ich bäumte mich auf. Ich bin müde, sagte ich und reichte ihm die Hand. Er zögerte, sie zu nehmen, aber überrascht erhob er sich mechanisch und griff nach seinem Hut. Doch als er mir gerade die Hand drücken wollte, zog ich meine ausgestreckte Hand schnell zurück und stieß einen Schmerzensschrei aus.

– Au!
– Was ist, Maître?
– Er hat mir auf die Finger geklopft! Mir. Das ist unglaublich.
– Aber wer denn?
– Mein Schutzengel. Jawohl.
– Er klopft Sie auf die Finger?
– Jedes Mal, wenn ich im Begriff bin, eine Dummheit zu begehen.
– Was Sie für ein Glück haben!
– Sie nennen das ein Glück! Das ist eine Entfremdung. Ein Angriff auf meine Freiheit.
– Guitton, Sie respektieren Ihren Schutzengel nicht?
– Und er macht mit mir, was er will. Allerdings hat dies nicht nur Nachteile. Seit ich mich bei meinen freidenkerischen Kollegen in der Akademie darüber beschwert habe, betrachten sie mich, die in mir einen Anhänger des Klerikalismus sahen, als ein Opfer der Intoleranz.
– Ist das die Wahrheit?
– Das ist Politik.
– Haben Sie dort oben schon vorgesprochen?

– Ich habe schon hundertmal gebeten, dass man mir einen anderen Engel gibt, aber sie wollen nichts davon hören.
– Trösten Sie sich. Man wird eines Tages vom Engel Guittons sprechen, wie man heute vom Dämon des Sokrates spricht.
– Hoffentlich nicht! Sokrates gehorchte seinem Dämon. Ich weigere mich, auf meinen Engel zu hören.
– Sie weigern sich?
– Ich weigere mich.
– Wie schade!
– Meine Würde. Sokrates' Dämon begnügte sich, ihn am Ärmel zurückzuhalten. Meiner wagt es, mir auf die Finger zu klopfen. Dass Gott dies zulässt, ist unstatthaft. Mit solchen Schutzengeln, Pascal, schafft man Kirchenfeinde.
– Darf ich trotzdem hierbleiben?
– Was soll ich sonst machen?

Pascal legte seinen Hut ab und setzte sich wieder.

– Was sagen Sie über Thomas von Aquin?
– Ich fühle mich als Thomist. Leider halten mich die Thomisten überhaupt nicht für einen Thomisten. Wie erklären Sie das, lieber Freund?
– Da geht es Ihnen wie mit mir. Sie sind sehr pascalistisch, aber die „Pascalisten" werden Sie niemals für pascalistisch halten.
– Das stimmt. Woher kommt das?
– Sie sind zu erfinderisch. Sie halten sich niemals an eine Idee, so wie sie ist. Sie wollen sie neu denken. Sie „guittonisieren" alles.
– Aber dafür kann ich nichts.
– Ich wäre der Letzte, der Ihnen das vorwirft, Guitton. Ich war noch schlimmer als Sie. Sprechen Sie noch weiter über sich.
– Ich bin ein alter christlicher Platoniker, ein Augustiniker, wie man sagt. Ich fange an, mehr und mehr Skeptiker zu werden, wie alle Leute. Dann verstehe ich wieder, dass das

nicht richtig sein kann und dass es Wahrheiten gibt, wie zum Beispiel, das Ich denke, das Ich bin, das Ich lebe, und die Mathematik und die Biologie usw. Wenn es begründete Wahrheiten gibt, gibt es ein absolutes Kriterium und eine originelle Begründung für diese Wahrheiten. Es gibt also eine originelle und absolute Wahrheit. Ein Geist sein, das heißt in dieser Wahrheit leben, unter dem Licht dieser Wahrheit in einem Leben stehen, das sich unaufhörlich auf diese Wahrheit zu bewegt. Aber was nicht wahr ist, existiert nicht. Die Wahrheit ist das wahre Sein. Also ist diese ursprüngliche Wahrheit das Sein selbst. Und sie ist ewig. Alles das ist sonnenklar. Leider kann man es zwar in einer Minute aussprechen, aber man muss zwanzig Jahre lang nachdenken, um es zu verstehen.

– Haben Sie im Laufe Ihres Lebens eine Entwicklung durchgemacht?

– Man kann sogar sagen, ich habe mich verändert. In der ersten Hälfte meines Lebens, als ich noch sehr von Bergson abhängig war, sah ich in der Existenz der Zeitdauer den experimentellen Gegenbeweis für das pantheistische Konzept der Ewigkeit. Denn wenn man den Pantheismus für real hält, wie es Zenon oder Spinoza tun, darf sich nichts mehr ereignen. Die Dauer hebt sich in der Ewigkeit und in den Notwendigkeiten dieses Systems auf. Alles ist geschrieben, alles geht daraus hervor. Nichts könnte anders sein. Aber die Zeit existiert und entfaltet sich. Es ereignet sich etwas. Deshalb ist seine Ewigkeit nicht das herrschende System, und der Pantheismus ist falsch, da er die Zeit nicht erklären kann. Die wirkliche Ewigkeit ist die, von der der heilige Augustin spricht, die sich mit der menschlichen Freiheit verträgt, mit der Schöpfung und mit der Zeit. Das ist das Thema meiner beiden Thesen von 1935: der großen über *Le Temps et l'éternité chez Plotin et saint Augustin (Die Zeit und die Ewigkeit bei Plotin und Augustin)* und der kleinen über *L'Idée de développement chez Newman (Die Idee der Entwicklung bei Newman).* Das ist auch das Thema meiner kleinen Schrift *Justification du temps (Rechtfertigung der Zeit).*

– All das ist klar.

– Für Sie, Pascal, für Sie. Wenn ich eines Tages unsere Unterhaltung veröffentlichen würde, müsste man das alles herausschneiden.

– Aber auf keinen Fall.

– Aber doch! Vertrauen Sie mir, Pascal, ich weiß, wie man ein Buch schreibt.

– Warum denken Sie immer an Ihr Publikum?

– Ich lebe für mein Publikum.

– Im Gegenteil, Sie reden so, dass man denken muss, sie lebten nur für Ihren Nachruhm.

– Wenn Sie auch so unfreundlich sein wollen wie mein Schutzengel …

– Sagen Sie, Guitton, inwiefern haben Sie sich geändert.

– Zuerst bin ich thomistischer geworden. Während der Zeit meiner Gefangenschaft und kurz nach dem Krieg träumte ich davon, den Aristotelismus zu erneuern. Daraus entstand 1948 mein Buch *L'Existenz temporelle (Die zeitliche Existenz).* Mein bestes Buch. Man kann sagen, damals war ich sogar ein bisschen genial. Die „Éditions Universitaires" haben es neu herausgebracht. Aber die Welt ist ungerecht. Ich habe mit einem kleinen Werk zweiter Ordnung, *Dieu et la science (Gott und die Wissenschaft),* Millionen verdient und großen Ruhm erlangt. Aber mein großes Buch, *L'Existenz temporelle,* hat bei seinem Erscheinen fast niemand gelesen und auch den Neudruck hat man eingestampft. Das ist unglaublich.

– Die Zukunft wird Ihnen Gerechtigkeit zuteil werden lassen, Guitton. Aber auch *Dieu et la science* ist nicht so dämlich, wie es die Eifersüchtigen hinstellen. Sprechen Sie weiter über die Geschichte Ihrer Veränderungen.

– Später im Leben, mit etwa sechzig, bin ich wieder Platoniker geworden. Man könnte auch sagen, ich bin mystischer geworden, aber ich bin nicht fromm genug, um ein echter Mystiker zu sein. Ich dachte, Bergson hätte das Thema der Ewigkeit zu nachlässig behandelt. Ich habe mich der Ewigkeit näher gefühlt. Vielleicht das Nahen des Todes, die Enttäuschungen ... Mein Buch *Histoire et destinée (Geschichte und Bestimmung)* von 1960 markiert diesen Wendepunkt meines Denkens. Mir kam es immer mehr vor, als sei das Leben ein Traum und die Zeit eine Illusion. Es war, als sammle sich die Lebensdauer eines Wesens in einem einzigen unteilbaren Punkt, und die Zeit sei nur dessen Entwicklung. Aber der Glaube an die Freiheit hält mich fest, so dass ich auf dieser schiefen Ebene nicht abrutsche, die zum Pantheismus führt. Allerdings zweifle ich manchmal auch an der Freiheit.

– Wie lösen Sie sich wieder aus diesem Zweifel?
– Durch Zweifel. Wenn ich nicht frei wäre, würde ich nicht zweifeln. Außerdem haben an meinem Lebensende in meinem Denken die physikalischen kosmologischen Gründe ein größeres Gewicht bekommen.
– Wie kann man achtzig Jahre Anstrengung zusammenfassen?
– Ich versuchte eine Synthese aus Bergson, Aristoteles und dem heiligen Augustin, aber es ist mir nicht gelungen.
– Verzeihen Sie mir eine weitere Frage. Haben Sie niemals Zweifel über Gott und das Schicksal?
– Nein, weil ich sie immer habe.
– *Dubito, ergo Deus est.*
– So ist es.
– Ich hatte recht, zu Ihnen zu kommen, sagt Pascal.

Und er erhob sich.

– Sie verlassen mich?
– Es ist Zeit. Adieu, Guitton.
– Dann adieu, Pascal.

Pascal drückte mir die Hand und ging ohne Kopfbedeckung hinaus. Er hatte seinen Hut vergessen.
Er ist fort, sagte ich mir. Ich war zufrieden. Ich freue mich immer, wenn die Leute gehen. Selbst wenn ich sie gern habe, so ist diese Freude doch stärker. Ich brauche die Einsamkeit, um nachzudenken. Warum hat er am Schluss gesagt, er hätte recht gehabt, zu mir zu kommen. Darüber dachte ich kurz nach. Dann sah ich den Hut auf dem Sessel. Er hat seinen Hut vergessen … Vielleicht kommt er zurück, um ihn zu holen. Nein. Vielleicht soll ich nicht den Eindruck haben, ich hätte nur geträumt. Jedenfalls hätte ich dieses Mal keinen idiotischen Traum gehabt.
Dann trat Marzena ein, noch mehr außer sich als zuvor.

– Maître, Maître!
– Was ist?
– Maître, es geht weiter so!
– Was geht weiter?

Sie brach in Tränen aus.
– Maître, ich werde noch verrückt!
– Das ist weiter nicht schlimm. Oder doch, denn ich brauche Sie, um zu wissen, ob ich nicht verrückt geworden bin. Sagen Sie mir bitte, was liegt auf diesem Sessel?
– Sie denken, ich sei krank, nicht wahr?
– Um Himmels willen, Marzena, antworten Sie. Was sehen Sie auf diesem Sessel?
– Einen Hut! Oh Schreck! Und es ist ja gar kein Hut da! Ich hab's Ihnen gesagt, ich werde noch verrückt.
– Aber freilich liegt da ein Hut! Aus welcher Zeit stammt er nach Ihrer Meinung?
– Aus der Zeit der Musketiere. Es ist der von Herrn Pascal. Er hat ihn vergessen.
– Also, wenn ich verrückt bin, so sind Sie es auch. Es ist allerdings verdrießlich, dass Sie möglicherweise auch verrückt sind und wir damit alle beide nicht mehr normal sind.

– Ich verrückt? Mein Gott! Das wäre ja schrecklich!
– Aber nein, es wäre ein Faktum, das wäre alles. Aber es würde mich wundern. Nehmen Sie den Hut und geben Sie ihn mir.

Ich betastete den Hut.

– Es ist trotzdem erstaunlich.
– Oh ja, vor allem weil es so weitergeht!
– Das ist wahr. Was wollten Sie sagen, als Sie hereinkamen?
– Es ist noch einer da.
– Was für einer?
– Ein Toter, ein Toter, der lebt!
– Und was soll er sonst tun?
– Er soll tot bleiben, wie alle Leute.
– Hören Sie, diese Dinge übersteigen Ihren Horizont. Und wie sieht dieser Tote aus?
– Er trägt eine Melone.
– Eine Melone? Warten Sie. Grauer Anzug, dreiteilig, streng, runde Nickelbrille, Spazierstock.
– Wie können Sie das wissen?
– Er ist's. Lassen Sie ihn sofort eintreten! Nein. Warten Sie. Das ist allerdings seltsam. Ich fühle mich immer besser. Helfen Sie mir bitte beim Aufstehen. Ich will mich auf diesen kleinen Stuhl setzen. Marzena, weigern Sie sich nicht, oder ich sterbe auf der Stelle vor Ihren Augen. Hier. Nein, so geht es nicht, aber das macht nichts. Geben Sie mir meinen Stock. Danke. Darf ich bitten.

Ich trug einen roten Pyjama. Ich sah nicht wie ein im Sterben liegender alter Mann aus. Meine dicken bloßen Füße ruhten auf dem warmen Teppich. Ich stützte mich mit beiden Händen auf meinen Stock. Ich hätte nicht erwartet, dass mein Tod so angenehm verlaufen könnte. Und ich hatte mich davor gefürchtet, zu leiden, vor allem aber, mich zu langweilen.

Gründe für mein Christsein

– Bergson! Am Leben!
– „Er selbst, allerdings durch die Ewigkeit verändert."
– Und ich liege im Sterben.
– Sie sind „der Greis, der sich der ewigen Quelle nähert".
– Bergson, Sie zitieren hier Hugo und Mallarmé … Warum laden Sie die Dichter an das Sterbebett eines Philosophen ein?
– Unser Zusammentreffen erfolgt unter eigenartigen Umständen. Als ich Sie kennenlernte, Guitton, waren Sie jung, und ich war schon sehr alt. Sie waren ein vielversprechender junger Mann. Das Versprechen wurde eingelöst. Heute sehen wir uns wieder, und beide haben wir das uns zugeteilte Alter erreicht. Aber ich bin jung in meiner Ewigkeit, und Sie sind alt in Ihrer Zeit. Dieses offensichtliche Paradoxon hat etwas Großes und Sublimes an sich und erfüllt meine Seele mit einer poetischen Stimmung. „Denn der junge Mann ist schön, aber der Greis ist groß."
– Wieder Hugo, Poet der Nachdenklichkeit und der inneren Stimme.
– Poet des Lebens, mit seinen Licht- und Schattenseiten. Guitton, man hat mich geschickt.
– Wer hat Sie geschickt?
– Eine Heilige.
– Wahrscheinlich Jeanne d'Arc. Ich habe über sie ein Buch geschrieben, das nicht schlecht zu sein scheint. Haben Sie es gelesen?
– Ich darf nichts verraten.
– Sie ist es sicherlich. Hieß Ihre Tochter nicht auch Jeanne?
– Ich darf nichts sagen. Aber ich soll Sie befragen.
– Sie auch? Sie haben sich also gegenseitig die Parole weitergegeben? Pascal hat mich eben verlassen. Sie müssen ihm begegnet sein. Er hat mich meine Thesen über Gott verteidigen lassen. Habe ich noch nicht vollständig geantwortet?

– Ein Philosoph hat niemals vollständig geantwortet.
– Also, Sie wollen mich auch befragen? Aber das ist doch lächerlich! Zuerst einmal waren Sie mein Lehrer. Sodann sehen Sie in Gott jetzt alles, und ich bin ein Nichts. Nein, ich habe keine Lust.
– Sie müssen.
– Wann darf ich mich endlich ausruhen?
– Bald.
– All das ermüdet mich.
– All das ehrt Sie. Außerdem geht es um Ihr Seelenheil.
– Ist es so sehr gefährdet?

Darauf antwortete er nicht. Ich stieß einen langen Seufzer aus. Er fragte:

– Was ist Ihre Meinung? Ist das Christentum antik oder modern?
– Weder antik noch modern, sondern alt und neu, wie die Gedanken Gottes.
– Gute Antwort. Guitton, worüber spricht man im Universum am Anfang des dritten Jahrtausends?
– Ich höre den Lärm einer einzigen großen Debatte. Sie versammelt alle Traditionen, alle Philosophien, alle Religionen, alle Völker, Sprachen, Rassen und Nationen. Es ist eine Debatte über Gott.
– Und deshalb fühlen Sie sich so wohl. Was mir gleich an Ihnen gefallen hat, als wir uns kennenlernten, Guitton, das ist, dass Sie seit 1925 im dritten Jahrtausend leben. Deshalb wollte ich auch aus Ihnen meinen jüngsten Testamentsvollstrecker machen, mitten aus der Gruppe von Freunden und treuen Schülern heraus, die ich für die Verteidigung meines Ansehens ausersehen hatte.
– Ich habe versucht, es so gut wie möglich zu machen. Waren Sie nicht böse auf mich, weil ich es im Gegensatz zum formellen Verbot in Ihrem Testament gestattet habe, dass Ihre Vorlesungen veröffentlicht werden?

– Guitton, „der Buchstabe tötet, aber der Geist macht lebendig".
– Ich habe mir gedacht, dass Sie mir vom Himmel herab vergeben würden. Ich war allerdings damals voller Skrupel.
– Das ist ein Übermaß an Rücksicht, Guitton. Fünfzig Jahre nach meinem Tod war ich keine Privatperson mehr noch ein juristisches Subjekt Ihrer Gesellschaft. Ich war zur historischen Persönlichkeit geworden. Ich hatte meine Schriften, welche auch immer, nicht mehr in der Hand. Sie waren nicht mehr mein Eigentum. Sie gehörten der ganzen Menschheit. Fragt man sich noch, ob Napoleon zufrieden gewesen wäre, dass man seine entflammten Briefe an Josephine veröffentlicht hat?

Ich war eigentlich immer prüde. Leicht schockiert gab ich zur Antwort:

– Ich habe meiner Frau niemals gestattet, die Briefe Napoleons zu lesen.
– Josephine war Nymphomanin. Wäre Napoleon nicht nach Italien beordert worden, wäre er an den Schenkeln seiner Frau gestorben.

Ich hätte mich beinahe verschluckt und hustete eine ganze Minute lang. Marzena kam, richtete mich auf und gab mir ein Glas Wasser zu trinken. Ich musste mich mehrmals räuspern, um wieder sprechen zu können. Bergson tat es leid, dass er mich beinahe umgebracht hatte. Ich hätte ihn niemals für so gallisch gehalten, vor allem jetzt im Paradies. Das ist unglaublich. Er hätte natürlich niemals gedacht, dass ich so keusch und emotional wäre. Um es genau zu sagen, er fand mich recht zimperlich. So bin ich eben. Wenn ich versuche, mich am Riemen zu reißen, so ist es doch stärker als ich. Selbst mit sechzig Jahren, als ich einmal einen Akt malte, natürlich ohne Modell, und meine Frau im Nebenzimmer war, hatte ich noch das Gefühl, etwas Schlimmes zu tun. Meine Beichtväter haben mir gesagt, ich sei zu skrupulös.

In diesem Augenblick hatte ich eine kleine Ohnmacht. Als ich wieder zu mir kam, wollte Bergson gehen.

– Bleiben Sie doch, sagte ich. Soweit wie es mit mir schon gekommen ist ... Worüber haben wir gesprochen?
– Über die Herausgabe meiner *Vorlesungen*.
– Ich habe es für richtig gehalten, die Herausgabe zu genehmigen. Mehrere Philosophen waren darüber verärgert.
– Das glaube ich gerne, vor allem die, die Thesen über mich geschrieben hatten: sie mussten sie neu schreiben. Sie hätten es vorgezogen, mich mit einem Embargo zu belegen, bis sich ihr Kapital amortisiert hat.
– Das nennt man, den Willen der Verstorbenen zu respektieren.
– Guitton, wo waren wir stehen geblieben?
– Sie brachten mich zum Erröten, Bergson.
– Mein Kompliment! Und um das zu beenden, füge ich hinzu, dass Sie schließlich moderner waren als viele Ihrer Zeitgenossen, die in ihrer Zeit viel berühmter waren. Oder vielmehr, in ihrem Augenblick.
– Ich wollte schon damals über die universelle Welt nachdenken, die ich kommen sah. Die anderen lebten im Augenblick, auf einer kleineren Bühne: im Okzident ihrer Generation.
– Es gibt Berühmtheiten, die schon recht alt wirken, während Sie, Guitton, im Alter immer jünger werden.
– Schmeicheln Sie mir nicht zu sehr, sonst sagt man, ich schmeichle mir selbst.
– Weil Sie das veröffentlichen wollen? Sagen Sie eben, dass ich es gesagt hätte. Das wird ihnen genügen.
– Aber sie werden mir das niemals glauben.
– Es wird vor allem dann wahr sein, wenn Sie es zu Ihren Lebzeiten veröffentlichen.

– Aber wenn ich es veröffentliche, solange ich noch lebe, dann wären Sie ja gar nicht gekommen!
– Oder Sie wären nicht tot. Oder aber es wäre von Borges.[1]
– Bergson, ich möchte eine planetarische Philosophie oder nichts. Aber die Komplexität scheint jede Synthese unmöglich zu machen.
– Guitton, kann man die heutige Welt in ihrer Globalität verstehen?
– Man müsste den Orient und den Okzident, die Antike und die Moderne, und dazwischen das Christentum, in einem System gedanklich vereinigen.
– Versuchen Sie es.
– Der Orient und unsere Antike sind sich sehr ähnlich. Ihre Gemeinsamkeit ist der kosmische Pantheismus: das Absolute ist darin nicht der Gott der Bibel, es ist das Sein oder das Nichts oder die Natur und die Weltsubstanz.
– Und die Moderne?
– Das ist der Okzident des atheistischen Humanismus, Bergson, der moderne Pantheismus.
– Man könnte sagen, der Mensch ist das Absolute.
– Ja, und er entscheidet über das Gute und das Böse; er ist das Maß aller Dinge.
– Die meisten modernen Abendländer halten sich für Skeptiker, Atheisten oder Agnostiker.
– Sie sind Atheisten in Bezug auf den christlichen Gott, aber sind nicht ganz ohne Metaphysik. Wenn man alle Abhängigkeit leugnet, stellt man den Menschen auf den Gipfel des Seins.
– Anstelle des Absoluten.
– So ist es. Das Absolute sind für sie die Menschen.
– Guitton, ist das wirklich der Okzident?
– Das Abendland ohne Christentum. Das Christentum ist etwas anderes. Es bricht die geschlossene Totalität auf, einschließlich der menschlichen Totalität, des Sozialen. Es zerbricht das System. Der Mensch ist nicht mehr Teil des

Ganzen, noch ist Gott Schlussstein des Systems. Nehmen Sie Kierkegaard. Der Mensch ist eine Person, und alles öffnet sich zum Unendlichen hin.

– Guitton, ist das Christentum abendländisch?

– Das moderne Abendland ist eine vieldeutige Mischung aus Christentum und anthropologischem Pantheismus. Die Menschenrechte sind dafür ein Beispiel. Ich habe oft mit Paul VI. darüber gesprochen. Wer ist der Mensch der Menschenrechte? fragte er mich. Worin besteht seine Würde? Hat er die Rechte, die er von Gott empfangen hat, oder sind die Rechte des Absoluten sein Eigentum? Im Okzident herrscht in dieser Hinsicht die Vieldeutigkeit.

– Gibt es zwischen Okzident und Christentum nicht ein privilegiertes Verhältnis?

– Das Christentum hat die Ideen der Persönlichkeit und der Freiheit eingeführt. Er hat das eiserne Gesetz des antiken Schicksals zerbrochen. Er hat die kosmische und soziale Totalität, die zuvor in sich geschlossen war, geöffnet. Er hat das Schicksal für die Transzendenz Gottes geöffnet, während Gott selbst frei von jeglichem Schicksal ist.

– Guitton, was sagen Sie zur Aufklärung?

– Sie bedeutet, die Freiheit ohne das Christentum zu wollen, ein sehr schwieriges Unterfangen. Die Ideen der Person und der Freiheit bilden mit der Idee des persönlichen Gottes eine Einheit.

– Die Aufklärung enthält also einen Widerspruch?

– Sie steht in einer Spannung zwischen ihrem pantheistischen metaphysischen Pol, der totalitäre Rationalismen inspiriert, und dem ethisch-politischen Pol, der zur Freiheit neigt.

– Guitton, kann man sagen, dass die Aufklärung im Christentum schmarotzt?

– Sagen wir, dass sie in ihm lebt. Wenn sie das Christentum umbringen würde, würde sie sehr schnell selbst sterben. Das habe ich zu meinen Philosophielehrern gesagt, zu

Brunschwicg und zu Bréhier. Wie Sie wissen, hat er eine *Geschichte der Philosophie* geschrieben.

– War Bréhier nicht katholisch?
– Am Anfang seiner Karriere war er es. Später ist er davon abgekommen. Aber er mochte mich gerne. Er lud mich zum Essen ein. Seine Tochter war eine gute Köchin. Ich glaube, er wollte mich mit ihr verkuppeln.
– Trotz Ihrer schlechten Philosophie. Oder wegen ihr. Sehen Sie, Guitton, das ist die Vieldeutigkeit. Wie die Aufklärung. Das Christentum ist die ökologische Nische der Aufklärung. Und was sagen Sie zu dieser Abdrift im Okzident, in Kalifornien, zum Orient hin?
– Die Aufklärung möchte sich mit dem orientalischen Pantheismus vereinen.
– Was kann bei dieser Vereinigung herauskommen?
– Die Synthese von Nihilismus und Aktivität.
– Ist das nicht beunruhigend?
– Im höchsten Grade. Der Nihilismus ist nur zivilisiert, wenn er aus Enthaltung, Mitleid, Milde und Teilnahmslosigkeit besteht. Nehmen Sie den Buddhismus. Aber der aktive Nihilismus …
– Wie heißt der?
– Faschismus, Bergson, Faschismus.
– Guitton, ist der Faschismus die Zukunft der Welt?
– Vielleicht. Ich bin froh, dass ich im Sterben liege. Paul VI. sagte mir, dass die Menschenrechte ohne Gott verschwinden würden.
– Ob man das glauben wird, bevor es so weit ist?

Nachdenklich schwieg er eine Weile. Dann sagte er:

– Guitton, gehen Sie mit der Aufklärung nicht zu streng ins Gericht?
– Nein. Man muss jedem geben, was ihm zusteht.
– Die Christen hätten die Theorie der Menschenrechte wahrscheinlich ohne die Aufklärung nicht entwickelt. In

Europa hat sich die Kirche zu sehr an das Ancien Régime, die überlebte Gesellschaftsordnung geklammert. In dieser Hinsicht war die Revolution eine gute Fügung.

– Die Welt hat also gelegentlich gewissen Gütern, die die Kirche ihr zugedacht hatte, im Kampf gegen das Christentum zum Leben verholfen.

– Ja. Das klingt paradox. Aber es ist die Wahrheit. Ich bin der Aufklärung gegenüber nicht ungerecht. Das Christentum muss jetzt die Angriffe vergessen und die Aufklärung retten, so wie es die antike Zivilisation gerettet hat, die es den Löwen vorgeworfen hatte. Aber *das Blut der Christen war eine Aussaat.*

– Guitton, wie ist die Aufklärung zu retten?

– Innovative und freie Geister müssen sich vollkommen Gott ausliefern. Seine Gnade wird ihr Genie beflügeln. Daraus wird eine neue Welt entstehen.

– Guitton, wie erklären Sie, dass der Pantheismus eine natürliche Tendenz des menschlichen Geistes ist?

– Eine doppeldeutige Tendenz. Erstens, die Sünde des Stolzes duldet nichts über sich. Ein hochmütiges Bewusstsein bleibt so lange unglücklich, bis es in seiner Idee selbst zum Gott geworden ist. Zweitens existiert vielleicht im Menschen ein obskures Begehren der Inkarnation Gottes. Gott wird Mensch. Wenn der Mensch in der Tiefe seiner Seele danach strebt, so versteht man, dass ihm die Transzendenz ärgerlich ist, wenn sie auch der Wahrheit entspricht.

– Es ist nicht die Höhe, die sich störend auswirkt, es ist die Entfernung, die verzweifeln lässt.

– So ist es! Der Pantheismus ist die vom sündigen Menschen erträumte Inkarnation. Diese Inkarnation ermöglicht die Verehrung der Transzendenz ohne Indifferenz und Verzweiflung und die Erreichung der mystischen Vereinigung außerhalb jeden Irrtums und jeder Sünde.

Bergson schwieg. Ich nahm die Gelegenheit wahr, ihm eine Frage zu stellen, die mir auf den Lippen lag.

– Bergson, was Ihre Tochter über Sie erzählt hat, über sich und Sie, ist das wahr?

– Ja. Als ich 1905 *L'Évolution créatrice (Die schöpferische Entwicklung)* schrieb, befand ich mich in einer außergewöhnlich guten Gemütslage, die man sogar als Überschwang charakterisieren konnte. Wonach ich seit zwanzig Jahren gesucht hatte, jetzt hatte ich es gefunden. Mein Leben war eine einzige Erfüllung. Als ich mit dem Schreiben fertig war, fiel ich in Schwermut.

– Eine nervöse Depression?

– So etwas Ähnliches. Verlust der Anspannung, Erschöpfung, Migränen, eine ungeheure Müdigkeit, ein Gefühl der absoluten Leere in Bezug auf alles, was ich geschaffen hatte.

– Was dann?

– So fühlte ich mich eben. Ich wollte ein größeres Buch über die Ästhetik schreiben, aber es gelang mir nicht. Ich zog mich in mein Arbeitszimmer zurück und dachte nach. Eines Tages, mein Gemüt befand sich gerade in großer Erregung, stieß meine Tochter die Tür auf, ohne zu klopfen, und rief: „Papa! Papa!" Ich zwinge mich dazu, zu lächeln und sie anzuhören. „Papa!", sagte sie, „ich war in meinem Zimmer, da sah ich ein großes Licht, und in dem Licht war etwas, Papa, so etwas Schönes habe ich noch nie gesehen."

– So etwas! Und was machten Sie?

– Ich stieß einen großen Seufzer der Erleichterung aus. Und ganz ruhig sagte ich zu ihr: „Mein kleines Mädchen, verrate nichts deiner Mutter, sie würde es nicht verstehen. Aber du musst wissen, dass ich dir das glaube, denn … denn ich habe eben dasselbe gesehen."

– Es ist also wahr. Ihre Tochter hatte es mir erzählt, aber ich wollte es nicht recht glauben, wegen Henri Gouhier.

– Ich hatte es Tresmontant erzählt. Er hat Gouhier getroffen und ihm alles wiedererzählt. Gouhier hat sanft gelächelt und ihm folgende Erklärung gegeben: „Freilich, freilich, meine Kleine. Sag' deiner Mutter nichts davon (gemeint war: sie soll sich keine Sorgen um deine Gesundheit machen). Ich habe dasselbe auch gesehen (gemeint war: wenn sie nicht denkt, dass sie verrückt geworden ist, wird sie auch in Zukunft davor eher bewahrt bleiben)."

– Gouhier war ein bedeutender Historiker der Philosophie. Ein außerordentlich hilfsbereiter Mann.
– Ich weiß! Er hat eines der wenigen Bücher über mich geschrieben, die es wert sind, gelesen zu werden. Ich bin ihm nicht böse. Ein Historiker muss skeptisch sein. Aber in diesem Fall hat er sich aus Übervorsicht getäuscht. Auch ich war ein großer Rationalist. Vor dem Erscheinen meiner Tochter, an jenem Tag, war ich vor Schreck erstarrt. Ich dachte, ich würde in Charenton[2] enden. Als sie mir ihre Vision erzählt hat, beruhigte ich mich etwas. Trotzdem habe ich mich daraufhin mit Persönlichkeitsstörungen befasst, mit Halluzinationen usw. Als ich später sicher war, dass die authentischen mystischen Phänomene unmöglich auf die Psychopathologie zurückgeführt werden können, habe ich dieselben mit großem Eifer gründlich studiert.
– Und Sie schrieben dann: *Les Deux Sources de la morale et de la religion (Die zwei Quellen der Moral und der Religion).*
– Ja, aber den ersten Anstoß dazu bekam ich an dem Tag, als Jeanne zu mir ins Arbeitszimmer gestürzt kam.
– Haben Sie jemals über diese Erfahrung gesprochen?
– Viel später, als ich mein letztes Buch schrieb, schrieb ich darüber auf der letzten Seite des letzten Kapitels in verhüllter Form.
– Ich kenne diese Zeilen auswendig. Gestatten Sie, dass ich sie aus dem Gedächtnis zitiere: „*Nehmen wir an, dass uns ein Licht aus jener unbekannten Welt erreicht und für unsere leiblichen Augen sichtbar wird. Was für eine Verwandlung*

wäre das für diese Menschheit, die im allgemeinen, was sie auch darüber sagen mag, nur gewohnt ist, das als existent anzusehen, was sie sieht und was sie berührt! Vielleicht würde die Information, die uns auf diesem Wege erreichen würde, nur die niedrigeren Bereiche der Seelen berühren, die unterste Stufe der Geistigkeit. Aber mehr wäre gar nicht notwendig, um den Glauben an das Jenseits, den man bei den meisten Menschen antrifft und der meistens verbal, abstrakt und unwirksam bleibt, in eine lebendige und wirksame Realität zu verwandeln. Um zu wissen …" Ich habe eine Gedächtnislücke.

– „*Um zu wissen, inwieweit dies eine Rolle spielen würde, genügt es zu beobachten, wie man sich auf ein Vergnügen stürzt; es wäre uns nicht so wichtig, wenn man darin nicht ein Mittel sähe, mit dem Nichts fertig zu werden, ein Mittel, den Tod herauszufordern. Wenn wir wirklich sicher, absolut sicher wären, dass wir weiterleben, könnten wir gar nicht mehr an etwas anderes denken. Das Vergnügen müsste sich hinter der Freude verstecken.*"

– Der Ton Ihrer Stimme rührt mich. Danke, Guitton.

– Guitton, warum glauben Sie an Christus?

– Maître, alles was ich sagen könnte, wissen Sie schon und sehen es in einem viel höheren Licht!

– Antworten Sie mir, Guitton. Es ist nicht meinetwegen, sondern Ihretwegen. Die Heilige hat mir eingeschärft, dass Sie selbst darauf antworten müssten. Guitton, warum glauben Sie an Christus?

– Weil es mir immer schwer fällt, an ihn zu glauben.

– Erklären Sie mir das bitte.

– Nichts ist leichter. Ich bin ein religiöser Mensch. Ich habe Plotin lange studiert, ich habe sogar eine These über ihn geschrieben. Plotin ist meiner Meinung nach das Paradigma des *homo naturaliter religiosius,* ja des *homo naturaliter mysticus.*

– Da kann ich Ihnen nur zustimmen.

– Die natürliche Religion ist ein Aufstieg des Menschen zu Gott. Sie verlangt eine Selbstverwirklichung des Menschen. Gott ist das Ziel, so wie für den Alpinisten der Gipfel eines Berges das Ziel ist.
– Ist es im Christentum nicht ebenso? Spricht nicht der heilige Johannes vom Kreuz vom *Aufstieg zum Berg Karmel?*
– Das stimmt, Bergson. Das ist aber kein Hindernis dafür, dass sich im Christentum Gott herabneigt. Nicht, dass er uns zwingt, aber er tritt in unser Leben, ohne uns um Erlaubnis zu fragen. Wir möchten in aller Ruhe unseren Aufstieg in den Himmel organisieren. Gott erlaubt sich, vom Himmel auf die Erde herabzusteigen.
– Das ist doch besser, oder nicht?
– Überhaupt nicht. Mich stört das Verhalten Gottes. Ich habe von ihm nicht so viel verlangt. Er tut mehr als nötig. Er bleibt nicht an seinem Platz. Er hält die Spielregeln nicht ein.
– Sieh mal an, so denken Sie also. Ich bin von Natur aus anders.
– Nicht von Natur aus, Bergson, sondern aufgrund Ihrer Kultur. Sie sind Hebräer und seit vier Jahrtausenden bis ins Knochenmark von Gott durchdrungen. Ihr findet es schließlich normal, dass sich der Absolute ohne Unterlass in eure Angelegenheiten einmischt. Ich bin aus einer alten heidnischen Rasse, und ich sage Ihnen, ich finde es schwierig, einen Gott zu haben, der nicht an seinem Platz bleibt.
– Können Sie mir jetzt sagen, warum diese Schwierigkeit zu glauben für Sie ein Glaubensgrund ist?
– Für mich ist es offensichtlich, dass ich niemals eine derartige Religion erfunden hätte. Sie haben das sozusagen schon in Ihren Genen. Für Sie ist es ganz natürlich, sich der Intuition und der Dynamik dieses religiösen Lebens auszusetzen. Sie müssen nur die Bewegungsrichtung beibehalten, um in gewisser Weise der vollständigen Offenbarung der göttlichen Liebe im Messias entgegenzukom-

men. Aber ich, der ich absolut nichts Jüdisches an mir habe, ich sage Ihnen, dass für mich diese Religion etwas ganz und gar Unwahrscheinliches darstellt. Aber so ist es, ich kann nur an etwas Unwahrscheinliches glauben. Denn was wahrscheinlich ist, ist aller Wahrscheinlichkeit nach eine menschliche Erfindung.

– Sie sind Sokrates, so wie ihn Boutroux beschrieben hat, außerordentlich ähnlich: Freidenker und religiös. Erklären Sie mir Ihre Schwierigkeit, an Christus zu glauben, doch etwas näher.

– Sehen Sie doch, Bergson, ein Mann, der von einer Jungfrau geboren wird, ein Gott, der Mensch wird, ist das vielleicht leicht zu glauben? Die Gewohnheit mag uns derartig seltsame Behauptungen natürlich erscheinen lassen, aber wenn wir darüber nachdenken, erwachen wir. Die erste Reaktion gegenüber solchen Behauptungen ist Ungläubigkeit. Jeder normale, ausgeglichene, natürliche, vernünftige, gesunde Verstand reagiert so. Sonst könnte man ja alles glauben.

– Ich bin nur zum Teil einverstanden, Herr katholischer Philosoph und Freidenker. Denn diese Behauptungen, deren offenbare Fremdartigkeit ich zugeben muss, sind ja nicht irgendwelche Hirngespinste. Hinter ihnen erscheint augenblicklich eine unerklärliche Klarheit und eine gewisse Anziehungskraft, die uns geneigt macht, daran zu glauben, ja sogar mit dem reinen, abgeklärten und vernünftigen Teil unseres intellektuellen Wesens daran zu glauben. Und man weiß, dass es so ist, wie seltsam uns diese Behauptungen auch vorkommen mögen. Das ist ein einzigartiges Faktum.

– Meine Empfindsamkeit muss spröder sein und mein geistlicher Sinn weniger ausgebildet, als das bei Ihnen der Fall zu sein scheint.

– Was denken Sie also über diese Verkündigungen?

– Dass sie nicht wahr sind. Aber für mich beginnen die

Schwierigkeiten, wenn ich mir überlege, in welche Kategorie von Irrtümern diese falschen Verkündigungen einzureihen sind. Ich sage mir: das ist eine Legende; oder auch: das ist ein Mythos. Es gibt keine andere seriöse Erklärung. Irreführung, Schwindel, Leichtgläubigkeit, Kollektivwahnsinn oder auch eine diabolische Illusion, all das kann nicht aufrechterhalten werden. Es besteht ein eklatantes Missverhältnis zwischen der Ursache und den Wirkungen. Nein, wenn es falsch ist, dann ist es Legende oder Mythos.

– Guitton, eine Legende ist kein Mythos.

– Genau. Trotzdem bleibt bestehen, dass die christliche Verkündigung, wenn sie falsch wäre, nur eines von beiden sein könnte, entweder ein Mythos oder eine Legende.

– Das scheint mir klar zu sein. Wie steht es nun?

– Bergson, eine Legende ist das Ergebnis eines Prozesses, der von einem Ereignis ausgeht, das dann märchenhaft ausgeschmückt wird. Die Entwicklung einer Legende braucht vor allem viel Zeit. Aber wir mussten die Datierung der Evangelien in der letzten Zeit immer früher ansetzen. Es ist sogar nicht ganz auszuschließen, dass während der Reden Jesu jemand mitschrieb. Die Auferstehung, das zentrale Ereignis, von dem alles andere abhängt, ist vollkommen einzigartig in der christlichen Verkündigung. Also, was auch zu den Einzelheiten zu sagen ist, über die die Gelehrten noch diskutieren, so bleibt doch bestehen, dass die Zeit für eine Legendenbildung zu kurz war. Die Evangelien können keine Legenden sein. Dies scheint mir heute unzweifelhaft zu sein.

– Bleibt der Mythos.

– Der Mythos, Bergson, ist etwas ganz anderes als die Legende. Der Mythos geht von einer Idee aus und führt über einen Prozess der symbolischen Darstellung zu einer imaginären Erzählung, die den Sinn ausdrückt, den die Idee vor dem geistigen Auge darstellt.

– Was sagen Sie dazu?
– Wenn Sie wüssten, wie peinlich es für mich ist, jemandem zu antworten, der Bescheid weiß! Ich habe den Eindruck, ein Examen für das höhere Lehramt abzulegen. Habe ich Ihnen schon erzählt, wie ich in der Sorbonne mit Bachelard Examina abgenommen habe?
– Schweifen Sie nicht ab. Außerdem haben Sie das schon in *Un siècle, une vie (Ein Jahrhundert, ein Leben)* beschrieben. Es ist besser, wenn Sie sich nicht wiederholen. Sprechen Sie über den Mythos.
– Genau. Die hauptsächliche Charakteristik der biblischen Literatur im Vergleich mit anderen Werken aus derselben Zeit besteht darin, dass sie eine für den Mythos unzugängliche Mentalität aufweist. Man kann in der Bibel Dichtungen finden, romanhafte Erzählungen, Gleichnisse (Parabeln), aber keine Mythen. Es ist ein Widersinn, von der Entmythologisierung der Bibel zu sprechen. Der Mythos lebt in einer Denkform, in der die Zeitdauer aufgehoben wird: die mythischen Erzählungen stellen eine ewige Realität dar, die ihr eigentlicher Inhalt ist. Und das Heil wird dann erreicht, wenn man in das zeitlose Verständnis des Mythos eingegangen ist, wenn man die Konzepte verstanden hat, die jenseits der Symbole liegen. Im Gegensatz hierzu ist der Sinn der biblischen Ereignisse untrennbar mit ihrer historischen Wirklichkeit verbunden. *„Gott sagt zu Abraham."* So beginnt es. Gott spricht. Der Sinn liegt nicht in der Vorstellung eines Gottes, der spricht, sondern darin, dass Gott in Wirklichkeit etwas sagt. Und das Heil besteht nicht darin, dass man die Idee eines Gottes in sich aufnimmt, der spricht (auch wenn das wahr wäre), sondern auf das wirkliche Wort dieses Gottes zu hören, der wirklich gesprochen hat.
– Aber wenn Sie das sagen, Guitton, verurteilen Sie sich damit nicht selbst? Sie sind so ausschließlich intellektuell und begnügen sich mit dem reinen Verstehen, ohne selbst zu beten.

– Das beweist nur, dass ich ein schlechter Christ bin und mich nicht einmal mit Unkenntnis entschuldigen kann,
– Sie sind demütig.
– Nein, ich beschreibe nur Fakten. Bergson, Gott *spricht.* Und wenn Gott nicht *spricht,* hat uns die Bibel nichts mehr zu sagen. Sie ist nicht einmal ein Mythos. Sie wäre eine Erfindung, die man für die historische Wahrheit gehalten hätte. Sie wäre eine Unwahrheit. So wäre es auch mit der Verkündigung der Evangelien, die von diesem Gesichtspunkt aus in dieselbe Linie der hebräischen Denkweise eingebunden sind. Stellen Sie sich vor, dass die biblische Geschichte oder die Evangelien nicht *wahr* sind: dann sind sie nicht einmal mehr ein Mythos, sondern ein grober Irrtum. Die Bibel ist dann ein beliebiger religiöser Text und wäre weniger wert als ein mythischer Text. Seine Überlegenheit beruht nicht auf der allgemeinen Weisheit, auf Ideen, auf Konzepten, auf Gesetzen, auf Regeln. Die Bibel steht über allen Mythen, denn sie beruht auf der Wahrheit des *Ereignisses.*
– Also kann die Verkündigung der Evangelien Ihrer Meinung nach weder eine Legende noch ein Mythos sein. Was wäre sie denn dann, wenn sie nicht wahr wäre?
– Ein historischer Irrtum, so, als würde man zum Beispiel sagen, Napoleon wäre in Sardinien geboren. Die Wahrheit der Verkündigung der Evangelien muss zuerst vom rationellen Standpunkt aus wie die Wahrheit eines historischen Ereignisses behandelt werden. Sie enthält keine religiöse Wahrheit, wenn sie nicht auf historischer Wahrheit beruht. Der religiöse Sinn gründet hier auf der Wahrheit des historischen Sinns. Natürlich muss die Definition des Ausdrucks *historisch* mit einer gewissen Offenheit erfolgen, aber immer realistisch sein.
– Aber sind Sie nicht geneigt, Guitton, an diese Verkündigung zu glauben, die Hinweise auf die historische Wahrheit zu vernachlässigen und die Wahrheit der Evangelien

aufgrund ihrer moralischen Schönheit und ihrer affektiven Lieblichkeit zu akzeptieren?

– Wirkliche moralische Schönheit gibt es im Evangelium nur, wenn Sie, wenn auch nur implizit, annehmen, dass es auf historischer Wahrheit beruht. Nehmen Sie als Beispiel die Vergebung Jesu für seine Henker. Wenn die Vergebung in der Geschichte wirklich stattgefunden hat, so ist dies ein umwerfendes moralisches Wunder. Wenn es sich um eine erbauliche Geschichte handelt, ist es nur eine fade Moralpredigt.
– Aber ist die Liebe, Guitton, nicht ein Beweis für sich selbst? Möchten Sie nicht, dass die Liebe wahr ist?
– Vielleicht sagen Sie, das sei skandalös, aber ich antworte mit Nein. Bergson, ich wurde mit einem harten Herzen geboren. Wenn man mich meiner natürlichen Neigung überlässt, bin ich ein harter Egoist. Die Liebe stört mich. Sie verstört mich und wirft mich um. Ich muss mir Mühe geben, daran zu denken und noch mehr, daran zu glauben.
– Sie sind ein affektives Phänomen. Sind Sie gefühllos?
– Ich liebe den Ruhm, oder wenn er fehlt, die Berühmtheit. Der Rest interessiert mich nicht.
– Ist das eine gute Verfassung für einen religiösen Kritiker?
– Die bestmögliche. Ich muss gegen meine Veranlagung Christ werden.

Er betrachtete mich mit einem Interesse, das ich bei ihm noch nie wahrgenommen hatte. Er suchte in den Zügen des Greises die Kontinuität, die an das anknüpfte, was er von meiner jugendlichen Lebhaftigkeit her gekannt hatte. Er fuhr fort:

– Also, was sagen Sie dann über die historische Wahrheit der Verkündigung in den Evangelien?
– Jede historische Wahrheit kann nur von entsprechenden Zeugenaussagen in Frage gestellt werden. Der Glaube ist deshalb etwas viel Einfacheres als man allgemein an-

nimmt. Ich lese oder höre zum Beispiel die Evangelien. Nehmen wir an, ich finde die entsprechenden Zeugenaussagen, verglichen mit dem, was sich zur Zeit des Prokurators Pontius Pilatus in Palästina abspielte, als ernsthaft und wahrhaftig. Damit wird mir gleichzeitig das Geheimnis des Glaubens zusammen mit den Gründen, daran zu glauben, vermittelt. Die Wunder Christi offenbaren seine Göttlichkeit und bestätigen sie, wie Jesus es selbst in der Bergpredigt ausführt.[3]

– Wir sind wirklich außerordentlich verschieden. Bei mir ist das ganz anders. Die Wunder haben mich sehr gestört, und ich musste sozusagen trotz der Wunder glauben. Vielleicht kann man unsere unterschiedlichen Standpunkte in Übereinstimmung bringen.

– Bergson, in dem Augenblick, wo ein Wunder zur Tatsache wird, ist es kein Objekt des Glaubens mehr, sondern ein Beweis für die Glaubwürdigkeit. Ich möchte den Anteil der Vernunft im Christenglauben nicht überbetonen noch mich in den Details einer Diskussion über die Wunder verlieren. Aber kann mir vielleicht jemand erklären, was das großartige Schauspiel aller Wunder Jesu Christi – sei es in der Person Jesu, sei es durch Jesus, wie er in allen Heiligen weiterwirkt: Heilungen, Prophezeiungen, moralische und geistliche Bekehrungen, Heiligkeit usw. – als Begründung für den Glauben ersetzen soll?

– Das wahre Wunder für mich ist die Erscheinung der Liebe und der Vergebung in dieser eisigen Welt.

– Die Liebe zeigt sich auch im Wunder und setzt sich wahrscheinlich ohne dasselbe nicht von selbst durch. Sie haben mir ja selbst gesagt, dass die Erscheinung der Liebe Christi deshalb glaubwürdig ist, weil sie den Charakter eines wahrhaftigen moralischen Wunders hat, insbesondere wenn man unsere Erfahrung mit dem moralischen Zustand der Welt zugrunde legt.

– So verstehe ich Sie besser und unsere Standpunkte kommen sich gegenseitig näher.
– Über nichts würde ich mich mehr freuen. In meinem Buch über *Jésus* stelle ich Fragen über die Objekte des Glaubens. Nehmen wir zum Beispiel die Auferstehung Jesu. Denn die Auferstehung ist wirklich die einzige Nummer, auf die es sich zu setzen lohnt. Wenn sie eine Tatsache ist, ist auch das übrige wahr. Wenn sie nicht stattgefunden hat, fällt alles in sich zusammen. Betrachten wir die Auferstehung näher. Sie ist ein Geheimnis, das ein Faktum ist. Ich sage nicht, sie wäre eine Tatsache, die man mit der Vernunft annehmen muss und die an ein Geheimnis geknüpft ist, an das man ohne Begründung glauben oder nicht glauben kann. Sondern sie ist ein Geheimnis, das eine Tatsache ist, und eine Tatsache, die ein Geheimnis ist.
– Manche werden sagen, dass dies den Prinzipien widerspricht.
– Darauf würde ich antworten, Bergson, dass die Prinzipien in diesem Fall nicht mit der Erfahrung übereinstimmen, die aber immer über allen Prinzipien steht. Was ist denn hier die Erfahrung? Ein Geheimnis, das sich gerade in seiner Natur als Geheimnis als Faktum enthüllt, ohne dass es damit aufhören würde, ein Geheimnis zu sein. Und eine Tatsache, die sich gerade in ihrer Faktizität als Geheimnis enthüllt, ohne aufzuhören, ein Faktum zu sein. In meinen Arbeiten zur Religionskritik habe ich dieses christliche *Faktum*, das ein *Geheimnis* ist und das man gleichzeitig als Faktum und Geheimnis verstehen muss, analysiert; sonst würde man das Faktum als Faktum denaturieren. Aus diesem Grunde verwerfe ich den Positivismus im Namen der Wirklichkeit (Positivität). Es gibt wohl nichts, was dem bergsonischen Denken noch mehr entspräche, nicht wahr?
– So ist es.
– Man sollte dem Hang nach Wundern nicht allzu sehr

nachgeben, aber wenn man vor Wundern Angst hat, tut man dem Glauben keinen guten Dienst, sondern erniedrigt ihn vielmehr. Welche Gründe, außer einem Wunder, könnten es ermöglichen, an die Wahrheit eines derartigen *Faktums* zu glauben, wie das Faktum, dass Gott Mensch geworden ist? Wenn mir ein Mensch begegnen würde, der sich als Gott ausgibt, bin ich dann nicht versucht, ihn zuerst einmal (und mit guten Gründen) für verrückt oder betrunken oder besessen zu halten, außer ich hätte gewichtige Gründe, das Gegenteil zu glauben und was – oh, welches Wunder! – *Tatsache ist?* Also ist das Wunder die sichtbare Seite eines Geheimnisses. In dieser sichtbaren Seite enthüllt sich das unsichtbare Element, das die reale und unerhörte Form der Liebe ist. Sie selbst ist das tiefgründigste Wunder, wie Sie selbst sagen und was ich gerne zugebe.

– Aber, um so zu denken, muss man die Evangelien als „wahre gute Botschaften" aufnehmen. Das ist naiv.

– Eins ist sicher, Bergson. Wenn wir die Evangelien als „wahre gute Botschaften" lesen, haben wir genügend Gründe, an Christus zu glauben, und unsere Gründe, nicht daran zu glauben, sind nichts wert. Oder vielmehr, es sind die Gründe der Pharisäer in den Evangelien, über die Jesus sehr hart urteilt, weil sie in seinen Augen für ihren Unglauben keine vernünftigen Gründe haben.[4] Die von Anfang an richtige Haltung drückt Nikodemus wie folgt aus: „Rabbi, wir wissen, du bist ein Lehrer, der von Gott gekommen ist: denn niemand kann die Zeichen tun, die du tust, wenn nicht Gott mit ihm ist."[5]

– Mein lieber Guitton, wir kommen also wieder auf die Glaubwürdigkeit zurück, die man den Evangelien zugestehen muss, und auf den Sinn, den man den Zeugnissen der Evangelien zuzuordnen hat.

– Das ist offensichtlich. Die Gründe, nicht zu glauben, mögen sie gut oder schlecht sein, sind nichts anderes als

Gründe, nicht an diese einfachen Glaubensgründe zu glauben, die im Evangelium stehen und nicht von ihm getrennt werden können. Die Philosophen des 18. Jahrhunderts wollten diese Glaubwürdigkeit des Glaubens zerstören. Und sie haben bei vielen Erfolg gehabt, einschließlich bei Christen. Mein Lebenswerk ist eine Kritik. Diese Kritik erfolgte nicht in der Absicht, auf bestehende Kritik zu reagieren, sondern in einem Geist der Kritik, die vollkommener, weiter entwickelt und reifer ist.

– Deshalb nennen Sie das, was man früher Apologetik nannte, religiöse Kritik.

– Viele Christen leiden in ihrem Glaubensleben, weil sie das Empfinden haben, dass ihr Glaube in seiner innersten Struktur einer vernunftbegründeten Glaubwürdigkeit bedarf. Aber sie geben der philosophischen Kritik des 18. Jahrhunderts zu viel Raum, obwohl diese auf einer Konzeption beruht, die meiner Meinung nach der Vernunft und dem Zweifel nicht kritisch genug gegenübersteht.

– Wie wirkt sich das auf das geistliche Leben dieser Christen aus?

– Ihr Glaubensleben hat sich von ihrer Vernunft getrennt. Der Glaube ist irrational geworden und schwankt zwischen zwei Extremen. Entweder ist er stark und tief und ist zu affektgeladen oder er gleitet in fanatische Illumination ab. Oder er vermeidet diese Fehler und wird dann immer schwächer, wie eine Sache, die man nicht ganz ernst nehmen kann. Zwischen diesen Extremen gibt es auch einen lebendigen, persönlich starken Glauben, der aber nicht mehr bereit ist, sich zu bezeugen.

– Damit reagieren diese Gläubigen auf den Rationalismus der Aufklärung.

– Ja, womit aber dem subjektiven und voluntaristischen Aspekt mehr Tribut gezollt wird als dem rationalen Aspekt.

– Aber man sollte auf diese Reaktion nicht damit antworten, dass man sich den Glauben als einfache Schlussfolgerung von Vernunftüberlegungen vorstellt.

– Bergson, Vernunftgründe können auch wenig systematisch und wenig reflexiv sein und ihren Ursprung mehr in einer existentiellen Bewegung haben. Trotzdem bleibt die eigentliche Struktur der Vernunftüberlegung erhalten. Das hat mir bei Newman in seiner *Grammatik der Zustimmung* so gut gefallen. Aber solche Vernunftgründe gelten nicht für allgemeine Fragen. Sie beziehen sich nach meiner Meinung auf das grundlegende Wunder.

– Sie sprechen offensichtlich von der Auferstehung Jesu.

– Ja. Darauf komme ich immer wieder zurück. Die Auferstehung Christi, die das Versprechen unserer Auferstehung in sich trägt, ist zugleich das zentrale Geheimnis der Offenbarung der Liebe, der Grund unserer Hoffnung und das Hauptargument für die Glaubwürdigkeit des Glaubens. Wenn man sich auf den Boden der Zeugenaussagen der Jünger Christi über seine Auferstehung stellt, dann wird alles ganz einfach. In der Auferstehung ist wie in einem Saatkorn die gesamte Theologie und die ganze Apologetik eingeschlossen. Sind die Apostel zuverlässige oder falsche Zeugen; sind sie Erleuchtete, die einer Illusion verfallen sind? Das ist die Frage.

– Das Konzept der falschen Zeugen oder der Sinnestäuschung finden wir, mein lieber Guitton, schon beim heiligen Paulus.[6] Die polemische Stelle am Ende des Matthäusevangeliums[7] beschreibt ebenfalls eine solche Auffassung.

– Wenn die Apostel die Wahrheit gesagt haben, ist Christus wirklich auferstanden, und wir brauchen keine weiteren Begründungen.

– Wenn sie die Wahrheit gesagt haben, dann sind wir zufriedengestellt. Das ist sicher. Aber wie können wir das wissen? Guitton, wir kommen wieder auf die Frage der

Zuverlässigkeit von Zeugenaussagen zurück. Warum bestehen hier Schwierigkeiten?

– Was den Glauben so schwierig macht, Bergson, ist, dass er ganz ärmlich und einfach ist. Er ähnelt darin Ihrer Philosophie. Wir leben in einer reichen und technisierten Zeit. Man hat nur noch vor dem Komplizierten Achtung.
– Das Einfache ist am schwersten zu verstehen, Guitton. Deshalb ist auch eine Philosophie, die diesen Namen verdient, schwierig und selten.
– In *La Pensée et le mouvant (Denken und schöpferisches Werden)* nennen Sie dies den Geist der Einfachheit.
– Ja, aber oft wird das Einfache missverstanden als Simplifizierung. Der zur Komplexität verdammte Mensch irrt zwischen den Systemen und den Mechanismen. Nirgends findet er noch das Leben und seinen Urgrund. Um einfach zu werden, braucht man hundert Jahre.
– Bergson, ich sage Ihnen mein Glaubensbekenntnis: Ein Mensch war **die Liebe**. Vor ihm hatte niemand gesprochen wie er. Endlich einmal hat man in der Welt die Liebe gehört. Aber die Welt will die Liebe nicht. Die Welt ist eisig. Also wurde die Liebe ausgeschlossen. Sie wurde ausgestoßen. Sie ist am Marterpfahl, am Kreuz gestorben. Wir betrachten die Liebe am Kreuz. Was ist das Leben, was ist Gott, welche Hoffnung haben wir unter diesen Umständen? Vergnügen wir uns, denn morgen sind wir tot. So spricht der heilige Paulus, und so dachten die Apostel Christi nach seinem Tod. Sie hatten das Aufleuchten der Liebe gesehen, und nun waren sie verzweifelt. Sie erwarteten nichts mehr vom Leben, außer vielleicht die Kraft, sich in eine befriedete Hoffnungslosigkeit zu ergeben. Und auf einmal sagen mir die Apostel, sie hätten den aus dem Grab auferstandenen Christus gesehen. Das ist doch keine Legende. Dafür reichte die Zeit nicht aus. Die Apostel bezeugten es sofort, in den ersten Tagen. Das ist auch kein Mythos, als würde man sagen: nach dem Regen

kommt Sonnenschein, nach dem Winter der Frühling. Ich glaube, es handelt sich um eine historische Tatsache, wunderbar und geheimnisvoll.

– In Ihren Büchern, Guitton, sagen Sie nicht mit dem nötigen Nachdruck, dass es sich um ein kohärentes Faktum handelt, das mit vielen anderen historischen Tatsachen zusammenhängt. Es dreht sich nicht um eine isolierte, seltsame Tatsache, die nicht in einem großen Zusammenhang stünde. Christus ist auferstanden *nach der Schrift,* und diese Tatsache steht in einem Gesamtzusammenhang mit dem Kern der biblischen Schriften und dem ganzen Geflecht der hebräischen Geschichte.

– Da haben Sie Recht, Bergson, ich habe dies in meinen Büchern nicht genügend betont.

– Außerdem geht es nicht nur um eine einfache, seltsame und unerhörte Tatsache. Das Ereignis, Guitton, ergibt einen Sinn: es bedeutet, dass die Liebe den Tod besiegt hat und dass ab sofort für jedes menschliche Wesen die Teilnahme an einem ewigen Leben offensteht, in dem die Liebe den Tod besiegt hat.

– Wir sind uns also einig, mein lieber Bergson. Ich gebe zu, dass das Faktum als solches wenig glaubwürdig ist, wenn man seinen Sinn nicht versteht; denn dann sieht man nur die Fremdartigkeit und nicht den wesentlichen Zusammenhang mit der Realität der Geschichte Israels und auch mit den philosophischen Problemen der menschlichen Existenz. Aber ohne das Ereignis selbst, so müssen Sie doch zugeben, wäre auch kein tieferer Sinn zu sehen, oder vielmehr müsste man das Gegenteil verstehen; denn dann hätte der Tod die Liebe besiegt.

– So ist es, Guitton. Also, weder Mythos noch Legende, sondern ein historisches Ereignis mit einem Sinngehalt, der sich aus der Tatsächlichkeit des Ereignisses erst ergibt.

– Der ganze Sinn des Glaubens liegt allein in diesem einzigartigen Ereignis. Daran, Bergson, entscheidet sich, ob wir gewinnen oder verlieren. Der heilige Paulus sagt: *Wenn Christus nicht auferstanden ist, dann ist euer Glaube sinnlos und wir Apostel sind falsche Zeugen.* Mir stehen also Zeugen gegenüber. Und das haben sie gesagt! Werde ich ihnen glauben? Nun gut, nein! Mein erster Impuls ist der der Athener, die zu Paulus sagten: „Schon gut! Lasst uns ein andermal darüber reden."

– Sie wollen also nicht auferstehen?
– Nein, überhaupt nicht. Der Leib war mir immer schon etwas unangenehm. Wenn ich daran denke, dass ich meine Frau Marie-Louise in Fleisch und Blut wiedersehen soll, das kommt mir komisch vor.
– Und die Unsterblichkeit, Guitton?
– Sie geht mir auf die Nerven.
– Glauben Sie daran?
– Ich glaube daran, ich respektiere Gott, und ich denke, es ist eine gute Sache. Aber wenn es nach meinem natürlichen Empfinden geht, habe ich nur Lust, alt zu werden und lebenssatt zu sterben. *Basta.* Solange ich nicht genug gelebt habe oder Angst habe, möchte ich unbegrenzt hier auf Erden weiterleben. Allerdings mag mir schließlich alles überdrüssig werden, und dann sterbe ich vergnügt. Oft möchte ich auch im Nichts aufgehen oder vielleicht in der Zeit wiedergeboren werden. Aber Unsterblichkeit in Gott und Auferstehung, das ist mir zu hoch. Allenfalls könnte ich mich mit der Unsterblichkeit einer intelligenten und unpersönlichen Seele abfinden, die über eine Welt der ewigen Ideen nachdenkt. Aber die Unsterblichkeit einer persönlichen Seele ... Nur, weil Gott darauf besteht.
– Aber warum glauben Sie dann daran, wo Sie doch gar nicht daran glauben wollen?
– Weil ich denke, dass es die Wahrheit ist. Also muss ich wohl daran glauben. Wenn ich schon kleine Elefanten gemacht habe, werde ich mich doch nicht weigern, zu glauben, dass es auch große gibt.

– Sie sind schrecklich rationell.
– Ich bin, wie ich bin.
– Seltsam, Guitton, Sie haben von Natur aus keine christliche Seele.
– Nein. Von meinem Instinkt her lehne ich Prediger ab, vielleicht sogar das Christentum. Ich habe in meinem Leben schon alles gesehen! Nun kommen die Apostel daher. Das sind Verrückte, sage ich mir; es gibt viele Verrückte in der Welt. Welche Art von Verrückten? Verrückte, die in ihrer Art recht sanftmütig sind, vielleicht auch ein wenig gefährlich, wie alle Verrückten. Oder sind es Betrüger, wie es viele gibt und die auf die Leichtgläubigkeit der Menge spekulieren, um sich zu bereichern oder sich interessant zu machen. So denke ich zuerst.
– Warum lassen Sie es dabei nicht bewenden, ohne weiterzudenken?
– Es geht mir wie Ihnen. Sie haben geschrieben, *„selbst diejenigen, die die Existenz Jesu leugnen, können nicht verhindern, dass die Bergpredigt im Evangelium steht"*. Es ist das Auftreten der Liebe, die Erschaffung der Liebe, die Offenbarung der Liebe. Eine geniale Erfindung, die die gesamte Menschheit bei weitem noch nicht akzeptiert hat. In der Praxis ist diese geniale Idee mit einer unmythischen, aber im weitesten Sinne historischen Mentalität solidarisch und hängt mit der Feststellung eines zentralen historischen Ereignisses zusammen: dem Leben, dem Tod und der Auferstehung Christi. Dann kommen die Apostel. Zuerst einmal nehme ich an, ich hätte es mit Verrückten, Betrügern oder armen, naiven Irren zu tun. Ich würde sie gerne in ihren Wahnvorstellungen belassen, aber es sind keine Wahnvorstellungen. Sie haben eine geniale Botschaft. Das einzig Wahnsinnige daran ist die Auferstehung, aber ohne sie wäre das Geniale nicht genial. Aber es ist genial. Wenn man hier nicht vor einem Mythos oder vor einer Legende steht, dann handelt es sich um ein his-

torisches Ereignis. Oder aber man hat die niedrigsten oder krankhaftesten Illusionen des menschlichen Geistes vor sich: Leichtgläubigkeit, Mangel an Seriosität, übermäßige Subjektivität, Betrug, Psychopathologie, Halluzinationen usw.

Bergson denkt etwas nach und fragt mich dann feierlich:

– Verstehe ich Sie richtig, Guitton? Sie wollen sagen: Wenn das Christentum nicht auf einer historischen Wahrheit beruht, dann können Sie es, historisch gesehen, nur sehr viel niedriger bewerten, als man es vernünftigerweise bewerten muss. Und wenn man ihm seine wahre intellektuelle und moralische Stellung zuerkennt, dann wird es äußerst schwierig, es anders zu erklären, als durch die historische Wirklichkeit der Auferstehung Jesu Christi.
– Sie haben mich richtig verstanden. Nach meiner Meinung, Bergson, hätte es ohne die evangelischen Fakten keine Evangelien gegeben. Aber sie existieren. Das unglaubliche Ereignis ist damit in seinem Wesenselement solidarisch mit einer genialen geistigen Erfindung und einer Schöpfung neuen Lebens. Daher rührt meine ganze Ratlosigkeit. Denn entweder muss ich die geniale Botschaft und das scheinbare Märchen als Ganzes annehmen, ohne welches weder Genialität noch Sinn in einer Botschaft wären, die offensichtlich voller Sinn und Genialität ist; entweder ich akzeptiere das Geheimnis oder aber es handelt sich um eine Absurdität, die finsterer ist als alle Geheimnisse und nicht einmal normale Tatsachen enthält. Stellen Sie sich vor, dass zwölf Männer, ja sogar fünfhundert, die wissen, dass ihr Herr nicht auferstanden ist, beschließen, die Welt vom Gegenteil zu überzeugen. Und die meisten enden damit, dass sie sich für das, von dem sie wissen, dass es eine bewusste Irreführung ist, noch den Kopf abschlagen lassen, ohne dass sich einer finden würde, der das Geheimnis verrät und der Täuschung ein Ende setzt. Verstehen Sie

nun, warum ich zu Mitterrand immer vom Absurden und vom Geheimnis gesprochen habe? Die Auferstehung ist ein geheimnisvolles Ereignis, wer würde dies leugnen? Aber wenn ich dieses Geheimnis nicht vernünftigerweise akzeptiere, muss ich eine gesamte, auf Erfahrung beruhende Realität zu einer Geschichte von Verrückten erklären.

– Wenn man Sie so hört, Guitton, hat man den Eindruck, man könne alles beweisen.

– Bestimmte Sachen kann man beweisen. Aber etwas bewiesen zu haben, heißt noch nicht zu glauben, wie Glauben haben noch nicht heißt, auch Liebe zu haben.

– Sie sind sicher, dass Sie Recht haben?

– Ich stelle mich meiner Verantwortung. Jeder muss für sich selbst die Verantwortung übernehmen.

– Aber haben Sie keine Zweifel?

– So wie die Apostel selbst gezweifelt haben, Bergson, sogar in Gegenwart des auferstandenen Christus. Wenn die Apostel nicht gezweifelt hätten, wären sie für uns keine glaubwürdigen Zeugen.

– Das Evangelium, Guitton, ist im Bereich des Guten, was Auschwitz im Bereich des Bösen ist. Dass es schwer fällt, daran zu glauben, ist Teil der normalen Entgegennahme von Zeugenaussagen. Außerdem hängt eine Indifferenz gegenüber einem Ereignis mit den Ursachen und tiefsten Gründen des Ereignisses zusammen. Guitton, was ist Ihre Schlussfolgerung?

– Nachdem ich den Zweifel der Apostel geteilt habe, kann ich auch ihren Glauben teilen.

– Was fehlt noch an der Kraft Ihres Glaubens?

– Mehr Erfahrungen der Liebe. Ich bin kein guter Christ.

– Sie reden mit einer Kaltblütigkeit, die mich schaudern lässt. Wenn Sie so reden, fürchten Sie nicht, dass Sie diejenigen, die noch nicht zweifeln, zum Zweifel verführen?

– Wenn sie dieselben Zweifel haben wie ich, finden sie zum gleichen Glauben.

– Sie sprechen von einem tiefen Glauben, der das wirkliche und übernatürliche Ereignis zum Gegenstand hat, nicht von einem modernen Glauben, der sich auf eine religiöse Philosophie beschränkt.

– Das versteht sich von selbst. Haben Sie nicht auch gemerkt, Bergson, wie das Christentum, wenn man die übernatürlichen Realitäten entfernt, verflacht? Was bleibt übrig? Eine respektable Moral, die ziemlich lästig wird; ein Humanismus, der andauernd versucht, Gott zu entschuldigen, weil er die menschlichen Unzulänglichkeiten zugelassen hat; eine sympathische „Solidarität"; eine vage Hoffnung auf eine Verbesserung der zeitlichen Verhältnisse. All das ist nicht sehr solide und nicht sehr tiefgründig. Braucht man wirklich einen persönlichen Gott zur Verkündigung dieser tugendhaften Banalitäten? Nehmen Sie das Übernatürliche weg; was dann vom Christentum noch übrig bleibt, ist eine Leere.

– Darin bin ich mit Ihnen einverstanden, Guitton. Wenn die Geistlichkeit rationalistisch wird, leeren sich die Kirchen und die Sekten haben Hochkonjunktur.

– Wenn der Glaube nicht mehr da ist, kann man nur noch über den gestorbenen Glauben trauern. Wenn Christus nicht auferstanden ist, dann hören wir doch auf, in den Sakristeien das Mysterium weinerlich zu verflachen.

– Was raten Sie?

– Wenn ich nicht an das Übernatürliche glauben würde? Gegen den ohnmächtigen Himmel zu spucken und unsere Anstrengungen auf ein Leben im menschlichen Maßstab zu konzentrieren.

– Fahren Sie fort, Guitton.

– Erst einmal bin ich kein affektiver Gläubiger. Ich respektiere diejenigen, die so sind. Sie sollen mich aber auch so nehmen, wie ich bin. Vielleicht kann ich ihnen nützlich sein. Ich glaube aus Vernunftgründen.

– Die Ungläubigen sind oft sehr tolerant. Sie respektieren

die Werte des Christentums, ohne den Glauben zu teilen.

- Ich verstehe sie, aber ich glaube nicht, dass sie recht haben. Man muss Freidenker sein, Bergson, und sogar antireligiös. Sonst wird man unter einer *Proliferation des Unvernünftigen* begraben.
- Das ist also Ihr Glaube?
- Das sind meine Überlegungen über den Glauben.
- Ein sehr kritischer Glaube. Eine äußerst zugespitzte Kritik. Also?
- Der *Christ* überzeugt den *Kritiker.*
- Es gibt eine Kritik, die mit sich selbst zufriedener ist, als Ihre Kritik.
- Ja, die von Renan, Loisy und anderen neueren Kritikern. Sie zweifelt, aber sie zweifelt niemals am Zweifel selbst. Sie ist kritisch, aber nicht so kritisch, dass sie die Kritik kritisiert. Daraus ergibt sich die Missachtung eines lebendigen Zeugnisses und die kritiklose Ablehnung des übernatürlichen Ereignisses. Der Unglaube folgt nicht aus der Untersuchung des jeweiligen Objekts, sondern er ist ein Vorurteil. Eine *apriorische* Annahme ersetzt die Prüfung. Die menschliche Vernunft wird zum Absolutwert, wird auf die Glaubenstatsachen angewandt und schneidet alles ab, was „übersteht". Man hält sich für kritisch und ist in Wirklichkeit erzdogmatisch. Dogmatisch aufgrund der Vernunft, aber einer erznaiven und überholten Vernunft.
- Wenn die Gründe für den Glauben einfach sind, Guitton, ist es wichtig, die Tatsachen wieder einfach aufzunehmen. Es scheint mir, dass Christus selbst das gesagt hat. *„Ich preise dich, Vater, Herr des Himmels und der Erde, weil du all das den Weisen und Klugen verborgen, den Unmündigen aber offenbart hast. Ja, Vater, so hat es dir gefallen."*[8]
- Weil die Gründe, zu glauben, einfach sind, sind die Gründe, nicht zu glauben, sehr kompliziert: Komplikation der Vernunft, die sich vom Einfachen trennt. Eine Unmenge

an Gelehrsamkeit, ein Luxus an Einzelheiten und technischer Raffinesse, aber Fehlen einer Einheit, Fehlen der unmittelbaren Kommunikation zwischen Wesen und Geist, Fehlen der einfachen Verständlichkeit, Fehlen der intellektuellen Intuition usw.

– Künstlicher Rationalismus und lebensfernes Denken.
– Meine Gründe, zu glauben, sind *meine Gründe, nicht an die Gründe zum Nichtglauben zu glauben.*

Er hielt inne, lächelte und sagte:

– Ich habe Sie doch nicht umgebracht?
– Fast, wegen Josephine. Die Frauen …
– Nichts Schlechtes über sie. Sie sind es, die Ihnen den Himmel öffnen.
– Was wollen Sie damit sagen?
– Pst! Adieu. Guitton.
– Auf Wiedersehen, sagte ich, und gab ihm mechanisch die Hand.

Er ging, und ich dachte an etwas anderes. Im Weggehen, er war schon durch die Tür, gab er mir noch einen letzten Wink. Aber ich war beim Überlegen und reagierte nicht. Er verschwand.
Ich fragte mich, ob ich gut gesprochen hatte und ob man es so aufschreiben könnte. Ich bin von meinen Vorstellungen immer enttäuscht. Deshalb liebe ich auch Schmeicheleien. Man denkt, ich sei stolz, aber das Gegenteil ist wahr. Oder ist dies eine andere Form des Stolzes? Ich war traurig.

– Ah, sagte ich, wieder einer, der seinen Hut vergessen hat.

Marzena kam ins Zimmer. Ich saß auf meinem Stuhl und betrachtete Bergsons Melone.

– Maître, es geht gerade so weiter.
– Seien Sie still, Marzena, ich denke nach.
– Aber, Maître … es ist …

– Ruhe, habe ich gesagt! Antworten Sie. Marzena, sehen Sie den Hut?
– Ja, Maître, es ist …
– Pst! Ist dies eine Melone?
– Offensichtlich ist das eine Melone. Maître …
– Seien Sie doch still. Es ist eine Melone. Gut so. Legen Sie diese kostbare Melone von Bergson neben den Federhut von Pascal, dort aufs Tischchen. Gut. Sehen Sie, wir haben eine Sammlung angefangen.

Sie war nicht zum Scherzen aufgelegt. Sie kochte innerlich.

– Marzena, was wollten Sie sagen?
– Es geht weiter. Schon wieder einer.
– Wer?
– Der Papst.

Ich fuhr in die Höhe und wäre vor Ergriffenheit beinahe gestorben.

– Der Papst!
– Nein, nein, nicht der Papst. Der Papst. Also der andere. Ich weiß seinen Namen nicht mehr: Sie haben sein Brevier auf dem Schreibtisch …
– Paul VI.!
– Ja, der.
– Aber bitten Sie ihn doch herein, worauf warten Sie denn noch. Beeilen Sie sich endlich! Sie hätten ihn schon längst hereinbitten sollen. Machen Sie schnell, schnell.

Sie ging schnell hinaus und schimpfte halblaut.

– Mein Gott, wie ungerecht er ist! Herr, er ist unausstehlich!

Sie war schon immer unverschämt. Sie nützt meine Gutmütigkeit aus. Mit krampfhaften Anstrengungen erhob ich mich von meinem Stuhl, und es gelang mir, mit Hilfe meines Stokkes aufzustehen. Dabei schimpfte ich. Versetzen Sie sich in meine Lage. Diese Frau hatte mich nervös gemacht. Den Papst warten zu lassen! Mir schwindelte, ich wäre beinahe hingefallen. Aber ich wollte den Papst stehend empfangen.

Gespräch mit Paul VI.

– Eure Heiligkeit!
– Guitton, welche Freude, Sie wiederzusehen!
– Eure Heiligkeit, Sie erweisen mir eine unendliche Ehre.
– Nein, Guitton, nur Gerechtigkeit. Aber setzen Sie sich doch, in Ihrem Zustand sollte man nicht lange stehen.

Ich bot ihm den Sessel an, der meinem kleinen Stuhl gegenüberstand, und weigerte mich, vor ihm Platz zu nehmen. Als er Platz genommen hatte, setzte ich mich auch.

– Guitton, wenn Sie wüssten, wie gut mir Ihre Besuche getan haben, als ich allein am Steuer der Kirche stand und als Sie mich so treu an jedem 8. September besuchen kamen! Ich sage nur die Wahrheit. Mein lieber Freund, wie fühlen Sie sich? Leiden Sie? Wenn Sie wüssten, wie oft ich für Sie bete! Ich habe ein großes Vertrauen zu Ihnen.
– Und doch haben Sie einmal in Castel Gandolfo zu mir gesagt: „Guitton, Guitton, ich werde Ihnen das schönste Kompliment machen, das ein Italiener machen kann: *Guitton, Sie sind furbo, furbo, furbo – furbissimo (schlau, schlau, schlau – schurkisch schlau).*"
– Ich erinnere mich. Es war an einem Spätnachmittag, wir haben meine Karpfen gefüttert. Der Teich liegt am Ende einer großen Allee. Wir hatten uns über die Existenz Gottes unterhalten.
– Und ob ich mich erinnere! Sie hatten angefangen und mir einen Brocken hingeworfen: „Sagen Sie, Guitton, glauben Sie an alle diese Gottesbeweise?" Also habe ich alle Anstrengungen unternommen, Sie zu überzeugen. Eure Heiligkeit, ich kann es bezeugen, ich habe noch nie

einen so intelligenten Atheisten getroffen wie den Papst.

– Nun gut! Nachdem der Papst zwei Stunden lang in die Haut und in den Geist eines Atheisten geschlüpft war, kann er vor dem gesamten Universum bezeugen, dass ein Atheist nicht anders kann, als sich von den Worten Jean Guittons überzeugen zu lassen.

– Ich nahm meine Kraft dazu aus dem Vertrauen, das Sie in mich gesetzt hatten. Ist es nicht so, Eure Heiligkeit, dass Sie Vertrauen zu mir hatten?

– Ja, Guitton. Ich habe Ihnen immer voll vertraut.

– Weil ich *furbo* war?

– *Furbo*, Maître, aber auch *einfältig* – verzeihen Sie. Eine unvergleichliche Mischung aus Schlauheit und Treuherzigkeit. (Schweigen, dann:) Ich habe einen Auftrag.

– Auf der Erde?

– Nein. An Sie.

– Kommen Sie, so sehr liebt mich Gott auch wieder nicht.

– Doch, sogar noch mehr.

– Wer schickt Sie? Wer steht noch über dem Papst? Es ist doch nicht …

– Im Paradies ist der Papst noch mehr als vorher der Bruder all derer, denen er auf Erden diente. Ich werde von einer Heiligen gesandt, die Ihnen gut gesinnt ist.

– Eine Heilige ist mir gut gesinnt? Wer könnte das sein? Eigentlich jede. Alle Heiligen sind mir wohlgesinnt. Wie allen anderen auch. Das ist ja Definitionssache.

– Nein. Nicht wie allen anderen auch. Und auch nicht irgendeine Heilige.

– Aber wer ist es dann?

– Das ist ein päpstliches Geheimnis.

– Dann … Heiliger Vater, darf ich den Inhalt Ihres Auftrags wissen?

– Ich weiß, dass zwei große Denker vor mir bei Ihnen waren. Ich habe die Aufgabe, Ihnen eine letzte Frage zu stellen. Guitton, warum sind Sie katholisch?

– Weil ich ökumenisch sein will.
– Was heißt ökumenisch sein wollen?
– In sich die Gesamtheit alles Menschlichen zu vereinen. Alles verstehen, alles lieben, alles ins Licht erheben und immer mehr mit dem vereinigt zu werden, das danach strebt, im höchsten Licht ganz eins zu werden.
– Und der Katholizismus?
– Er ist die Achse und die fundamentale Struktur der ökumenischen Bewegung.
– Guitton, was ist die ökumenische Bewegung?
– Die Richtung der menschlichen Geschichte.
– Sprechen Sie als Philosoph oder als Gläubiger?
– Als Gläubiger glaube ich, dass Christus gebetet hat, auf dass sie alle eins seien und in der Einheit vereinigt sind, *consummati in unum.* Als Philosoph sehe ich, dass alles Menschliche zum Universellen strebt. Ich sehe aber auch, dass alles die Tendenz hat, sich in seine Nische zurückzuziehen.
– Selbst der Katholizismus?
– Selbst die Katholiken. Man muss darum kämpfen, sich den Sinn für die ganze menschliche Spannweite, wie sie sich in der Tiefe Gottes widerspiegelt, weit offenzuhalten. Nur Gott kann uns auf diese Weise mit den anderen Menschen vereinen. Unsere Vereinigung mit Gott betrifft unser innerstes Wesen. Auf diese Weise sind wir mit allen anderen viel enger verbunden, als wir mit unseren allernächsten Freunden verbunden sind. Diese Verbindung jedes Einzelnen mit Gott ist die einzige Verbindung, die uns mit allen und allem verbindet.
– Also kann die Freundschaft universell sein?
– Die totale Freundschaft ist universell. Und nur die universelle Freundschaft kann eine totale Freundschaft sein. Allen besonderen Bindungen fehlt es an Tiefe, wenn sie nicht für die universelle Freundschaft offen sind. Nur die totale Bindung, die auch eine universelle Bindung ist, kann das unendliche Verlangen stillen.

– Halten Sie das für möglich? Glauben Sie daran?
– Ich glaube, dass es unmöglich ist, mit dem Einzigen und mit allen und mit jeder Wirklichkeit vollständig eins zu sein, ohne sich ganz hinzugeben, über jeden Egoismus hinaus, ohne, von allem abgelöst, sein Leben und seinen Tod zu opfern.
– Nicht nur so, Guitton. Sondern losgelöst, aber voller Liebe und vor Freude jubilierend, in der Liebe des Einzigen und aller und zu allem.
– Die Loslösung, das Denken … Die Liebe ist nicht meine Stärke. Aber ich verstehe das Konzept der Liebe sehr gut.
– Und die Erfahrung?
– Andere haben so geliebt. Das ist eine Tatsache. Es gibt Aufzeichnungen. Ich habe sie studiert.
– Guitton, seien Sie ein Mensch mit sehnsüchtigen Wünschen!
– Ich bin ein alter Jansenist. Ich schäme mich der Liebe. Ich sehe auch ein, dass es schön gewesen wäre, zu lieben. Und ich habe einen Lehrmeister gesucht für diese Liebe. Im ganzen Universum und in der ganzen Geschichte habe ich nur einen gefunden, Jesus Christus.
– Aber alle Christen denken so. Und nicht alle sind katholisch. Sie sollen mir sagen, warum Sie katholisch sind.
– Wirklich zu lieben heißt, mit dem lebendigen Christus verbunden zu sein und diesen geistlichen Bienenschwarm, der nach dem Honig der göttlichen Liebe strebt, nennt man die Kirche.
– Der Leib Christi. Wir beide haben immer den heiligen Franz von Sales sehr geschätzt. Guitton, sagen Sie mir, warum Sie Katholik sind.
– Aber, Heiliger Vater, ich habe es Ihnen eben gesagt.
– Sie haben mir Ihre tiefsten Gedanken noch nicht offenbart. Das wissen Sie. Sie haben Pascal Ihre Gründe erläutert, warum Sie an Gott glauben: sie sind ausgezeichnet. Sie haben Bergson Ihre Gründe für Ihr Christsein dargelegt: ich hätte andere Gründe vorgezogen, aber Ihre

Gründe waren ausreichend. Die Gründe, die Sie mir für Ihr Katholischsein genannt haben, sind nichts wert. Das sind zusätzliche Gründe, warum man Jünger Christi ist, nicht warum man Glied der Una Sancta Catholica et Apostolica Ecclesia ist. Sind Sie Katholik ohne guten Grund?

– Nein, Heiliger Vater.
– Warum verheimlichen Sie etwas?

Noch nie hat jemand gewagt, so zu mir zu sprechen. Allerdings, es war der Papst. Der Papst. Über dem Papst steht niemand. Außer Gott, natürlich. Der Papst fing wieder an:

– Die Heilige, die mich geschickt hat, hat mir Folgendes aufgetragen. Sie sagte: „Heiliger Vater, begnügen Sie sich damit, meinem Freund Jean Guitton die Worte unseres Herrn zu wiederholen: *Wer mich vor den Menschen verleugnet, den verleugne ich vor meinem himmlischen Vater. Wer mich vor den Menschen bekennt, den werde ich vor meinem Vater, der im Himmel ist, wiedererkennen.*" Und sie fügte hinzu: „Fragen Sie ihn auch, warum er Katholik ist. Er wird verstehen, warum." Deshalb, weil ich bei Ihnen, mein sehr lieber und sehr geschätzter Freund, diesen Heilsauftrag erfülle, habe ich Ihnen diese Frage gestellt und ich stelle sie noch ein letztes Mal, diese allerhöchste Frage: „Warum sind Sie Katholik?"
– …
– Sind Sie Katholik aus Routine, Faulheit, Gewohnheit, Bequemlichkeit?
– Nein.
– Aus politischer oder sozialer Überzeugung?
– Aus nationalen Gründen?
– Aber bitte!
– Ist es eine Laune oder Eitelkeit?
– Auch nicht.
– Katholik sein, ist dies ein unwesentlicher Bestandteil Ihres Christseins?

– Nein.
– Es handelt sich also für Sie um etwas Wesentliches, eine überlegte Mitgliedschaft, aus geistlichen, intellektuellen und moralischen Überlegungen heraus?
– Ja.
– Kennen Sie diese Gründe?
– Ja.
– Was sind diese Gründe?
– Ich habe Angst, sie zuzugeben.
– Warum?
– Ich schäme mich vor den anderen, vor den Leuten.
– Sagen Sie sie mir. Ich höre sie unter dem Siegel des Beichtgeheimnisses. Niemand wird je etwas davon erfahren.
– Heiliger Vater, ich gebe es zu … Ich bin katholisch … weil … weil … Nein, ich kann es nicht sagen.
– Aber, Guitton, Sie haben doch Vertrauen in mich?
– Ja, Heiliger Vater, aber ich habe kein Vertrauen in mich selbst. Ich habe nie Selbstvertrauen gehabt. Alle dachten, ich würde vor Selbstvertrauen platzen … Aber das stimmt nicht. Ich habe keinerlei Vertrauen in mich selbst.
– Was sind diese Gründe?
– Ich kann sie nicht zugeben.
– Aber, aber …
– Nein, es ist schlimmer, als wenn ich Ihnen sexuelle Verfehlungen beichten müsste.
– Und wenn schon. Glauben Sie an die Barmherzigkeit und erleichtern Sie Ihr Herz.
– Nein, es ist schlimmer, als wenn ich Ihnen Schmuggelei oder Betrügerei zugeben müsste. Nein. … Bestehen Sie nicht darauf, es bleibt beim Nein.

Paul VI. antwortete nicht. Nach einem Augenblick sagte er:

– Freund, Sie sind erschöpft. Ruhen Sie sich aus. Ich werde wiederkommen.

Ich sprang auf:

– Leider haben wir dazu keine Zeit mehr. Bleiben Sie, Heiliger Vater. Und bleiben Sie bis zum Ende. Muss ich den Kelch trinken, wenn ich in den Himmel kommen will?
– Ja.
– Also dann versprechen Sie mir, bis ans Ende zu bleiben. Versprechen Sie es. Ich habe ein Recht darauf. Ich bin wie Sie getauft. Es ist unwichtig, dass Sie Papst sind. Sie sind vor allem Priester, und ich liege im Sterben. Ich bin ein armer Teufel, der schon halb verdammt ist. Also, Sie gehören jetzt mir, wie das Brot auf dem Tisch. Sie haben mir Ihr Leben gegeben. Versprechen Sie es, Montini!
– Ich verspreche es.
– Selbst wenn ich Sie mit Verwünschungen fortjagen wollte?
– Ich verspreche es.
– Selbst wenn ich lästern würde.
– Ich verspreche es.
– Oh! Heiliger Vater, es ist schlimmer, als wenn ich Verrat und Verbrechen zugeben müsste.
– Lasst uns beten.

Er betete. Ich dachte nach.

– Aber, Guitton, in dem, was Sie mir jetzt sagen wollen, kann doch gar nichts Schlimmes sein.
– Ich weiß, vor den Augen Gottes gibt es nichts Schlimmes, aber vor den Augen der Menschen ist es das Allerschlimmste!
– Sie werden in Kürze sterben, und Sie sorgen sich noch, was die Menschen über Sie denken?
– Glauben Sie, dass ich Angst vor dem Urteil Gottes hätte, wenn ich mich nicht mehr um das Urteil der Menschen sorgen würde?
– Wagen Sie es, zu sprechen. Um in den Himmel aufgenommen zu werden, müssen Sie diese Furcht überwinden.

– Heiligster Vater … ich bin katholisch … weil … es ist die einzige Religion … bei der man, wie man mir gesagt hat … man muss … Ach! …
– Was haben Sie?
– Das Herz …
– Wollen Sie sich ausruhen?
– Ich werde die ganze Ewigkeit haben, um mich auszuruhen. Wozu also mit dem Lebensatem noch weiter zu sparen? … Es ist nichts. Es geht schon besser. Verlassen Sie mich nicht. Sie haben es versprochen … Ja, es geht schon besser … Was sagte ich?
– Dass der Katholizismus die einzige Religion sei, von der man Ihnen gesagt hat, dass man …
– Ja. Dass man … Ach! …
– Um Gottes willen, kommen Sie zum Schluss!
– Gehorsam sein müsse.

Von der Anstrengung überwältigt, wäre ich beinahe vom Stuhl gekippt. Paul VI. beugte sich vor und hielt mich fest. Ich flüsterte ihm ins Ohr:

– Nur Ihnen konnte ich so etwas zugeben.
– Weil ich Papst bin.
– Ja, weil Sie Papst sind. Woher wussten Sie, dass ich es nur dem Papst sagen konnte?
– Der Papst versteht das Geheimnis des Papsttums.
– Montini, als Gott Sie zu Paul VI. machte, hat er sie in Ihrem Wesen und in Ihrer Bestimmung zum Zeugen des Geheimnisses des Gehorsams gemacht. Nicht nur eines inneren Gehorsams, Gott gegenüber. Sondern eines äußeren Gehorsams, einem Menschen wie mir gegenüber, einem Menschen wie Sie, Montini. Nicht gegenüber einer durch unsere Konventionen institutionalisierten Autorität. Sondern gegenüber einer Autorität, die von Gott eingesetzt ist und die nicht in von uns gewählten, sondern in von Gott berufenen Menschen niedergelegt ist.

– Gebrechlichen und armen Menschen, Guitton.
– Sie wurden gehasst, Heiliger Vater, wegen dieses Gehorsams. Eines Tages wird jeder einsehen, dass Sie dem menschlichen Leben gedient haben.
– Das menschliche Leben. Ja, der Papst muss die gute Botschaft des Lebens verkünden. Das Leben ist gut. Es heißt gehorchen, nicht wie ein Sklave, aber als Kind Gottes. Für einen Menschen unserer Zeit ist dies das Kreuz, das einen kreuzigt. Das Kreuz, das rettet. Der Weg der Freiheit.
– Das Tor zur absoluten Freiheit.

– Guitton, warum gehorcht man so ungern?
– Ich antworte mit Spinoza. Die Menschen sind glücklich, wenn sie sich überlegen fühlen oder wenn sie meinen, es zu werden. Wer gehorcht, fühlt sich unterlegen. Er ist definitionsgemäß der Untergebene und meint, er gehe seines Rangs verlustig. Also ist er betrübt. Also hasst er die Ursache seiner Traurigkeit und versucht, sie zu zerstören.
– Das ist mathematisch folgerichtig.
– Geometrisch folgerichtig.
– Wenn man in einer Gesellschaft leben will, muss man aber gehorchen.
– Die Menschen, Heiligster Vater, haben eine Lösung gefunden, um ihre Selbstachtung mit dem Gehorsam in Einklang zu bringen. Sie bilden sich ein, dass sie, wenn sie anderen gehorchen, sich selbst gehorsam sind.
– Und wie funktioniert dieses geheimnisvolle Wunder?
– Man sagt allen, sie seien der Chef, der König, der Herrscher, die Urheber der Gesetze, die andere machen, und dass die Führer nur Diener des Volkswillens sind.
– Und alle glauben das?
– Eine gewisse Anzahl. Es ist wie mit den Gehörnten, die nichts wahrhaben wollen. Man will lieber an eine Illusion glauben als unter der Wahrheit leiden.
– Sie gehorchen nicht mehr.

– Im Gegenteil, sie gehorchen viel besser. Wie wollen Sie, dass ein verantwortlicher Staatsmann heute kein Demokrat ist? Die Demokratie ist die einzige Maschine, die die Menschen dazu bringt, gehorsam zu sein. Ohne sie würde die Anarchie herrschen.
– Oder die Diktatur. Guitton, ich bin demokratischer als Sie.
– Ich weiß, Sie waren Christdemokrat. Ihr Vater war es und meine Eltern waren es auch. Heiliger Vater, das alles gibt es heute nicht mehr.
– Es wird es wieder geben.
– Vielleicht, aber ohne mich. Es ist mir auch egal. Jedenfalls wurde die Welt, die ich jetzt verlasse, meines Wissens noch nie so oligarchisch regiert wie heute. Und je mehr sie sich vereinigt, desto stärker wird das zutreffen. Sie muss auch immer demokratischer werden, um desto fester regiert werden zu können.
– Sind Sie autoritätshörig?
– Im Gegenteil, wie alle anderen habe auch ich eine starke Abneigung, mich regieren zu lassen. Aber ich möchte auch nicht für naiv gehalten werden, außer wenn mir dies nützt, andere übers Ohr zu hauen.
– *Furbo, furbissimo.* Man glaubt, Machiavelli zu hören.
– Heiliger Vater, als ich sechzig war, glaubte ich, die Politik zu kennen. Dann habe ich den Präsidenten Mitterrand kennen gelernt, und ich habe gemerkt, dass ich noch ein Chorknabe war. Er hat meine Erziehung vervollständigt.
– Er scheint über jede Erwartung hinaus erfolgreich gewesen zu sein. Aber lassen wir das. Der heilige Petrus wird Sie nicht nach Ihrer politischen Meinung fragen. Sagen Sie mir lieber, warum das Gehorchenmüssen für Sie ein Grund ist, katholisch zu sein.
– Ich nehme an, dass ich den Katholizismus genügend kenne. Er ist eine Religion, die sich an freie Menschen richtet und sie zum höchsten Grad der Freiheit führen möchte. Aber

gerade wenn er in den Menschen die Liebe zur Freiheit weckt, ruft er sie auf, Gott gehorsam zu sein. Wenn er in ihnen die Achtung vor dem Menschlichen stärkt, spricht er von Entsagungen und Opfern. Wenn er die Kraft der Vernunft preist, verlangt er den Gehorsam des Glaubens. Er entwickelt das Bewusstsein ihrer Menschenwürde und predigt dann Demut. Er gibt ihnen einen Vorgeschmack des Glücks und verspricht ihnen eine höhere Freude. Er rehabilitiert die Frau, die menschliche Liebe, den Körper, selbst die Sexualität, und predigt die Reinheit. Er sagt dem Menschen, dass er groß sei, und zwingt ihn vor Gott auf die Knie. Ist der Katholizismus so?

– So ist es.

– Nun. Ich habe zwanzig Jahre an der Kriegsakademie unterrichtet, alle unsere Generäle ausgebildet und ein Buch *La Pensée et la guerre (Denken und Krieg)* geschrieben. Ich sage Ihnen, Allerheiligster Vater, eine derartige Botschaft verstößt gegen alle Prinzipien.

– Erklären Sie mir das.

– Wenn Sie wollen, dass die Menschen Gott gehorchen sollen, sprechen Sie zu ihnen nie von Freiheit. Wenn Sie wollen, dass sie sich beherrschen, dann sagen Sie ihnen, dass das Vergnügen Sünde ist, ja, dass überhaupt alles Sünde ist und dass das Wesentliche anderswo zu finden ist und schauen Sie nicht mehr zu genau hin. Wenn Sie ihnen doch von Freiheit sprechen, lassen Sie die Zügel etwas locker und manipulieren Sie unter der Hand. Mit anderen Worten, handeln Sie politisch, lesen Sie Machiavelli! Sonst behaupte ich, dass Ihre Botschaft, als Ganzes genommen, allen Regeln der Rhetorik widerspricht, allen Prinzipien der Strategie, allen Kunstgriffen der Taktik, allen Rezepten des Marketing, allen Gesetzen der effizienten Kommunikation.

– Ich muss für die Liebe Zeugnis ablegen.

– Ich weiß. Aber damit geben Sie jedes strategische Denken

auf! Heiliger Vater, sind Sie sich im Klaren, wie schwierig das alles ist, was sie sagen?

– Jesus zu folgen, ist nicht einfach.
– Die Leute wollen keine Opfer mehr bringen.
– Man kann auch sagen, Sie wollen keine echte Freude mehr.
– Sie sagen, sie wären auch so glücklich.
– Wenn die Menschen ohne Gott glücklich sein wollen, brauchen sie mich nicht. Ich stehe im Dienst Jesu Christi und seiner Freude.
– Sie sind immer derselbe. Aber das sind gar nicht Sie. Es ist der Papst, der immer derselbe ist. Gott ist auch immer derselbe. Immer derselbe. Nun. Sehen Sie, deshalb bin ich Katholik. Eure Heiligkeit möge mir gestatten, dies so direkt zu sagen. Ich möchte betonen, dass ich damit nicht den Standpunkt eines schon überzeugten Katholiken einnehme. Nein, ich stelle mich auf den Standpunkt eines äußeren Beobachters, eines Kritikers. Sie wissen, dass es vielen schwer fällt, die eine oder andere Ihrer Stellungnahmen nachzuvollziehen. Das hindert sie aber nicht daran, unparteiisch und objektiv zu bleiben. Ich stelle mich auf den Standpunkt dieser Leute. Nun, ich sage, für diese Art von Leuten, die logisch argumentieren, gibt es drei mögliche Hypothesen: entweder ist der Papst töricht, oder er ist verrückt, oder es gibt in ihm etwas, das nicht zu erklären ist, etwas im eigentlichen Sinne Geheimnisvolles.
– Warum?
– Ich wiederhole mich, Heiligster Vater: Analysieren Sie die katholische Botschaft in allen ihren Aspekten. Sie preist die Vernunft, die Freiheit, die Kritik und verlangt den Glauben, das intellektuelle Opfer, die Annahme undurchdringlicher Geheimnisse. Ihre Moral ist erhaben, aber äußerst schwierig. Sie löst eine allgemeine Dynamik der Befreiung aus, aber erhält die kirchliche Disziplin aufrecht, bei der die Autorität von oben ausgeht. Sie predigt

das Glück und den menschlichen Fortschritt und zeigt gleichzeitig Christus am Kreuz. Dieses Geflecht von Unklugheiten und Widersprüchen ist auf der Welt einmalig. Es ist, als hätten Sie beim Autofahren den Fuß gleichzeitig auf dem Gashebel und auf der Bremse.

Paul VI. lächelt.

– Was Sie Bremse nennen, Guitton, ist der Steuerknüppel. Man muss ziehen, um abzuheben. Und die Widersprüche, die Sie festgestellt haben, lösen sich in der Liebe Christi auf.
– Ich weiß. Und deshalb kommen wir auch wieder auf das einzige Wunder zurück, nämlich die Liebe.
– Sie sprechen als Philosoph. Ich selbst hätte noch andere Gründe, die aus der Heiligen Schrift stammen. Ich könnte Ihnen noch lange zuhören. Aber die Zeit drängt. Fassen Sie zusammen und kommen Sie zum Schluss. Ich muss Ihnen noch etwas anderes sagen.
– Ja. Heiliger Vater, Ihr Unternehmen kann nicht florieren. Sein Erfolg widerspricht der menschlichen Natur. Trotzdem funktioniert es, wenn auch mit Müh' und Not. Und das geht nun schon lange. In jedem Jahrhundert sagt man einmal das Ende voraus, aber es geht immer weiter. Es ist unwahrscheinlich. Jedes Mal sagt man, es sei nicht mehr wie in früheren Jahrhunderten und dass dieses Mal die Kirche nicht überleben wird. Aber sie überlebt. So war es auch im 20. Jahrhundert. Alle sagten, der Kommunismus würde die Kirche überleben. Der Materialismus kann nicht mehr besiegt werden, sagten alle. Sie erinnern sich sicherlich. Auch ich befürchtete das Schlimmste, in Europa und auch anderswo. Was ist eingetreten? Die Kirche hat den Kommunismus überlebt. Und genauso wird es dem Liberalismus gehen, der sich für unsterblich hält. Nach menschlichem Urteil investiert kein vernünftiger Mensch in die Aktie „Katholizismus". Heute sagt man, das Konsumdenken und der Sex werden die Kirche hin-

wegfegen. Ich glaube nicht daran. Es wird wieder irgendetwas anderes passieren. Ich sage nur: unwahrscheinlich. Diese ganze Geschichte ist unwahrscheinlich. Die einzige in ihrer Unwahrscheinlichkeit vergleichbare Geschichte ist die Geschichte Israels. Und beide bestätigen sich gegenseitig.

– Ich finde, Sie sind übertrieben siegessicher, Guitton.
– Im Gegenteil, Heiliger Vater! Ich sehe nur, wie ein Gebäude, das normalerweise längst eingestürzt sein sollte, immer höher nach oben strebt. Ich zittere andauernd und dann atme ich wieder auf.
– Bleiben Sie gelassen. Jesus ist da.
– Und ich spreche gar nicht von den weniger wichtigen Dingen. Wenn man einige Zeit in Rom lebt, Heiliger Vater, wird man entweder zum Atheisten oder man muss ein glühender Anhänger des Katholizismus sein.
– Kommen wir zum Schluss. Mit einem Wort, Guitton?
– Der Katholizismus wird protegiert. Weiter habe ich dazu nichts zu sagen.
– Lassen wir es dabei bewenden.

– Heiliger Vater, wenn Sie wüssten, wie schwer es mir fällt, zu akzeptieren, dass der Weg zu Gott über Menschen geht!
– Der Glaube ist die Annahme der Mittlerrolle durch Menschen. Darin liegt der Schlüssel zum Geheimnis der Liebe.
– Wie kann man das zusammenfassen?
– Die am wenigsten vollkommene Art, menschliches Wissen zu erwerben, ist, zu glauben. Und die am wenigsten edle Art der freien Handlung, ist, zu gehorchen. Das ist der Weg der vollkommenen Liebe.
– Die Demut ist der Weg der Wahrheit, die zum Leben führt.
– *È cosi.*

Ich fing an zu weinen.

– Gelobt sei Gott, sagte Paul VI., für die Tränen des Sünders, der Buße tut.
– Sie täuschen sich, fuhr ich auf. Ich beweine nicht meine Sünden, ich weine vor Wut.

Er sah mich an, als wollte er sagen: Was bedeutet denn das schon wieder?
Ich herrschte ihn an.

– Wenn die Leute gelesen haben, was wir gerade gesagt haben, wird niemand mehr meine Bücher lesen wollen. Mein Werk ist nutzlos geworden. Mein Name wird der Vergessenheit anheimfallen.
– Woher wissen Sie, dass unsere Unterhaltung aufgeschrieben und gelesen wird?
– Ich weiß es. Alles kommt heraus. Außerdem ist heute alles so sonderbar, vielleicht werde ich zum Propheten.
– Und ich bin auch Prophet.

Dann erhob Paul VI. die Hände wie zum Segen und sagte:

– Im Namen Gottes sage ich zu Ihnen: Jean, weil du das bezeugt hast, hat sich deine Seele für die göttliche Liebe geöffnet und dein Name wird aus dem Gedächtnis der Menschen nicht getilgt.

Ich weinte wieder. Er fragte mich nicht, warum.
Als ich mir die Nase geputzt hatte, sagte Paul VI.:

– Maître, vielleicht bin ich hier, um einen großen Geist und einen Diener des Glaubens in seinem erhabensten Augenblick zu grüßen. Ich bin aber auch gekommen, um einem Freund in seiner schmerzlichsten Stunde beizustehen. Aber vor allen Dingen bin ich ein Priester. Sie haben es ja selbst gesagt. Die Liebe Gottes drängt mich, meine priesterliche Seele für Ihr Heil einzusetzen. Maître, antworten Sie mir: Ist Ihnen Ihr Leben geglückt?
– Eure Heiligkeit, darüber wird Gott urteilen.

– Guitton, tun Sie nicht so, als wären Sie schon tot. Ihre Zeit ist noch nicht ganz um. Bis zum letzten Augenblick bleibt alles offen.
– Ich habe hundert Jahre für Gott gearbeitet. Ich habe mich voll eingesetzt, und es ist mir gelungen, zu wissen und zu glauben. Ich habe fünfzig Bände geschrieben, um die Wahrheiten, die ich erkannt habe, zu erklären.
– Aber haben Sie auch Frucht getragen?
– Ich habe Ihnen doch gesagt, dass ich fünfzig Bücher veröffentlicht habe.
– Ich weiß. Ich habe sie gelesen. Aber, in Gottes Namen, es geht jetzt nicht um den Glauben, sondern um die Liebe.
– Heiligster Vater, habe ich noch Zeit zum Lieben?
– Für den, der in der Zeit lebt, ist immer Zeit.
– O weh! Wenn ich hundert Jahre verloren habe, wie kann ich da auf die letzten Sekunden hoffen?
– Wie? Lassen Sie mich eine Geschichte erzählen. Ein junger Mann hatte sich das Leben genommen. Seine Mutter war vor Schmerz gebrochen und machte sich auf den Weg nach Ars, wo Jean-Marie Vianney Priester war, der Curé d'Ars. Er nahm von morgens bis abends die Beichte ab. Die Kirche war voller Menschen, die alle warteten, bis sie an der Reihe waren. Die Frau setzte sich und weinte. Sechs Stunden waren vergangen. Nun war sie dran. Sie ging zum Beichtstuhl und kniete sich aufs Sünderbänklein. Das Gitter öffnete sich. Durch ein Fenster fiel ein Lichtstrahl. Sie sah die blauen Augen des Heiligen. Dieses Blau. Sie hat keine Zeit, etwas zu sagen. Der Heilige flüstert ihr ins Herz: „Er ist gerettet." – „Wie ist das möglich?" – „Zwischen der Brüstung der Brücke und der Oberfläche des Wassers ist noch genügend Zeit, um zu bereuen."
– Heiligster Vater, was ist das, bereuen?
– Endlich zu lieben.
– Ich hatte fast keine Zeit zum Lieben. Ich musste immer denken, glauben, wissen. Nachdenken. Immer noch bes-

ser zu wissen, immer noch fester zu glauben. Das war mein Leben. Die Liebe habe ich immer auf morgen verschoben. Und auch das Gebet.

– Heute muss man lieben.
– Liebt Gott auch die Reste?
– Gott liebt das Äußerste.
– Ich bin so weit von der göttlichen Liebe entfernt.
– Sie sind der heilige Jean des allerletzten Extrems. Ich komme aus dem Himmel, um dort die Liebe zu pflanzen.
– Ich habe gekämpft, geforscht, geglaubt und gewusst. Oh, Montini!
– Was ist?
– Das Herz … Es geht wieder besser … Heiliger Vater, ich glaube, ich fürchte mich nicht mehr vor der Liebe.
– Sagen Sie: „Mein Gott, ich liebe dich!"
– Mein Gott, ich weiß, dass deine heilige Religion die Wahrheit ist.
– Darum geht es nicht, Guitton. Sagen Sie: „Mein Gott, ich liebe dich!"
– „Mein Gott, ich glaube fest an dich."
– Um Himmels willen, Guitton, sprechen Sie mir nach: „Mein Gott, ich liebe dich!"
– Ich werde das niemals können.
– Jean, öffne dich!
– Ich bin verschlossen.

Paul VI. erhob die Hände zum Himmel und rief laut:

– Jesus! Jesus! Jesus!
– Der Name meines Erlösers wurde von seinem heiligen Stellvertreter über mir ausgesprochen, und plötzlich wird meine Seele weich. Ich werde in diesem letzten Augenblick zu Gott rufen.
– Und was sagen Sie zu ihm?
– Mein Gott, ich lie … Oh …!

So starb ich in den Armen Pauls VI. Als er mich dahinsinken sah, fing er mich im Fallen auf und bettete mich mit Güte und Respekt auf dem guten alten Teppich. Er schloss mir die Augen und kniete sich neben mich. Er betete. Marzena kam herein und stieß einen Schrei aus.

2. TEIL

Meine Beerdigung

Meine letzte Reise nach Toledo

Ich befand mich in einem großen Saal, der einem weiten Korridor glich. Man sah eine große Mauer, die von einem Schleier bedeckt war. Auf einer Konsole befand sich ein Telefon. Ich ging auf die Mauer zu, blieb schweigend vor dem Schleier stehen, streckte die Hand aus, um ihn wegzuziehen, zögerte aber dann. Ich sprach halblaut vor mich hin, ganz allein.

– Mehr als je zuvor befinde ich mich nun zwischen Zeit und Ewigkeit. Dieser Augenblick zwischen Tod und Gericht ist doch recht eigenartig!

Ich dachte nach. Dann fing ich wieder an, vor mich hin zu murmeln.

– Der Schutzengel hat mir geraten, meine Verteidigung vorzubereiten. Aber wenn man mit hundert Jahren stirbt, braucht man nichts mehr vorzubereiten. Ich weiß genau, was ich dann sagen werde. Er hat mir auch geraten, zu beten. Es gibt immer Leute, die einem sagen, was man tun soll. Sie sagen einem aber nie, wie. Ich habe nie viel gebetet, ich zog es vor, zu denken, an Gott zu denken. Man hat mir hundertmal gesagt, dass das nicht dasselbe sei. Natürlich ist das für sie nicht dasselbe. Sie denken nicht oder nur wenig. Aber ich kann nicht beten, ohne zu denken. Wenn ich anfange, zu denken, führt das immer zu einem Gebet. Aber wenn ich sofort nur zu beten anfange, dann denke ich nicht mehr und schlafe ein. Ich habe niemals herausgefunden, ob ich zu mystisch veranlagt war oder nicht genügend. Bin ich Mystiker oder kann ich mich mit dem bloßen Gedanken an göttliche Dinge zufrieden geben? Bald werde ich die Antwort haben, darauf und auf viele andere Fragen. In meinem Alter ändert man sich nicht mehr. Weil ich jetzt frei von den Fesseln des Körpers bin, bin ich in einem Augenblick auf den Flügeln der Seele hierher geeilt, um die bewunderungswürdigste Sache der Welt zu sehen und darüber nachzudenken. Aber ich bleibe wie töricht vor einem Schleier stehen und bin wie immer zu schüchtern, um ihn zu lüften. Wer kann mir helfen?

Ein Mann in der kastilischen Kleidung des 16. Jahrhunderts kam herein. Ich sprach ihn an.

– Mein Herr, ich würde gerne hinter diesen Schleier sehen.

Ohne ein Wort zu sprechen, kam der Mann näher, zog den Schleier vor einem großen Gemälde zur Seite und trat zwei Schritte zurück. Ich war in Toledo, vor dem Meisterwerk El Grecos *Die Grablegung des Grafen Orgaz.* Ich betrachtete es wortlos. Mein Blick wanderte von der Erde bis zum Himmel und wieder zurück zur Erde. Der Mann, der den Schleier weggezogen hatte, brach als Erster das Schweigen.

– Sind Sie das erste Mal in Toledo, mein Herr?
– Oh nein! Zum ersten Mal war ich 1924 hier. Ich war 23 Jahre alt. Ich kam damals schon, um die *Grablegung des Grafen* zu sehen. Damals war der Raum nicht so erleuchtet wie heute. Das Gemälde befand sich im Dunkeln. Man musste eine kleine Lampe anzünden, um es sehen zu können. Ich erinnere mich, wie es damals war. Im Licht der Flamme entdeckte ich wie hinter einem hellen Rauchschleier und umspielt von Messingreflexen die Erde und die Ritter, den Himmel und die Engel und die Seele des Grafen, wie sie von der Erde zum Himmel emporstieg. So

schwebte ich zwischen Zeit und Ewigkeit und zwischen Ewigkeit und Zeit, wie die Engel in Jakobs Traum, die auf der langen Leiter zwischen Himmel und Erde auf und nieder steigen. Ganz oben erwartete mich die Jungfrau Maria. Unten betete jemand in Verzückung. Die Rüstung des Grafen war so kalt wie sein steinernes Gesicht. Ich sah auch einen Bischof in goldener Robe. Die Gesichter strahlten eine geheimnisvolle Erhabenheit aus.

– Warum knüpfen Sie an diese Erinnerung an?
– Damals konnte man das ganze Gemälde nicht auf einmal sehen. Man musste von einer Stelle zur anderen gehen, und manchmal konnte man das ganze Bild nur in seiner Vorstellung zusammensetzen. Heute sehe ich das ganze Bild auf einen Blick. Das ist ein Abbild unserer Erkenntnisfähigkeit hier oben im Gegensatz zu dort unten.
– Guitton, lieben Sie es, zu sehen?
– Als ich noch in der Zeit lebte, zog ich es vor, gesehen zu haben und nicht, zu sehen. Heute möchte ich lieber sehen. (Pause) Merkwürdig, ich rede zu Ihnen aus dem Jenseits, und Ihnen kommt das ganz normal vor. Außerdem tragen Sie eine eigenartige Kleidung. Wir befinden uns im 20. Jahrhundert. Ist jetzt etwa Karneval? Wer sind Sie?
– Ich bin El Greco.
– Sie sind El Greco?
– So wahr, wie Sie Jean Guitton sind. Man beerdigt Sie in Paris, und Sie warten auf Ihr Gericht. Ich empfinde mit Ihnen. Und da Sie nach Toledo gekommen sind, bin ich auch wieder hergekommen, um Ihnen Gesellschaft zu leisten. Was tun Sie hier?
– El Greco, ich bin nur nach Toledo gekommen, um Ihr Meisterwerk zu betrachten. Zur Stunde, wo man mich in meinem Land beerdigt, bin ich nach Spanien gekommen, in meine mystische und geistige Heimat, um in diesem Augenblick meines Lebens die ewige Wahrheit zu betrachten. Nur Sie allein haben das Geheimnis dieses

Augenblicks zwischen Tod und Gericht im Bilde festgehalten.

– Guitton, Sie sind auch ein Maler der Ewigkeit.
– Aber, El Greco, das kann man nicht vergleichen.
– Sie haben ja auch gemalt, und mir gefallen Ihre Bilder. Warum haben Sie gemalt?
– Ich habe geschrieben und ich habe gemalt. Wenn ich mit meinen Seiten fertig war, schien es mir, als hätte ich nichts gesagt und es wäre besser gewesen, wenn ich nicht geschrieben hätte. Dann nahm ich den Pinsel, um das auszudrücken, was mir mit der Feder nicht gelungen ist.
– Und ich, als mein Pinsel zitterte, wenn es mir gelungen war, ein Geheimnis auszudrücken, hätte ich gerne philosophiert. Welch ein Glück wäre es für mich gewesen, wenn ich das hätte vollständig verstehen und ausdrücken können, was ich von Berufs wegen oder aus Instinkt darstellte.
– Durch geniale Eingebung.
– Aus Gnade, Guitton, aus Gnade.
– Sie hatten das Genie, den Geist Gottes als allmächtigen Herrn auf Ihrer natürlichen Begabung schweben zu lassen. Sie waren eins mit seinen Wünschen. Sie folgten seinen Eingebungen. Und Sie verharrten stumm vor dieser Schönheit, die alle bewunderten und die aus Ihren Augen und aus Ihren Händen hervorgegangen war, wie die Mutter Gottes bei der Anbetung der Heiligen Drei Könige.
– Guitton, was ist die Zeichnung?
– Die Auflösung der Zeit, die Verehrung des Raums.
– Ich sehe, dass Sie diese Dinge verstehen und dass unsere Gedanken ähnlich sind. Im 20. Jahrhundert hat Malerei die Zeichnung vergessen und den Raum verachtet. In der Renaissance wurde er verabsolutiert. Es genügt, ihn wieder zu relativieren.
– Guitton, auch Sie haben den Raum relativiert, ohne ihn zu annullieren.

– Ich bin nur Ihnen nachgefolgt, aber so weit entfernt, dass jeder Gedanke einer Ähnlichkeit eine Beleidigung darstellen würde. Der ideale und reine Raum ist, in seiner statischen Stabilität, ein Bild der Ewigkeit. Die Form einer Sache ist das Symbol ihrer ewigen Wahrheit. Aber Form und Räumlichkeit sind nicht die Substanz selbst und sind nicht göttlich. Es sind nur Abbilder. Doch ohne sie können wir nicht über das nachdenken, was über sie hinausgeht.
– Guitton, so respektiert unsere Kunst die Würde der Formen, ohne die Perspektive zu sakralisieren, ohne den Maßen bedingungslos unterworfen zu sein, ohne die Geometrie zu vergöttlichen.
– El Greco, was ist Farbe?
– Sehen Sie auf die Rüstung des Grafen, den Mantel der Jungfrau Maria, die Robe des Bischofs. Die mit den Sinnen erfassbare Welt ist kristallisiertes Licht, ihre Substanz ist Ausstrahlung. Die Farbe ist die Glorie des Lichts.
– Das sind geheimnisvolle Worte. Ich habe sie manchmal wie sakramentale Formeln ausgesprochen. Aber was bedeuten sie?
– Sie müssen das verstehen können, bevor Sie ins Paradies eintreten dürfen. Aber Gott wird Ihnen einen Engel senden, und Sie werden verstehen.

In diesem Augenblick klingelte das Telefon, El Greco hob ab.

– Hallo, hier El Greco. … Ja, er ist hier. … Sofort? … Ich verstehe. … Auf bald.

Er legte auf und sagte zu mir:

– Man ruft Sie nach Paris zurück.
– Schon? Gut. Ich werde in einer Sekunde dort sein. Auf Wiedersehen, Maître. Ich bedauere, dass ich Sie so schnell verlassen muss. Auf jeden Fall danke ich Ihnen, dass Sie gekommen sind und mir unter diesen Umständen beigestanden haben.

– Es war mir ein Vergnügen. Wenn Sie im Himmel sind, kommen Sie mich besuchen. Ich wohne in einem kleinen Kloster am Rande der Künstlerkolonie. Dann können wir unsere Konversation fortsetzen.

Auf der Empore des Invalidendoms

In Paris eilte ich zum Invalidendom, wo meine Beerdigungsfeier stattfand. Ich setzte mich ganz hinten oben auf die Empore, etwas von der Orgel entfernt. Von hier aus konnte ich das Schauspiel im Kirchenschiff gut sehen. Mein Schutzengel war schon da. Er herrschte mich an.

– Ich musste Sie dringend rufen lassen. Man hatte Sie überall gesucht. Es ist Vorschrift, dass die Großen dieser Welt an ihren Trauerfeierlichkeiten teilnehmen, ehe sie gerichtet werden. Es gibt keine Ausnahmen. Es ist Teil der Prüfung. Sie wären beinahe zu spät gekommen. Aber jetzt sind Sie ja da. Der Leichenwagen hat den Hof des Invalidendoms erreicht.
– Der Generalgouverneur des Invalidendoms?
– Er ist da.
– Gut. Und die militärische Eskorte?
– Eine Abordnung des 12. Jägerregiments aus Clermont-Ferrand wird Ihnen die letzte Ehre erweisen.
– Eine Abordnung? Wie viel?
– Zwanzig Männer.
– Nicht mehr?
– Vielleicht sogar weniger.
– Das ist unglaublich. Man behandelt mich wie irgendjemand! Und die Marschallin de Lattre? Ist sie da?
– Auf ihrem Posten.
– Gut. Natürlich feiert Kardinal Lustiger die Messe?
– Nein. Es ist der Weihbischof, Monsignore Vingt-Trois, einer Ihrer Freunde, nicht wahr?

– Ein Freund, offensichtlich, ein Freund. Aber wo ist der Kardinal?
– In Rom. Auf der Synode.
– Das ist allerhand! Und welche Synode, wenn ich bitten darf?
– Die Weltsynode der Bischöfe, über die politische Ökonomie und ihre Beziehung zur Moral und zur christlichen Spiritualität.
– Was hat er denn da zu suchen? Er versteht nichts von der politischen Ökonomie. (Ich allerdings auch nicht.) Nein, es muss etwas anderes dahinter sein. Sicherlich streikt gerade Air France.
– Nein.
– Dann ist das unerhört. Und die Politiker? Chirac hatte mir versprochen, zu kommen. Ist er da?
– Er ist in Djakarta. Er hat seine Frau geschickt.
– Sie wird mehr für mich beten als er. Und der Premierminister?
– Er ist in Ottawa.
– Und der frühere Innenminister? Er ist es mir schuldig. Ich wäre bei der Beerdigung seines Vaters fast vor Kälte gestorben.
– Ich sehe ihn nicht.
– Hat er wenigstens seine Frau geschickt?
– Anscheinend nicht.
– Welche Undankbarkeit! Nicht einmal seine Frau. Unerhört. Was schreiben Sie da?
– Nichts. Meine Eindrücke. Wenigstens ist der ehemalige Staatssekretär des Gesundheitswesens da.
– Ba! Wer ist das?
– Gaymard.
– Den kenne ich nicht.
– Erzkatholisch. Ein guter Mann.
– Sicher, wie alt ist er?
– Fünfunddreißig Jahre.

– Ein Bürschchen! Ein ehemaliger Minister. Ein Weihbischof. Weniger als zwanzig Faulenzer. Unwahrscheinlich! Mir bleibt auch nichts erspart. Nichts.
– Jetzt kommt der ständige Sekretär der Académie française, der Nachfolger von Druon.
– Der Ständige! Auf den hätte ich verzichten können. Er hat mich mit seinem Rollstuhl andauernd genervt.
– Was ist das für eine Geschichte mit dem Rollstuhl?
– Er hat für mich vom Geld der Académie, ohne meine Zustimmung, einen Rollstuhl gekauft, in Luxusausführung, mit Elektromotor und Lederpolstern. Ich sollte ihn benützen. Man sollte glauben, Guitton sei gebrechlich …, mit dem Hintergedanken, er hat den Tatterich. Sie können mir glauben, dass ich mich immer geweigert habe. Mit meinem Stock kann ich laufen. Dann hat er mich aufgefordert, die Unkosten zu ersetzen. Ich hatte den größten Ärger mit ihm. Glücklicherweise kann mir seine Knauserigkeit jetzt nichts mehr anhaben. Was schreiben Sie denn schon wieder?
– Nichts. Meine Eindrücke. Die Académie scheint vollzählig zu sein.
– Das wäre ja auch die Höhe. Sehen Sie Green?
– Ja, er ist da. In der ersten Reihe links.
– Schläft er?
– Nein. Er klappert mit den Zähnen.
– Er hatte immer ein sehr gutes Verhältnis mit mir. Und Senghor?
– Ich sehe ihn nicht. Nein. Seien Sie jetzt still. Ihr Sarg wird ins Kirchenschiff getragen. Und hören Sie auf, beleidigt zu sein. Selbst wenn hier unten viele fehlen, dort oben wird die vornehme Gesellschaft da sein. Sehen Sie, wer kommt.

Wie Senghor zu mir kommt

- Wie, Senghor, Sie sind auch schon gestorben? O weh, mein lieber Freund. Woher kommen Sie?
- Ich lebe noch. Ich bin die Treppe heraufgekommen.
- Wie kommt es, dass wir miteinander reden können?
- Bleiben Sie einfach, Guitton, nehmen Sie die Dinge, wie sie kommen.
- Also kommen wir zum Wesentlichen. Wer wird mein Nachfolger?
- In der Académie? Interessiert Sie das?

Die Frage schockierte mich. Er behandelte mich, als wäre ich tot, und ich war noch nicht einmal begraben. Ich antwortete pikiert:

- Das ist doch normal. Oder etwa nicht? Können Sie mich wenigstens in einem Punkt beruhigen? Sie werden doch nicht wieder einen Katholiken wählen.
- Das wäre doch folgerichtig. Man denkt an einen katholischen Philosophen.
- Das ist doch lächerlich. Man kann Guitton nicht ersetzen, also folgt man ihm auch nicht nach. Man macht etwas anderes. Vor allem, Senghor, stimmen Sie für einen Atheisten.
- Guitton, ich habe immer Ihren Humor bewundert.
- Ich meine es sehr ernst.

Senghor war vergnügt. Er wischte sich die Augen und fragte:

- Erzählen Sie mir, wie es ist, wenn man tot ist.
- Es ist viel weniger interessant, als am Leben zu sein.
- Und das Paradies?
- Wir werden sehen. Wir werden sehen. Im Augenblick denke ich noch nicht so weit.
- Also. Die Geistlichkeit kommt herein, ich muss wieder hinuntergehen.

– Bitte nicht! Bleiben Sie noch ein wenig, Senghor. Das tut mir gut. Was machen Sie zur Zeit?
– Ich mache mir Sorgen.
– Wegen Ihrer Gesundheit.
– Nein, wegen Afrika.
– Sie sorgen sich sehr um Afrika?
– Das ist meine große Liebe, Guitton. Was denken Sie über Afrika?
– Afrika ist der Erdteil der Zukunft.
– Des kommenden Jahrhunderts?
– Man darf nie ein Datum nennen. Der Zukunft.
– Warum denken Sie das?
– Das hat mir mein politischer Lehrer gesagt.
– Ihr politischer Lehrer? Wer ist er?
– Staatsgeheimnis, Senghor, Staatsgeheimnis.
– Donnerwetter! Und was sagte der große Unbekannte?
– Er erzählte mir Folgendes: „Sehen Sie sich das alte Gallien an, nach der Entkolonialisierung. Nach den Römern herrschte das politische Chaos. Die Wirtschaft kam zum Erliegen. Die sanitären Verhältnisse waren prekär. Die Staatsgewalt war verschwunden. Aber auf der unsichtbaren, geistigen Ebene schlug das Christentum in den Seelen der Völker tiefe Wurzeln. Die griechisch-römisch beeinflusste, rationale Kultur unterzog sich einem Wandel. Eine Erneuerung des Lebensgefühls auf der Grundlage des zunehmenden Einflusses der barbarischen Vergangenheit fand statt. Eine übermächtige Natur, eine solide Kultur, ein ausgeprägter Familiensinn und eine tiefgreifende Evangelisation, all das bildete den kostbaren Humus unter den großen Bäumen. Mit der Zeit führte dies zu einer politischen Stabilisierung. So wird auch ganz Afrika einen schöpferischen Aufbruch in eine neue, unvorhersehbare Ära erleben."
– Das hat er gesagt?
– Ja, schon vor einigen Jahren.

– Und Sie, Guitton, denken Sie auch so oder erzählen Sie mir das, um mir einen Gefallen zu tun?
– Aber, Herr Präsident, selbst unter der Annahme, dass ich dazu fähig wäre, glauben Sie, dass ich in meiner jetzigen Lage Albernheiten erzählen würde?
– Natürlich nicht. Adieu, Guitton. Wir sehen uns im Himmel wieder.
– Ja, ja. Vielleicht.
– Glauben Sie jetzt an das ewige Leben?
– Ich muss wohl.
– Haben Sie Angst vor der Hölle?
– Nein. Ich habe Angst, dass man mich vergisst.
– Alle Heiligen denken an Sie. Sehen Sie doch, alle Ihre wahren Freunde beten für Sie.

Ich beugte mich vor, um ins Kirchenschiff hinunter zu schauen.

– Es stimmt. Alle scheinen an mich zu denken. Aber was sagen die Zeitungen?
– Der Papst hat Ihrer Familie ein Kondolenzschreiben gesandt, ebenso wie dem Präsidenten der Republik.
– Sehr gut.
– Das ist der Ruhm, Guitton.
– Nein, Senghor, nicht der Ruhm, nur die Berühmtheit. Glauben Sie mir, das hat nichts miteinander zu tun. Der Ruhm fängt definitionsgemäß dann an, wenn man tot ist und nicht mehr telefonieren kann, wenn man niemandem mehr Furcht einflößen oder sich bei jemandem revanchieren kann. Dann muss sich das Lebenswerk ganz allein durchsetzen. Wenn es dann überlebt, das ist der Ruhm. Niemand kann zu seinen Lebzeiten wissen, ob er einmal echten Ruhm erben wird. Darunter habe ich schon immer gelitten!
– Auf jeden Fall, Guitton, ist es jetzt nicht mehr an der Zeit, an jenen Ruhm zu denken.

– Das ist offensichtlich. Wissen Sie, warum ich im Grunde die Berühmtheit so geschätzt habe?
– Weil Sie daran zweifelten, den wahren Ruhm zu verdienen.
– Wer hat Ihnen das gesagt?
– Das ist afrikanische Weisheit.
– Vielleicht hatte der große Unbekannte also recht.
– Haben Sie daran gezweifelt? Adieu, Guitton.
– Ich grüße Sie, Herr Präsident.

Und er begab sich hinunter ins kalte Kirchenschiff.

Wie ich mit de Gaulle diskutiere

In diesem Augenblick kam de Gaulle herein. Er war in Uniform und hatte die Schirmmütze mit dem Heiligenschein unter den linken Arm geklemmt.

– Nun, Guitton, Sie sind nun also auch tot?
– Ja, Herr General, ich fühle mich sehr geehrt, dass Sie zu meiner Beerdigung gekommen sind.
– Ich ging schon immer gerne in den Invalidendom.

Er warf einen düsteren Blick hinunter.

– Allerhand, wie man Sie beweihräuchert!

Dann:

– So sehen wir uns also wieder.
– Ja, Herr General. Sie stellen also fest, dass wir uns wiedersehen. Als wir uns das letzte Mal trennten, glaubten Sie nicht daran.
– Ich erinnere mich an unsere Unterhaltung. Es ist nun schon mehr als dreißig Jahre her. Es war kurz bevor ich das letzte Mal von der Macht Abschied nahm.
– Sie waren nicht sicher, dass Sie weiterleben würden, außer in der Erinnerung der Menschen.

– Selbst daran zweifelte ich!
– Warum zweifelten Sie an der Unsterblichkeit?
– Weil ich, wenn ich Gott wäre, den Menschen nicht unsterblich gemacht hätte.
– Gott muss nicht denken wie Sie.
– Meiner Meinung nach war das der Mensch nicht wert.
– Warum sind Sie nach Ihrer Meinung nicht in die Hölle gekommen?
– Derselbe Grund. Gott denkt anders als ich.
– Sprechen Sie manchmal mit ihm darüber?
– Jetzt nicht mehr. Ich habe mich eingewöhnt. Und Sie, Guitton? Fürchten Sie, in die Hölle zu kommen?
– Ich denke nicht darüber nach.
– Sie kommen nicht in die Hölle, denn Sie sind ein großer Politiker. Solche Leute hat Gott gern.
– Warum?
– Weil niemand sonst sie liebt. Weil sie von niemand geliebt werden, sind sie eines Tages so weit, dass sie nur noch Gott lieben können.
– Was wirft man den großen Politikern vor? Dass sie Politiker sind?
– Nein. Dass sie groß sind.
– Herr General, warum sagen Sie, ich sei ein großer Politiker?
– Weil Sie Parteigänger von Marschall Pétain waren und es Ihnen gelungen ist, dies vergessen zu machen. Das ist große Kunst. Dabei sind Sie nach der Befreiung Frankreichs degradiert worden. Man hat Ihnen wie einem Nazikollaborateur verboten, weiterhin Philosophie zu unterrichten.
– Das war eine ungeheuerliche Ungerechtigkeit, Herr General, und außerdem war es absurd.
– Man kann auch sagen, es war ganz normales menschliches Verhalten.
– Ich habe während der Kriegszeit im Gefangenenlager Vorlesungen über Philosophie gehalten, und hinterher habe

ich dieselben Vorlesungen zwanzig Jahre lang an der Sorbonne gehalten!

– Ich weiß, aber Sie haben unter dem Porträt des Marschalls Pétain gesprochen.
– Unter dem Porträt des Marschalls, das muss ich zugeben.
– Sie haben sich geweigert, es abzuhängen.
– Ja, bis zum Schluss.
– Bis zum Schluss?
– Bis zum Schluss.
– Dann verstehe ich, warum man Sie entlassen hat.
– Ich wollte nicht nachgeben. Ich bin standhaft. Ich hasse es, mit den Wölfen zu heulen. Der Staatsrat hat mich nach einem Jahr rehabilitiert.
– Pompidou war damals mit dem Fall befasst. Er hat mir alles erzählt.
– Dann wissen Sie alles.
– Nicht ganz. Wenn Sie so viele Freunde in Vichy hatten, warum sind Sie dann von den Deutschen nicht vorzeitig entlassen worden?
– Sie fragen mich das, Herr General? Die Antwort ergibt sich aus der Frage. Ich hatte Freunde in Vichy.
– Verzeihen Sie, Guitton, seit ich im Paradies bin, bin ich in der Politik nicht mehr so auf der Höhe. Noch eine Frage. Sie waren kein Faschist, aber hatten Sie nicht einen leichten Hang zum Antisemitismus?
– Nicht mehr als Sie, Herr General. Ich erinnere mich an eine berühmte Pressekonferenz, 1967, wo Sie die Frage angesprochen haben.
– Wenn Sie wissen, was ich über die Juden denke, dann sagen Sie mir doch, was Sie darüber denken.
– Ich habe 1933 hebräisch gelernt. 1935 war ich in Jerusalem.
– Stimmt, Sie trafen dort den berühmten Bibelkenner …
– Pater Lagrange, dessen Biographie ich fünfzig Jahre später auf Wunsch von Johannes Paul II. geschrieben habe.

– Beantworten Sie trotzdem meine Frage.
– Ich hatte die Hebräer immer gern, Herr General. Leider sind sie oft auch Juden. Was soll ich sonst dazu sagen?
– Also, Guitton, Sie lieben die Hebräer, aber nicht die Juden?
– Nein, ich mag auch die Juden. Ich stelle mir vor, dass sie auch Hebräer sind.
– Und wenn Sie sich diese Mühe nicht geben?
– Das versuche ich immer, Herr General. Oder fast immer.
– Und wenn es Ihnen nicht gelingt?
– Dann geht es mir wie Ihnen, Herr General. Eine Mischung aus Gereiztheit, unfreiwilliger Hochachtung und schwierigem Zusammengehörigkeitsgefühl.
– Das Gefühl, das ich immer denen entgegengebracht habe, die ich nicht verachtet habe.

Er beobachtete den Verlauf des Gottesdienstes. Dann fragte er:

– Guitton, was ist Feigheit?

Ich antwortete:

– Zustimmung suchen anstatt der Wahrheit; Konformität anstelle der Gemeinschaft.
– Man könnte fortfahren: die Rosette der Ehrenlegion anstelle der Ehre, die Karriere anstelle der Dienstleistung, die Moral anstelle der Mystik, die Einrichtung anstelle des Heils. Das Gemeine.
– Die Feigen, Herr General, gibt es überall, zu allen Zeiten, in allen Ländern. Auch unter allen Meinungsströmungen.
– Ich war konservativ, und deshalb war ich ein Revolutionär. Ich war autoritär, und deshalb stellte ich mich in den Dienst der Freiheit. Die wirklich wahren Männer der Linken kommen von rechts und umgekehrt. Man vollbringt nichts Gutes, wenn man nicht gegen den Strom ankämpft.
– Mir ging es auch so. An der Sorbonne war ich ein Ketzer, weil ich orthodox war. Die anderen hielten sich für Frei-

denker, waren aber Mitläufer. Ich bin Freidenker, und deshalb bin ich Katholik.

– Wir passen gut zusammen, Guitton. Aber glauben Sie, dass die dort unten uns verstehen? Ist denen das nicht zu hoch?
– Herr General, ich bin nicht wie Sie, und Sie stellen mich zu sehr über die Allgemeinheit. Sie haben den Menschen nie geschmeichelt. Der Beweis ist, dass Sie sie niemals so verachteten, wie man Ihnen dies nachsagte. Ich war nicht so tapfer. Auf Erden habe ich geschmeichelt, denn ich hatte Angst und ich verachtete. Auch habe ich zu viel Zeit damit verbracht, mich vor den Menschen zu rechtfertigen.
– Bedauern Sie nichts. Ich habe mir die Zeit genommen, fünfbändige *Memoiren* zu schreiben, um den Leuten mitzuteilen, dass mir ihr Urteil egal ist und dass es de Gaulle nicht nötig hätte, sich vor ihnen zu rechtfertigen. Im Fegefeuer habe ich verstanden, dass dies auch eine Art der Rechtfertigung war.
– Meine Feinde haben wahrscheinlich Recht, wenn sie sagen, dass ich nur von mir selbst rede.
– Man kann an sich denken, als sei man selbst alles, und man kann denken, man sei Teil eines Ganzen, eines größeren Ganzen, das uns alle überragt und dem wir uns mit Leib und Seele widmen.
– Herr General, man sagt, ich hätte nur meinem eigenen Ruhm gedient.
– Der persönliche Ruhm taugt nichts. Aber es ist schön, an der Spitze eines ruhmvollen Ganzen zu stehen, seine Strahlen zu bündeln und sie auf den König der Ehren zurückzuwerfen.
– Ja, Sie reden so, weil Sie fünfzehn Jahre im Fegefeuer zugebracht haben.

Während der General der Verlesung der Epistel lauschte, bemerkte ich hinter einer Säule in der Mitte des Kirchenschiffs eine charmante Dame. Es war Julie de Fièremotte. Sie sprach mit einem alten Herrn von wenigstens fünfundachtzig Jahren, den ich schon irgendwo gesehen haben musste. Mit Hilfe eines blitzschnellen Flugs erkannte ich Janissar, einen früheren Schüler aus der Vorkriegszeit. Ich blieb und lauschte.

– Ich war seine Liaison, sagte Julie.
– Wie bitte? schreckte er auf.
– Mit seinem Verlag.
– Oh! Ich bin erleichtert.

Sie lacht. Ich bin äußerst sensibel, was schöne Frauen angeht. Dennoch bin ich sehr schüchtern. Sobald klar ist, dass das Verhältnis rein platonisch ist, entspanne ich mich und werde freundlich, charmant, witzig, unwiderstehlich – so wie ich eben bin. Hören Sie selbst, was sie sagte.

– Er war charmant und äußerst geistvoll! Die Augenblicke mit ihm standen wie unter einer Verzauberung.
– Er liebte die Gesellschaft schöner Frauen.
– Jedenfalls war er mit mir immer entspannt. Ich glaube, er schätzte meine Bildung. Wo haben Sie ihn kennen gelernt?
– Ich war sein Schüler, in der Prüfungsklasse für die „École normale supérieure“ in Lyon. Nach dem Philosophiestudium wurde ich Professor. 1939 wurde ich eingezogen, war 1940 Kriegsgefangener und traf dann Guitton wieder im Oflag IV–D.
– IV–D?
– In Sachsen. Fünfzig Kilometer von Leipzig entfernt.
– Das muss pittoresk gewesen sein.
– Vor allem komfortabel. Sie können sich das gar nicht vorstellen.
– Und was geschah dort?
– Ich half ihm, sein Meisterwerk zu schreiben.
– *Une mère en sa vallée (Eine Mutter in ihrem Tal)?*

– Nein. *L'Existence temporelle (Die zeitliche Existenz).*
– Auf welche Weise haben Sie ihm geholfen? War es ein sokratischer Dialog? Das muss hochinteressant gewesen sein.
– Man konnte in den Baracken nicht schreiben. Es war zu laut, der Zigarettenrauch störte, man wurde immer unterbrochen … So gab es nur eine Lösung: die Latrinen.
– Wie bitte?
– Hockaborte. Es gab zwei Reihen zu zwölf Plätzen in einer Baracke. Guitton und ich, wir stellten uns zusammen an, um an zwei gegenüberliegenden Plätzen zu sitzen. Ich hatte einen Schreibblock auf den Knien, und er diktierte mit lauter Stimme von der anderen Seite der Trennwand.
– Wie aufregend.
– So geht es eben im Krieg zu, gnädige Frau. Wenn Sie wüssten, wieviel Papier ich für ihn vollgesudelt habe!
– Wie ich ihn kenne, muss er Ihnen dafür sehr dankbar gewesen sein.
– Und beinahe hätte man ihm vor unserer Entlassung noch das Manuskript weggenommen.
– Welch ein Schreck!
– Es wäre schade gewesen.
– Fürchterlich.
– Welch ein Verlust für die Geschichte der Philosophie! Eine derartig originelle Problemstellung. Vielleicht der einzige Neoaristotelismus seit dem heiligen Thomas, der überzeugt. Kennen Sie Aristoteles?
– Ich bin ihm einmal begegnet. Hat er nicht den Nobelpreis bekommen?
– Oh! … Ich kann es wirklich nicht sagen. Wissen Sie, die Kultur ist die Erinnerung an ein Parfum in einem leeren Flakon.
– Ja, es ist das, was übrig bleibt, wenn man alles vergessen hat.
– …

– Ja, Guitton!
– Armer Guitton!

Sie seufzen.
Ich flog auf die Empore zurück. Der General erwartete mich.

– Sie machen schönen Frauen den Hof?
– Aber, Herr General. Ich habe meinen alten Schüler Janissar besucht.
– Wie geht es ihm?
– Das Alter bekommt ihm nicht.
– Ich wollte Ihnen eine Frage stellen, und wir haben uns ablenken lassen. Guitton, und das Böse?
– Es ist der stärkste Beweis für die Existenz Gottes.
– Das klingt paradox. Erklären Sie.
– Leibniz verliebt sich eines Tages in eine hübsche, junge, reiche Witwe. Er macht ihr einen Heiratsantrag. Die Frau erbittet sich Bedenkzeit. Damit hat Leibniz auch noch einmal Bedenkzeit, und er heiratet sie schließlich nicht. Aber gelegentlich bedauert er es und vergießt darüber eine Träne. Drei Jahre später trifft er sie wieder, spricht mit ihrem Ehemann, und ihm wird klar: Er hat noch einmal Glück gehabt. Er weint nicht mehr.
– Und die Moral der Geschichte?
– Man muss immer das Ende der Geschichte abwarten.
– Gibt es das Böse nicht? Haben Sie *Candide* gelesen?
– Was soll ich Ihnen sagen? Warten Sie das Ende der Geschichte ab. Alles hängt vom Jenseits ab.
– Das Problem ist, Guitton, dass die Leute aufgrund der Existenz des Bösen nicht an Gott glauben wollen. Sie glauben auch nicht ans Jenseits, weil sie wegen der Existenz des Bösen nicht an Gott glauben.
– So argumentiert ein Trommler.
– Ich behaupte nicht, dass dies gute Argumente sind, aber so wird argumentiert.
– Jetzt haben Sie die Rolle des Intellektuellen, Herr General.

Seien wir praktisch. Man denkt ans Böse, wenn es einem schlecht geht. Deshalb wird die Frage des Bösen immer falsch gestellt. Um vernünftig urteilen zu können, muss man Abstand haben. Doch wenn man Abstand gewonnen hat, geht es einem gut, und man denkt nicht ans Böse. Also ist es in der Praxis so, dass man entweder unter falschen Voraussetzungen ans Böse denkt oder aber gar nicht daran denkt.

– Das ist gut gedacht. Was wäre also zu tun?
– Nicht dran denken, wenn es einem schlecht geht, und daran denken, wenn es einem gut geht.
– Das ist logisch. Das heißt, man kann das Ende der Geschichte abwarten?
– Genau so ist es.
– Also denkt man nicht darüber nach, sondern wartet.
– Nein, so ist es nicht. Man denkt während des Wartens darüber nach. Die Frage des Bösen muss im Zusammenhang mit dem Schicksal gestellt werden, nicht unabhängig davon.
– Sie sagen dies, weil Sie katholisch sind und weil Sie nicht selbständig denken.
– Herr General, das hätte ich von Ihnen nicht erwartet! Sie wissen genau, dass ich katholisch bin, weil ich ein Freidenker bin.
– Ich habe Sie nur geneckt. Also?
– Also es gibt nur zwei Möglichkeiten. Entweder es gibt ein Jenseits, oder es folgt das Nichts.
– Einverstanden.
– Und wenn es für den Menschen das Nichts ist, gibt es für Gott wieder zwei Möglichkeiten. Entweder es gibt einen Gott oder es gibt keinen.
– Darin folge ich Ihnen. Und ich bin Ihnen voraus. Wenn es für den Menschen ein Jenseits gibt, gibt es für Gott immer noch zwei Möglichkeiten. Entweder er existiert, oder er existiert nicht. Es gibt also vier mögliche Kombinationen.

Gott und das Jenseits. Gott ohne das Jenseits. Das Jenseits ohne Gott. Weder Gott noch das Jenseits. Das sind die vier Möglichkeiten.

– Sokrates hatte nicht so viel Glück wie ich. Seine Gesprächspartner waren brave Leute, aber ohne Wissen. Sie konnten nur sagen: „Ja, Sokrates“, „Bravo, Sokrates“, „Du hast recht, Sokrates“, außer Kallikles, der schmollte und den Mund nicht öffnete. So musste der arme alte Sokrates alles allein machen. Deshalb ist Platon auch so langweilig.

– Er hätte im zwanzigsten Jahrhundert leben sollen. Wenn man heute sein Publikum langweilt, dann verhungert man. Man braucht heute das Umgießen und die Interaktivität.

– Das war damals auch so. Aber er hatte Sklaven, die ihn ernährten, und Bewunderer, die bereit waren, sich zu langweilen.

– Kommen wir zurück zum Bösen. Fahren Sie fort, Guitton.

– Erster Fall. Das Jenseits ohne Gott: das wäre der Atheismus und das Weiterleben der persönlichen Individualität.

– Eine originelle Zusammenstellung. Kennen Sie viele Atheisten dieses Typs?

– Das hängt davon ab, wie Sie den Atheisten definieren, Herr General. Es gibt einmal die, die nicht an einen persönlichen Gott glauben. Aber sie glauben alle auch nicht an ein Jenseits.

– Man kann also sagen, Guitton, dass der erste Fall niemand interessiert.

– Das scheint mir auch so zu sein, Herr General. Dann gibt es noch die, die an ein unpersönliches Absolutes glauben und die man deshalb als Atheisten bezeichnen kann, weil sie nicht an einen persönlichen Gott glauben. Aber sie glauben nicht an das Weiterleben der Persönlichkeit. Sie stellen sich einen unpersönlichen Teil unseres Wesens vor, der nach dem Tod mit dem unpersönlichen Absoluten verschmilzt.

– Sie glauben aber immerhin an die Seelenwanderung.
– Das bedeutet nicht, ans Jenseits zu glauben. Wenn Sie als Walfisch wieder auf die Welt kommen, Herr General, dann sind Sie meines Wissens nicht im Jenseits.
– Das stimmt. Also trifft auch auf diese Leute der Fall 1 nicht zu. Man wird sie in einem der drei anderen Fälle wiederfinden. Schlussfolgerung: Fall Nr. 1 ist ohne Inhalt und rein theoretisch. Man braucht ihn nicht zu behandeln. Kommen wir zu Fall Nr. 2.
– Wie Sie wollen, Herr General. Zweiter Fall. Es gibt weder einen Gott noch ein Jenseits. Wenn es so ist, worüber beschweren Sie sich dann? Vor allem, bei wem beschweren Sie sich? Es gibt keine Instanz, bei der man sich beschweren kann. Die Dinge haben weder Absicht noch Sinn, noch Sprache. Sie sind in sich weder gut noch böse. Sie sind, was sie sind und nichts anderes. Wo ist das Böse?
– Wenn mich der Löwe frisst.
– Warum soll er nicht fressen? Wenn Ihnen das nicht passt, Herr General, dann müssen sie ihn töten oder in einen Käfig sperren. Wo ist das Böse?
– Also gibt es im Fall Nr. 2 kein philosophisches Problem mit dem Bösen, aber es gibt ein technisches Sicherheitsproblem oder ein Problem der Aufhebung der Schmerzempfindung.
– Genau. Der Fall Nr. 1 war ohne Bedeutung. Im Fall Nr. 2 gibt es das Böse, aber nicht das Problem des Bösen.
– Ja, aber man leidet, weil alles keinen Sinn hat.
– Man muss sich aus dem Fehlen des Sinns einen Sinn basteln. Nietzsche nennt dies Heldentum. Vielleicht werden Sie so ein Übermensch …
– Und wenn ich einen anderen Sinn suche?
– Dann glauben Sie, dass man einen solchen finden kann.
– Was bedeutet das?
– Dass Sie sich bei den beiden letzten Fällen befinden.
– Das ist überzeugend. Guitton, es wird interessant. Vorwärts!

– Fall Nr. 3, Herr General. Gott ohne das Jenseits. Jetzt können Sie sich bei jemand beschweren. Was würden Sie von ihm verlangen, was Sie nicht haben?
– Ein glückliches Leben vor dem Tod.
– Sie müssen sich genauer ausdrücken. Das Glück vor dem Nichts. Was halten Sie davon?
– Das ist idiotisch.
– Da bin ich mit Ihnen einverstanden, Herr General. Bei dieser Hypothese ist man um so unglücklicher, je glücklicher man ist, außer man steckt den Kopf in den Sand oder man hat kein Gedächtnis.
– Also, Guitton, was soll man machen?
– Man hat die Wahl, Herr General: Entweder ist Gott böse und man begehrt dagegen auf. Oder Gott ist gut und er wird unser Glück vor dem Nichts auf den Höhepunkt führen.
– Dies nennen Sie gut?
– Nein, Herr General. Also begehrt man in beiden Fällen auf.
– Sie sagen es.
– Also begehrt man bei beiden Hypothesen auf, die den Fall Nr. 3 ausmachen (Gott existiert, aber es gibt kein Jenseits).
– Definitionsgemäß.
– Aber ich stelle fest, Herr General, dass die, die sich beschweren, Atheisten sind. Denn die, die sich in diesem Fall beschweren, sind Atheisten.
– Donnerwetter, Guitton, das ist wahr. Also argumentieren wir wie Dussel …
– Ja, Herr General. Also sind wir wieder bei Fall Nr. 2, und man begehrt nicht mehr auf.
– Wieder sind wir gefangen. Warten Sie. Was ist, wenn man sich als Agnostiker bezeichnet?
– Wenn Sie wollen, Herr General, wollen wir untersuchen, was dabei herauskommt.

– Das kann ich mir gut vorstellen. Man unternimmt eine hypothetische Revolte gegen Gott, falls es ihn gibt. Es ist, als ob man unter dem Fenster des Schlosses manifestierte, falls ein König darin sein sollte.
– Bei einer derartigen Demonstration, Herr General, wären Sie an der Macht geblieben. Aber wollen wir den Fall doch untersuchen. Was würde eine solche Demonstration von Gott fordern, falls es ihn gäbe? Uns vor dem Nichts ein glückliches Leben zu schenken?
– Das ist zu vermuten. Aber was heißt das, Guitton?
– Die Auflösung des Gedächtnisses.
– Oder, Guitton, wir fordern, nicht daran zu denken, dass wir glücklich sind?
– Anders ausgedrückt, die Auflösung des Bewusstseins.
– Und wenn wir fordern, vor dem Jenseits glücklich zu sein?
– Aber es gibt kein Jenseits (Hypothese 2 des vorliegenden Falles Nr. 3).
– Das hatte ich vergessen. Wir müssen wieder von vorne anfangen. Was kommt jetzt?
– Ich vermute, Herr General, dass wir von Gott das Jenseits fordern, um vor dem Jenseits glücklich zu sein.
– Eine andere Lösung sehe ich nicht. Aber wenn wir schon so weit sind, dann fordern wir auch das Glück im Jenseits. Was ist die Schlussfolgerung?
– Die Schlussfolgerung im Fall Nr. 3 ist, Herr General: es gibt das Böse, aber es gibt nicht das Problem des Bösen.
– Was folgt daraus?
– Der Fall Nr. 4. Es gibt Gott und das Jenseits. Untersuchen wir den Fall. Hier haben wir das Böse, nicht wahr?
– Ohne Zweifel, Guitton.
– Und wir haben das Problem des Bösen.
– So sieht es aus.
– Herr General, worin genau besteht das Problem?
– Darin, Guitton: wir fragen uns, warum uns Gott vor dem Jenseits so oft unglücklich sein lässt.

– Genau darum geht es.
– Dann allerdings, Guitton, ist das Böse kein Gegenbeweis gegen die Existenz Gottes. Es wäre eher die Schlussfolgerung daraus.
– Das ist es, was ich mit aller möglichen Anstrengung zu sagen versuche. Wenn man entweder das Böse oder das Problem des Bösen abstreitet, dann leugnet man Gott.
– Wer hätte das gedacht! Das ist ja unerhört. Lösen Sie damit das Problem des Bösen?
– Ich sage nicht, dass ich das Problem löse, sondern dass ich es stelle.
– Aber wenn Sie Gott voraussetzen, dann lösen Sie das Problem.
– Überhaupt nicht. Wenn ich Gott voraussetze, dann setze ich gleichzeitig das Problem des Bösen voraus. Aber ich bin *a priori* Gottes nicht sicher, während ich meines Problems des Bösen sicher bin.
– Wenn Sie auf diese Weise das Problem des Bösen stellen, setzen Sie Gott und das Jenseits voraus. Guitton, Sie sind diabolisch.
– Das haben schon andere Leute zu mir gesagt, Herr General. Wenn Sie wüssten, wer, dann würden Sie sich geschmeichelt fühlen.
– Also? … Nein aber … warten Sie. Anders ausgedrückt, man löst ein Problem, indem man ein anderes stellt.
– So ist es.
– Das heißt, wer verliert, gewinnt.
– *Selig sind die Armen im Geist.*
– Aber woher wissen Sie, dass es das Problem wirklich gibt?
– Sie selbst haben mir gesagt, dass das Problem existiere.
– Das müssen Sie mir beweisen!
– Haben Sie nicht selbst die Frage vorhin gestellt, mein General?
– Man hätte mich warnen sollen. Ich wusste nicht, worauf ich mich einließ.

– Und! Denken Sie an das Leiden der kleinen Kinder oder an den Völkermord. Dann stellt sich doch sofort diese Frage.
– Aber wie wollen Sie die Antwort auf diese Frage finden?
– Das ist ganz einfach. Fragen Sie sich, wer darauf antworten kann. Gibt es auf der ganzen Welt einen einzigen Menschen, der als Mensch die Antwort darauf wüsste?
– Das ist unwahrscheinlich.
– Und doch stellen Sie die Frage. Wem stellen Sie sie dann?
– Gott.
– Das ist offensichtlich.

– Guitton, sind Sie nicht allzu dogmatisch?
– Herr General, ich stelle als einziger eine Frage, ich sage, dass ich die Antwort nicht weiß, und ich soll dogmatisch sein?
– Was machen dann die auf der anderen Seite?
– Erstens, sie beantworten eine Frage, die von Menschen nicht beantwortet werden kann. Zweitens, sie beantworten die Frage aufgrund von Prinzipien, die sie nach ihrer eigenen Hypothese verwerfen. Drittens, sie antworten auf eine Frage, die sich für sie gar nicht stellt. Viertens, sie sind rationell und nicht dogmatisch.
– Es ist nicht gut, Guitton, wenn man sich über die Leute lustig macht, vor allem dann, wenn sie unglücklich sind.
– Ich wusste nicht, dass Sie so barmherzig sind, Herr General.
– Ich bin es geworden, nachdem ich das Pfeifen der Kugeln gehört habe. Wenn Sie mir das abnehmen, sollten Sie im Hinblick auf den kommenden Sturm etwas aufgeien (die Segel mit Geitauen zusammenholen).
– Herr General, wir haben eben rationelle Dialektik betrieben. Denken Sie daran, dass wir beschlossen haben, nachzudenken, solange wir nicht vom Übel betroffen sind.
– Aber, Guitton, kommen Sie auf den Boden zurück. Die

Zeit, wo wir das Böse nicht spüren, ist eine reine Abstraktion. Das Leben ist für viele ein andauerndes Leiden. Sie haben den Eindruck, sie lebten in einem Tunnel, der in einem Graben endet. Sie suchen das Vergnügen und finden Ekel. Sie suchen Liebe und finden Verrat. Sie suchen die Wahrheit und tappen im Zweifel. Sie rufen zu Gott und er schweigt. Ihre Sicherheiten machen Sie verabscheuungswürdig.

– Meine Beweise.

– Wie wollen Sie, dass sie den Unterschied sehen?

– Meine Sicherheiten haben ihre Wurzeln in meinem Zweifel. Mein Zweifel ist das Bewusstsein meiner Schwäche und meines Elends.

– Guitton, werden Sie sich bewusst, dass die Leute nicht so sind wie Sie. Sie denken nicht viel nach.

– Ich habe es Ihnen ja gesagt. Sie urteilen zu früh. Sie sind keine Freidenker.

– Das wollte ich damit nicht sagen. Nehmen wir an, Sie hätten mit Ihrer unwiderlegbaren Dialektik einen überzeugt. Glauben Sie, dass er dadurch irgendetwas gelernt hat? Das wirkliche Problem ist nicht, die Wahrheit zu erkennen, sondern sie anzunehmen.

– Was wollen Sie damit sagen, Herr General?

– Der Teufel weiß, dass es einen Gott gibt. Niemand weiß es besser als er. Es gibt keinen besseren Metaphysiker als ihn. Selbst Sie können ihm das Wasser nicht reichen. Er glaubt an Gott, aber er liebt ihn nicht. Glauben heißt nicht lieben, heißt noch nicht gehorchen. Es ist noch besser, wenn die Menschen Atheisten sind. Wenn die Menschen keine Atheisten wären, Guitton, dann würden sie sich gegen Gott auflehnen.

– Herr General, haben Sie mich eigentlich richtig verstanden?

– Machen Sie keine Späßchen, Guitton. Es geht um ernste Dinge. Das Problem des Bösen ist kein Ausdruck des

Atheismus oder des Zweifels, oder gar des Glaubens. Es ist ein Ausdruck des Aufbegehrens. Sagen Sie jetzt nicht, man müsse über die Auflehnung zur Anrufung gelangen. Das weiß ich so gut wie sie. Alle wissen das. Erklären Sie uns eher, wie man diese entsetzliche Auflehnung überwinden kann, die uns zerreißt und verbrennt und die hier oben und dort unten die Hölle ist. Sie wissen nicht, was es heißt, sich aufzulehnen. Zum einen sind Sie glücklich, berühmt, reich, geehrt. Zum andern sind Sie eine Intelligenz mit Füßen. Im Grunde haben Sie die Seele eines Kollaborateurs. Haben Sie jemals wirklich gelitten? Haben Sie jemals geliebt? Womit antworten Sie allen diesen armen Kreaturen? Mit der Dialektik der vier Fälle? Sie werden Sie aus dem Fenster schmeißen. Haben Sie Hiob gelesen, in Gottes Namen?

– Sie haben für Sie gestimmt. Vielleicht lieben sie Sie. Sie müssen auf diese Fragen antworten.

– Ich habe nie so sehr gelitten wie beim Tod meiner Tochter Anne, meinem behinderten Kind. Als ich mich im Fegefeuer befand, sagte mir der heilige Petrus: „Du warst ein stolzes und hartes Ungeheuer. Du wärest in die Hölle gesunken. Aber man hat in deinem Panzer ein Loch gefunden. Das war die Liebe zu jenem Kind und die Sorgen und die schlaflosen Nächte und all deine verzweifelten Zärtlichkeiten. So wurde deine Seele gerettet.“ Ich konnte es gar nicht fassen. Und ich habe Anne wiedergesehen. Anne! Wie schön du bist! Sie ist schön, Guitton. Ich sage ihr jeden Tag guten Morgen, jeden Tag. Sie lächelt mich an, wenn Sie wüssten, wie sie mich anlächelt, Guitton! Aber dann fühle ich auf einmal, wie sie in die Kontemplation versinkt. Ich will sie nicht stören. Also überlasse ich sie ihrer Ekstase in Gott und schleiche mich auf den Zehenspitzen hinaus.

– Sie haben sie wahnsinnig geliebt.

– Nein, ich habe sie bis zur Verzweiflung und über die Verzweiflung hinaus geliebt, bis ins Nichts, das mit den Tränen meines Herzens angefüllt war. Ich glaubte kaum an die Unsterblichkeit meiner Seele, aber ich habe immer an die Unsterblichkeit ihrer Seele geglaubt.

– Gabriel sagte … Nein, nicht der Erzengel Gabriel. Sondern Gabriel Marcel, der Philosoph.
– Ach ja. Was sagte er?
– Jemand zu lieben ist, wie wenn man zu ihm sagt: „Du, du wirst niemals sterben."
– Das hat er gesagt?
– Ja.
– Er hatte mächtig recht.

Die Orgel begann das Halleluja des Evangeliums zu intonieren. Wir schwiegen.

Meine Trauerpredigt

Es war selbstverständlich Pater Carré von der Académie, der die Trauerrede zu halten hatte. Ich setzte mich und wandte den Kopf. De Gaulle war verschwunden. Ich zuckte mit den Schultern. Monsignore Vingt-Trois trat ans Pult. Unruhig betrachtete ich Pater Carré, der im Chor saß. Er rührte sich nicht, war innerlich gesammelt. Es war ja auch der richtige Moment dafür.

– Vingt-Trois wird doch wohl nicht predigen. Er kennt mein Lebenswerk überhaupt nicht.

Monsignore Vingt-Trois nahm das Wort.

– Liebe Freunde, der Herr Kardinal wird in Rom zurückgehalten …
– Unerhört!
– … und zwar in der Bischofssynode über die christliche Sozialökonomie.
– Baf!

– Er hat mich beauftragt, die Predigt vorzulesen, die er zur Ehre des Andenkens von Jean Guitton selbst verfasst hat.
– Das ändert natürlich alles. Das hätte man gleich sagen sollen.
– Der Herr Kardinal bittet Sie, seine Abwesenheit zu entschuldigen. Er muss am heutigen Vormittag vor der Synode eine wichtige Rede halten.
– Man wird von seiner außergewöhnlichen Kompetenz nicht allzu viel haben.
– Er wird selbst die Messe für die Ruhe der Seele von Jean Guitton lesen.
– Da kann man wirklich nichts sagen. Wie finden Sie Vingt–Trois heute früh? fragte ich meinen Schutzengel. Er hat eine sehr gute Aussprache.

Der Engel antwortete nicht. Er bereitete sich darauf vor, die Predigt zu hören.

– „Liebe Brüder und Schwestern, liebe Freunde. Warum sind wir heute früh hier zusammengekommen? Ist es eine gesellschaftliche Zusammenkunft, eine offizielle Zeremonie?"
– Ich hoffe doch!
– „Nein, eben nicht!"
– Wie?
– „Wir sind um den Sarg eines Mannes versammelt."
– Das ist offensichtlich. Das ist hier nicht die Frage.
– „Ist es für uns wichtig, zu wissen, ob dies ein kleiner oder ein großer Mann war? Ein berühmter oder ein unbekannter Mann?"
– Ein x-Beliebiger, wenn Sie schon dabei sind.
– „In den Augen unseres Glaubens ist es immer nur ein Mensch wie alle anderen, und jede oberflächliche Betrachtung muss vor der Schwere und dem Ernst des Geheimnisses des Todes zurückweichen."
– Ba!

– „Wer war er für uns?“
– Endlich.
– „Ein Schriftsteller? Ein Denker? Sicherlich. Und viele hier sind ihm zu Dank verpflichtet. Viele bewundern ihn. Aber Sie kennen ja alle dieses beträchtliche Lebenswerk, die fünfzig Bände, seine hauptsächlichen Thesen, seine inhaltsreichen Ausführungen, seine scharfsinnigen Gliederungen. Das brauche ich nicht weiter zu erläutern.“
– Nicht möglich!
– „Ist es das größte dieses Jahrhunderts? Oder wird es schnell vergessen sein?“
– Schnell? Das ist ja furchtbar!
– „Wer kann das sagen? Liebe Freunde, niemand kann ohne zeitlichen Abstand den wahren Wert eines geistigen Werkes beurteilen.“
– Er beerdigt mich nicht, er bringt mich um.
– „Deshalb spreche ich heute und hier nur von unserem Bruder.“
– Ich bin immerhin ein Maître.
– „Sie erinnern sich sicherlich an das Evangelium dieser Messfeier.“
– Was war das noch mal?
– „Lasst euch von niemand hier auf Erden Meister nennen, denn ihr habt nur einen Meister, Christus.“
– Das ist ein Komplott. Aber der Präsident hat nicht mitgemacht. Er ist in Djakarta geblieben.
– „Für wen also, für was sind Sie gekommen? Um sich um die sterblichen Überreste eines Menschen zu versammeln? Nein, Sie sind um Christi willen gekommen.“
– Dreiviertel von ihnen sind Atheisten.
– „Sie sind zu Christus gekommen, denn Christus ist zu Ihnen gekommen. Er kommt zu Ihnen auch mit diesem Tod, er besucht Sie an diesem Morgen. Mit Ihm zusammen wollen wir heute ohne jegliche menschliche Eitelkeit

über das Geheimnis des Todes und des Lebens nachdenken."

- Reden Sie von Guitton, im Namen des Zeus! Deswegen sind sie hierher gekommen.
- „Wir müssen unseren Geist erneuern. Wir brauchen *eine neue Art zu denken.*"
- Wenigstens ein kleiner Hinweis auf mein Werk.
- „Und was ist dieses Prinzip?"
- Sagen Sie, dass es ein absolut originelles Prinzip ist. Meine Logik unterscheidet sich von allen anderen.
- „Ja, was ist dieses Prinzip? Die Demut."

So geschah es, dass der Kardinal zu einer Versammlung von Leuten, die gekommen waren, meinen Nachruf zu hören, von Gott sprach, von Christus, vom ewigen Leben, vom Heil, von allem, außer von Guitton. Ich war empört. Ich habe schon immer vermutet, dass er mich im Geheimen hasst. Jetzt hatte ich den Beweis. Der Engel hing immer noch an den Lippen des Weihbischofs. Ich hörte nicht mehr hin. Ich flog durchs Kirchenschiff.
Zuerst hielt ich bei einer älteren Dame an, deren Gesicht mir bekannt vorkam und die mit einem Greis von neunzig Jahren flüsterte.

- Er hatte überhaupt kein Zartgefühl, mein Herr, nicht die Bohne. Ich war vor dem Krieg in Montpellier Studentin bei ihm. Eines Tages nahm ich den Zug. Zufällig stieg ich in ein Abteil, das ich für leer hielt. Es war Abend. Die Dämmerung war schon eingetreten. Und da sitze ich auf einmal ihm gegenüber.
- Donnerwetter! Eine idyllische Situation?
- Denken Sie vielleicht! Wir sprachen ein wenig über Philosophie. Dann sage ich auf einmal zu ihm: Herr Professor, geniert es Sie nicht ein wenig, in der Nacht ganz allein im Zug mit einer jungen Frau zu reisen? – Oh nein, antwortet er, Sie genieren mich überhaupt nicht. – Beunruhigt Sie

die Gegenwart einer Frau gar nicht? – Oh doch, ich bin sehr schüchtern. Aber Sie, Sie sind überhaupt nicht feminin.

– Wie gemein!
– Sie wollen sagen: „Welcher Flegel!“ Wenn man das zu einem jungen Mädchen sagt.
– Das ist nicht sehr feinfühlig.
– So etwas. Er hätte mir mein ganzes Selbstvertrauen zerstören können. Glücklicherweise hatte ich Gründe anzunehmen … na …, dass ich auch Gefallen finden konnte.
– Oh? Immerhin.
– Ja, glücklicherweise.
– Sicherlich.

Er seufzte.

– Verflixter Guitton! Du warst kein Mann der günstigen Umstände.
– Das ist sicher wahr!

Sie weinte. Er beugte sich über sie, um sie zu trösten. Sie trocknete ihre Tränen und schnäuzte sich laut. Dann, indem sie ihn seltsam mit feuchten Augen von unten herauf anblickte:

– Freuen Sie sich nicht, dass Sie so neben mir sitzen dürfen?

Ich wurde immer dankbarer, dass ich jetzt tot war. Ich ließ die beiden schniefen und schwebte durch den Seitengang in Richtung Altar. Ich hielt ein wenig inne und betrachtete die Stationen des Kreuzwegs, die ich selbst gemalt hatte und die heute noch die Säulen dieser Kirche zieren. Mir war nicht bewusst gewesen, wie schön diese Bilder waren, und ich wunderte mich über die Bescheidenheit, die ich zu meinen Lebzeiten unter Beweis gestellt hatte. Immer noch darüber in Gedanken versunken erkannte ich einen meiner Schüler, Hude. Er saß neben Marion, der Professor an der Sorbonne ist. Hude hatte rote Augen. Ich hatte auch oft rote Augen. Marzena half mir mit den Augentropfen. Allein habe ich es nie geschafft. Plötzlich sah ich eine Träne über seine Wange laufen. Zwar hatte ich Hude nicht so gern, dass mich seine Träne rührte; aber er war mir auch nicht so gleichgültig, dass ich darüber lächelte. Ich schwebte näher.

– Guitton hat mir das Schreiben beigebracht, sagte Hude. Eines Tages schenkte ich ihm eines meiner Bücher. Er hat es gelesen, wie nur er lesen konnte: zuerst unter dem Kopfkissen, dann in Bruchstücken und möglichst immer vom Ende her. Ich habe ihn kurz danach wieder besucht. Vor ihm lag das Buch, weit geöffnet und der Umschlag eingeknickt. Er sprach mich an: „Hude, womit schreiben Sie?“ Etwas irritiert lächelte ich: „Maître, wie Sie, nehme ich an, mit einer Feder.“ Er fährt fort: „Das merkt man beim Lesen. Sie verstehen noch nicht zu schreiben. Sie sollten wissen, dass man nicht mit der Feder schreibt, sondern mit dem Papierkorb.“ Er nimmt mein Buch, das vor ihm lag, geöffnet und zerknittert. Er hält es mir vor die Augen und fragt. „Dieses Adverb, hat es einen Sinn? – Eigentlich nicht. – Weg damit. Und dieses? – Ba! – Durchstreichen. Und dieses dritte? – Hm! – Durchstreichen. – Gefallen Ihnen diese drei Adjektive? – Vielleicht hätte ein einziges ausgereicht. – Und weiter. Verstehen Sie diesen Satz? – Der Syntax ist gut gegliedert. – Ich verstehe kein Wort. Sie sind nicht Proust. Setzen Sie doch Punkte und bilden Sie unabhängige Sätze. – Glauben Sie, Maître, dass ich nie ein guter Schriftsteller werde. – Im Gegenteil. Sie könnten zu den Besten zählen. Deswegen bringe ich Ihnen ja das wichtigste Prinzip bei.“ Er formte die Hände zu einem Lautsprecher und rief: „Hude, das Geheimnis des guten Stils ist das Wegstreichen!“ Dann wieder mit normaler Stimme: „Lesen Sie Pascal?“ – Manchmal, antwortete ich. – Lesen Sie

Pascal. „Entflohener Gedanke, den ich aufschreiben wollte. Ich schreibe, um ihn nicht zu verlieren."

Er biss sich auf die Lippen, und eine Träne verhüllte seinen Blick. Ich sah Hude an. Ich hätte niemals gedacht, dass er mich ein wenig gern hatte, und ich warf ihm diesen meinen Irrtum vor. Er wollte mir niemals schmeicheln. Ich hatte ihm beigebracht, nichts von mir zu erwarten. Ich hätte von ihm eigentlich ein gewisses Ressentiment erwartet. Ich studierte seinen Gesichtsausdruck. Ich verstand ihn nicht. Irgendetwas musste mir entgangen sein.
Marion war von Hudes Träne gerührt; er rieb sich die Augen und schnäuzte sich in ein großes Taschentuch. Gerade war nach dem bewegendsten Augenblick der Predigt eine Stille eingetreten. Hundert Leute blickten sich um. Der Redner glaubte, dies sei seiner rhetorischen Kunst zuzuschreiben, und fühlte sich geschmeichelt. Marion sah, dass er bemerkt worden war. Sein Auge strahlte, als er sich den Augenwinkel abwischte, und er legte andächtig die Hände zusammen.
Er fragte Hude: „Warst du sein Schüler?" und wartete auf eine Antwort, die nicht kam. So hat mich Hude mit klarem Blick, schweigend, nachdem die Tränen getrocknet waren, verleugnet; mich, der ich ihm die Kunst des Denkens beigebracht hatte, der ich ihn mit meinen Gedanken ernährt hatte, mich, der ich ihn zu all dem gemacht hatte, was er jemals sein würde. Und alles, was er über mich sagen konnte, war, dass ich seinen Stil verbessert hatte. Und er flennte. Der Schuft war so stark, dass er mich tränenden Auges ermordete und seinen Vatermord mit dem Anschein der Sohnesliebe genoss. Jetzt bedauerte ich nicht nur nicht mehr, dass ich tot war, sondern ich hatte größtes Verlangen, ins Paradies zu gelangen, um endlich all den Falschheiten und Niederträchtigkeiten zu entkommen.
Ich war schon beinahe weg, als ich hörte, wie Hude zu Marion sagte: „Nietzsche hat geschrieben: Kein Echo, aber eine

Fortsetzung." Was sollte das heißen? Ich sah ihn an. Ich sah sein bloßes Herz, aber ich konnte sein Geheimnis nicht entziffern. Und zum ersten Mal zweifelte ich an meiner Menschenkenntnis.

Ich wollte mich ein wenig ablenken und hielt bei einem sonderbaren Paar an, das wie mit Absicht falsch zusammengestellt war. Das zufällige Zusammentreffen hatte wieder einmal seine Sache gut gemacht. Jean-Claude Casanova, Mitglied des Institut de France, liberal, fein, jovial, war neben Marcel de Saint-Sulpice zu sitzen gekommen, einem Reaktionär, Sanguiniker und selbstzufriedenen Menschen. Casanova hat nicht viel geschrieben, aber er hat klare Ansichten über alles, und die Konversation mit ihm ist ein Hochgenuss. Wir hatten ihn sofort im ersten Wahlgang gewählt, nachdem ihn das „grüne Fieber"[9] befallen hatte. Im Gegensatz zu ihm hat Saint-Sulpice zweiundsechzig Bücher geschrieben. Das war die Erklärung für eine lange Folge von Kandidaturen für das Institut und auch für die wiederholte Ablehnung dieser Kandidaturen. Seine Eitelkeit hatte darunter stark gelitten, und um überleben zu können, musste er einen Schuldigen finden. Der Schuldige war ich. Ich hatte ihm zu Unrecht meine Stimme versprochen. Aber war es meine Schuld, wenn er so naiv war, mir zu glauben? Wie sagte doch Kardinal Grente: „Ich hatte ihm schon meine Stimme versprochen: er konnte nicht auch noch verlangen, dass ich sie ihm geben würde!" So kratzt der verbitterte Saint-Sulpice seit sechs Monaten ohne Unterlass am blutenden Schorf seiner Selbstachtung. Selbst die Freude über meinen Tod konnte seine Entrüstung nicht besänftigen.
Die Predigt war immer noch nicht zu Ende. Der Weihbischof fragte gerade, ob ich nun im Paradies wäre und die ganze Wahrheit sähe, die ich mein Leben lang gesucht hatte. Ein kleines Drittel der Anwesenden hoffte es, ohne allzu sehr daran zu glauben. Ein großes Drittel glaubte, dass ich jetzt in

das Nichts zurückgekehrt sei. Der Rest rechnete damit, dass ich nun in der Hölle säße. Somit hatten zum gegenwärtigen Zeitpunkt alle Unrecht. Saint-Sulpice und Casanova unterhielten sich. Ihre Unterhaltung störte eine feine Dame, die hinter ihnen saß und der die bischöfliche Rhetorik hingebungsvolle Schauer über den Rücken jagte.

Casanova wunderte sich gutmütig:

– Schon bevor er sechzig wurde, war er Mitglied der Académie. Mit über achtzig Jahren wollte er Mitglied des Instituts werden. Ich habe diese Schliche niemals durchschaut.
– Das ist so seine Art, flüsterte Saint-Sulpice ihm ins Ohr. Er liest die Bücher vom Ende her. Er macht immer alles umgekehrt. Denken Sie an seine Orden. Er hat die Ehrenlegion mit vierzig Jahren erhalten und hat den Verdienstorden mit neunzig Jahren bekommen.
– Mit achtundachtzig, verbesserte Casanova.

Die feine Dame sagte: „Pst!“ Saint-Sulpice fuhr etwas leiser fort.

– Der Präsident der Republik persönlich hat ihm im Festsaal des Elysée-Palasts das breite blaue Band umgelegt. Der arme Guitton hatte zu lange stehen müssen. Er wäre ohnmächtig geworden, wenn Mitterrand ihm nicht einen Stuhl hätte anbieten lassen. Da man die Länge des Schulterbandes falsch abgemessen hatte, hätte er sich beinahe mit den Beinen darin verheddert, und die Medaille schlug ihm gegen den Knöchel. Aber es war trotzdem ein voller Erfolg. Mitterrand hatte eine interessante Rede gehalten, ohne Notizen. Er hatte ein Gedächtnis wie ein Elefant. Er hat sogar von der Jungfrau Maria gesprochen.
– Warum brauchte Ihrer Meinung nach Guitton auch die Mitgliedschaft im niedrigeren Gremium, nachdem er schon die im höheren hatte?
– Die Académie française war für ihn eine Versammlung

der Schönredner, aber das Institut de France hielt er für seriös.

– Und die Orden?
– Er glaubte, der Verdienst stünde über der Ehre.
– Der Gedanke ist richtig, bemerkte Saint-Sulpice, der auch ehrlich sein konnte.
– Warum halten die Leute so viel von diesen Orden? fragte Casanova, der eben zum Ritter der Ehrenlegion ernannt worden war.
– Oh! Sie sind ihnen nicht wirklich wichtig, aber es ärgert sie, wenn sie sie nicht haben. Wenn man die Ehrenlegion haben will, dann deswegen, weil man eine leichte Schande vermeiden will.
– Es handelt sich also um ein Vergnügen, das nur das Ende einer schmerzlichen Situation darstellt. Hat nicht Sokrates darüber gesprochen?
– Platon. Im *Phaidon.*
– Sind Sie auch Philosoph? fragte Casanova. Vielleicht auch Mitglied des Instituts?
– Ich habe einige Male kandidiert, antwortete Saint-Sulpice Feuer und Flamme. Streben Sie dies auch an?
– Nicht direkt, ich wurde eben aufgenommen.
– Meinen Glückwunsch, antwortete Saint-Sulpice, ernüchtert.

Er war schmerzlich anzusehen. Casanova versuchte ihn aufzumuntern.

– Zum Glück hat Guitton für mich gestimmt.
– Um so besser für Sie. Er hat immer gegen mich gestimmt.
– Warum? Sind Sie Freimaurer?
– Nein, katholisch.
– Warum dann?
– So ist er eben. Ein Verräter bis in den Grund seiner Seele. Er hat sogar gegen mich Wahlkampf geführt. Er hat zu jedem gesagt, der es hören wollte, dass ich wie ein Press-

lufthammer denke. Wissen Sie, wie er es erreicht hat, in die Académie française aufgenommen zu werden?

– Sagen Sie es mir.

– Er hat sich gegen einen Herzog aufstellen lassen. Den Herzog von Gramont. Ich werde es Ihnen erklären. Es ist Brauch, dass z. B. ein Feldmarschall ohne Gegenkandidat und quasi mit Einstimmigkeit gewählt wird. Auch ein Herzog wird immer gewählt, wenn er sich aufstellen lässt. Aber für einen Herzog gibt es einen Gegenkandidaten, der aber nach dem Brauchtum nicht mehr als zehn Stimmen erhalten darf.

– Warum lässt sich dann der Gegenkandidat aufstellen?

– Aus Opfermut. Außerdem gibt es viele Aspiranten für die Académie. Das beschleunigt den Durchgang.

– Um es kurz zu machen, Guitton lässt sich gegen den Herzog von Gramont aufstellen.

– So ist es. Er beginnt seine Besuche und erklärt, dass er sich gerne opfern wolle, aber lächerlich gemacht wolle er nicht werden. Deshalb brauche er die zehn üblichen Stimmen für den Herausforderer des Herrn Herzogs. Aber sehen Sie, was für ein Schuft er ist! Er hat damit erreicht, dass aus den zehn Stimmen für ihn bei der Auszählung der Stimmzettel vierundzwanzig Stimmen wurden. Zum allgemeinen Erstaunen wurde Guitton im ersten Wahlgang gewählt. Es war das erste Mal, dass bei einer Wahl zur Académie ein Herzog geschlagen wurde.

– Ein Herzog macht sich immer gut als Dekoration, aber die Académie hat sicher Recht gehabt, für Guitton zu stimmen. Allerhand! Von dieser Seite kannte ich den Verstorbenen gar nicht. Was für ein Politiker!

– Sie wollen sagen, was für ein Hochstapler. Außerdem hat er die Dreistigkeit besessen, zu behaupten, dass Marthe Robin ihn zu diesem arglistigen Manöver inspiriert habe.

– Wer?

– Marthe Robin, eine Heilige, eine Stigmatisierte. Guitton hat ihr *Portrait* verfasst.
– Sie scheinen dieses Porträt nicht zu schätzen.
– Oh! Es ist nicht besser und auch nicht schlechter als alle anderen, die er geschrieben hat. Wenn Guitton das *Porträt von Monsieur Pouget* verfasst, dann wird es das Porträt von Guitton, verfasst von Pouget. Wenn er das *Porträt von Marthe Robin* schreibt, wird es das Porträt von Guitton von Marthe Robin. Guitton ist Egoist, Egozentriker und unfähig, sich für etwas anderes zu interessieren als für sich selbst.
– So hat ihn also diese Marthe Robin zu seinem großen akademischen Manöver inspiriert? Das war ja eine wahre Mata-Hari!
– Natürlich nicht!
– Schade, damit wäre mir die Heiligkeit sympathischer geworden.

Die feine Dame sagte: „Pst!“ Die beiden fuhren mit ihrer Unterhaltung fort und flüsterten sich ins Ohr.

– Ich finde, Sie sind zu nachsichtig. Sie wissen jetzt, wie er in die Académie aufgenommen wurde. Beim Institut ist es nicht möglich, derartige Purzelbäume zu schlagen. Deshalb musste er noch dreißig Jahre warten, bis er aufgenommen wurde. Es war eine Abnützungsschlacht, denn es war niemand mehr da, der gegen ihn antreten konnte.
– Niemand … Es gibt in diesem Land noch gute Philosophen.
– Ja, aber keiner ist achtzig Jahre alt.
– Was macht das aus? Muss man achtzig sein, um ins Institut aufgenommen zu werden?
– In der Sektion Philosophie, ja. Man hat sogar vor fünfundachtzig kaum eine Chance. Sie werden sie ja sehen, wenn sie sich am Montag versammeln … Das ist keine Sektion, sondern ein Totentanz. An einem Nachmittag im

Januar stand in einer halböffentlichen Sitzung ein Vortrag eines Mitglieds zum Thema ‚das Nichts' auf dem Programm. Alle schliefen, mit Tropfen an den Nasen, außer dem Redner, einem gewissen Lacombe, der aber davon nichts merkte und sich immer wieder in seinem Text verhaspelte. Wie auf einem Gemälde von Goya.

– Sehr bedauerlich. Sterben diese Leute denn nicht?

– Ich glaube, dass das Institut einen konservierenden Einfluss ausübt.

– Die Gerontokratie wird zunehmend zu einem ernsten Problem. Allerdings sind sich die Alten selbst dessen als Erste bewusst. Bei meinem letzten Besuch bei Guitton haben wir darüber gesprochen. Er sagte mir, dass sein Freund Papst Paul VI. auf diesem Gebiet sehr vorausschauend war, wie auch auf vielen anderen Gebieten. Er war es, der beschlossen hat, dass die Kardinäle über achtzig nicht mehr an der Papstwahl teilnehmen dürfen. Das sollte man auch in der Académie einführen. Man hätte immer noch vierzig Wähler unter achtzig.

– Ja, aber Paul VI. hat diese Regel nicht auf sich selbst angewandt.

– Das ist normal, und ich stimme dem zu. Das Papsttum ist wie die Vaterschaft. Da gibt es keinen Ruhestand.

– Guitton war Spezialist auf dem Gebiet der Thanatologie. Er fehlte auf keinem einschlägigen Kongress. Man sagt, er habe eine Philosophie des Alters geschrieben, die aber nicht veröffentlicht wurde. Man sagt, er hätte eine Schwäche für die Arbeiten des verrückten alten Dr. Carter gehabt. Er interessierte sich auch für die Zusammenhänge zwischen Demokratie und Gerontokratie. Er dachte, man könne gegen den Alterungsprozess der Demokratie ankämpfen, indem man die Zukunft wählen ließe.

– Wie wollte er das anstellen?

– Durch eine Reform des Wahlrechts. Auf diesem Gebiet hatte er verblüffende Ideen. Man sollte nach einem Punktesystem wählen. Stellen Sie sich Folgendes vor. Alle besitzen eine Anzahl von Punkten, die dem Alter umgekehrt proportional ist. Die Anzahl der Punkte richtet sich nach der voraussichtlichen Lebenszeit. Man nimmt an, dass ein Leben einhundert Jahre dauert. Mit achtzehn Jahren hat man also einhundert minus achtzehn Punkte, d. h. zweiundachtzig Punkte. Mit neunzehn Jahren hat man einundachtzig Punkte. Mit zwanzig Jahren achtzig Punkte und so weiter.

– Mit meinen sechzig Jahren wäre ich dann nur noch vierzig Punkte wert, während meine beiden Kinder mit zwanzig und dreißig Jahren zusammen einhundert und fünfzig Punkte hätten.
– So ist es.
– Und mit hundert Jahren?
– Null Punkte.
– Und mit 101 Jahren?
– Minus eins. Die Anzahl der Punkte kann negativ werden. Aber man muss nicht wählen. Es ist aber auch nicht verboten für jemanden zu wählen, den man loshaben möchte.
– Sehr gut ausgedacht. Und die Minderjährigen.
– Bei der Geburt haben sie einhundert Punkte.
– Und wer bekommt diese Punkte?
– Jeder Elternteil bekommt die Hälfte bis zur Volljährigkeit.
– Was wäre das Ergebnis dieses Systems?
– Ein Wirbelsturm in den Kinderstuben.
– Die Pensionen werden herabgesetzt, die Kapitalzinsen werden gesenkt, Kinder werden geboren, es wird investiert. Der allgemeine Wohlstand bricht aus …
– Glücklicherweise ist so etwas unmöglich.
– Leider ist es unmöglich! Dieser verrückte Alte! Was für ein originelles Konzept.
– Verrückt.
– Logisch.
– Absurd.

– Genial.
– Lächerlich.
– Äußerst demokratisch.
– Zutiefst despotisch.
– Zusammengefasst, guittonisch?
– Ja, guittonisch.

Die feine Dame tötete sie mit ihren Blicken und pfiff durch die Zähne:

– Aber, meine Herren, seien Sie doch endlich still!

Die beiden fuhren mit unhörbarer Stimme fort:

– Was haben Sie zu ihm gesagt, dass er für Sie gestimmt hat?
– Ich habe nichts gesagt, ich habe etwas getan.
– Was haben Sie getan?
– Den Faustschlag. Als er damals in die Sorbonne gewählt worden war, ging es zuerst gar nicht gut. Die extreme Linke wollte es nicht zulassen. Übrigens wurde er gegen den Rat der philosophischen Sektion mit Hilfe der Stimmen der Reaktion, die in der philologischen und in der historischen Sektion sehr stark war, gewählt. Damals wählten alle bei jeder Wahl. Kurz, Guitton, der erst vor wenigen Jahren aus der Hölle der Degradation mit Pompidous Hilfe zurückgekehrt war – Sie kennen die Geschichte –, kommt in seinen Hörsaal. Der Pedell führt ihn herein. Totenstille. Die Kommunisten saßen zusammen in den letzten vier Reihen. Auf der Tafel eine Inschrift in Großbuchstaben: KEINE KOLLABORATEURE IN DER SORBONNE. Guitton stellt seine Aktentasche auf das Pult. Ohne etwas Besonderes zu ahnen, beginnt er seine Vorlesung. Er hat noch keine zwei Sätze gesagt, da bricht der Tumult los. Sie können sich das nicht vorstellen. Pfiffe, Buhrufe, Trompetentöne, Sprechchöre, laute Zwischenrufe, Konfetti, Posaunenstöße, die *Internationale.* Der ganz große Aufzug. Guitton wartete, bis die Stunde zu Ende war. Dann ging er.

– Ist er wiedergekommen?
– In der folgenden Woche, pünktlich. In der Zwischenzeit hatte sich auch die Rechte gesammelt. Die Linke schrie: „Gui-tton, Ko-lla-bo!“ Die Rechte grölte: „Die Roten nach Moskau!“ Alle beleidigten sich gegenseitig, eine ganze Stunde lang. Es war grandios.
– Und Guitton?
– Er wartete mit gekreuzten Armen. Am Ausgang wollten ihn die am meisten Erregten am Kragen packen. Aber er hatte immer eine kleine Gruppe von Leibwächtern. Ich war einer von ihnen. Wenn ich Ihnen sagen würde, wer unser Chef war!
– Wer war es?
– Er hat in der Zwischenzeit seinen Weg gemacht.
– Wer?
– Ich kann es nicht sagen. Es wäre ein Skandal.
– Sagen Sie es mir. Ich verspreche, es niemand zu verraten.

Er flüsterte ihm einen Namen ins Ohr.

– Nicht möglich! Saint-Sulpice fuhr in die Höhe, Jean-Marie Le P …
– Pst! Unterbrach ihn Casanova. Man darf es nicht sagen.
– Nicht möglich! Wie lange hat das Ganze gedauert?
– Sechs Monate.
– Sechs Monate! Und hat er durchgehalten?
– Mit Hilfe seiner Frau, Marie-Louise. Wenn er von der Sorbonne zurückkam, himmelte sie ihn an, als wäre er der heilige Sebastian. Er wusste selbst nicht, dass er so stoisch sein konnte. Er wollte herausfinden, wie lange er durchhalten würde. Dieser Stoizismus hat schließlich die Wende in der öffentlichen Meinung herbeigeführt. Raymond Aron war auch sehr hilfreich. Ihm war es vor allem zu verdanken, dass der Zirkus zu Ende ging.
– Hat diese Prüfung ihre Spuren hinterlassen?
– Unauslöschliche. Der Beweis ist, dass er sein Leben in

vierzig Büchern immer wieder beschreibt. Aber Sie suchen in seinem Werk vergeblich nach einer einzigen Seite, wo er sich auf die eben beschriebenen Vorfälle bezieht. Aber wie immer ist alles bei ihm mehrdeutig.

– Inwiefern?
– Er konnte den Mund nicht auftun, aber das hinderte ihn nicht, sein Gehalt in Empfang zu nehmen. Da er immer ein bisschen bequem war, konnte ihm das nicht ganz missfallen.
– Sie vereinfachen.
– Nein, ich sehe klar. Übrigens, es war da noch etwas anderes. Er ist auf seinem Weg einem Kreuz begegnet.
– Er dachte, er müsste es für immer umarmen, um sich zu heiligen.
– Somit ist er wenigstens gläubig.
– Ja, wenigstens, seufzte Saint-Sulpice. Aber schweigen wir. Es ist jetzt an der Zeit, für ihn zu beten.

Also hatte mich Hude nicht verraten. Marion war zu meiner Beerdigung gekommen, obwohl ich im Institut nicht mehr für ihn stimmen konnte, und es ist ihm gelungen, bemerkt zu werden. Saint-Sulpice hasste mich nicht so sehr, wie ich geglaubt hatte. Um ehrlich zu sein: er war in seinen Antworten an Casanova äußerst korrekt. Bald bleibe ich als einziger übrig, der ohne Tugenden ist. Ich war von der Menschheit nicht angewidert. Aber sie hatte mich ermüdet. Vor allem, als ich meine vermeintlichen Entschuldigungen so dahinschwinden sah und an die Grenzen meines Machiavellismus stieß, fing ich an, mir Sorgen um die kommenden Ereignisse zu machen. Ich folgte dem Ende der Predigt, und ich muss sagen, sie war erhebend. Und zum ersten Mal an diesem Tage fing ich an zu beten.

Meine Torheiten als Lehrer der Sorbonne

Monsignore Vingt-Trois war mit der Verlesung der Homilie zu Ende, ging hinauf zum Altar und begann mit dem Offertorium, begleitet von einer erhebenden Orgelmusik. Ich begab mich wieder auf die Empore. Mein Schutzengel war immer noch da, aber Sie ahnen niemals, wen ich noch vorfand.

– Sokrates! Nicht möglich!
– Meine Gegenwart überrascht Sie?
– Seit drei Tagen wundere ich mich über nichts mehr. Aber ich muss sagen, dass ich nicht erwartet hatte, Ihnen zu begegnen.
– Warum?
– Den Fürsten der Philosophen! … Und dann … weil ich …
– Sie glaubten vielleicht, ich wäre in der Hölle?
– Was sollte ich sonst denken, ein Heide …
– Lassen Sie sich eines Besseren belehren. Ich bin immer noch im Fegefeuer.
– Immer noch? Seit Sie den Schierlingsbecher getrunken haben?
– Im Jahre 399 vor Christus.
– Das ist ja schrecklich! Und wie lange bleiben Sie dort noch?
– Bis ans Ende der Welt, außer wenn ein heiliger Philosoph, der ins Paradies kommt, für mich vor dem Angesicht Gottes eintritt.
– Wir werden sehen, wir werden sehen. Aber welche Sünden können eine derart langwierige Reinigungszeit auslösen?
– Drei Gründe: erstens, intellektueller Stolz; zweitens, Fehlen eines väterlichen Geistes; drittens, grausame Ironie.
– Waren Sie wirklich so? Aber weder meine Kollegen noch ich haben etwas Derartiges jemals an der Sorbonne gelehrt.
– Hat das etwas zu bedeuten?
– Das ist unerhört! Lassen Sie mich nacheinander auf die

drei Punkte zurückkommen. Sie sagten: „Grund Nr. 1, intellektueller Stolz." Das kann man durchgehen lassen. Das ist glaubhaft.

– Es ist sicher.
– Aber an der Sorbonne, Sokrates, sagen alle, Sie wären bescheiden gewesen?
– Sie wissen genau, Guitton, dass der Stolz nichts mit dem Mangel an Bescheidenheit zu tun hat.
– Was ist Stolz, Sokrates?
– Guitton, Sie beunruhigen mich. Wenn Sie nicht wissen, was Stolz ist, dann ist das Risiko sehr groß, dass Sie selbst bis zum Halse darin stecken. Sagen Sie mir doch, was Stolz ist.
– Sich für Gott halten.
– Genau. Natürlich nicht wie die Verrückten, aber wie die Philosophen, und das ist nicht dasselbe. Führen Sie den Gedanken weiter aus.
– Man bildet sich ein, dass unser Geist die Wahrheit hervorbringt, anstelle sich an die Wirklichkeit anzupassen. Man bildet sich ein, man könne das Gute und das Böse mit Bestimmtheit erklären. Man will nur selbständig denken, niemals jemandem vertrauen und von niemandem abhängig sein.
– Eben dieser Stolz hindert die meisten Leute daran, zu glauben. Ihr Urteil ist ausgezeichnet. Aber ich frage Sie, ob Sie dies ebenso klar in Ihren Büchern gesagt haben, als Sie noch auf Erden waren. Das hätte die Auflagen vermindern können und die Kritiker kreischen lassen. Da Sie sie jetzt nicht mehr fürchten müssen, drehen Sie den Sack um und leeren Sie ihn ganz aus. Was ist die letzte Form des Stolzes, Guitton?
– Sich bei dem Gedanken zu entrüsten, dass alles, was vorher gesagt wurde, Stolz sei. Zu denken, dass dies nur Freiheit sei.
– Was bedeutet es in diesem Fall, frei zu sein?
– Gott zu sein.

– Und der Kreis wäre geschlossen. Sie kennen sich in der Frage des Stolzes aus.
– Also, Sokrates, welche Art von Stolz hat man Ihnen vorgeworfen?
– Behauptet zu haben, dass die gesamte Wahrheit schon immer im Grunde meiner Seele vorhanden war und dass ich nur nachzudenken brauchte, um sie ans Tageslicht zu bringen.
– Ist das nicht wahr?
– Nur zum Teil. Das Wesentliche kommt von außen und vor allem von den anderen.
– Aber warum?
– Guitton, weil das Wesentliche die Liebe ist. Aber die Liebe ist das reale Band, das Sie mit allem, was Sie nicht sind, verbindet, und sie entsteht aus der Gabe, die Sie dem anderen darbringen, auf unvorhersehbare und unbezwingbare Weise. Deshalb, wenn Sie in sich verschlossen und unabhängig sind, verstehen Sie überhaupt nichts.
– Und was hat man Ihnen noch vorgeworfen, mein Freund Sokrates?
– Dass ich behauptet habe, niemand sei freiwillig bösartig.
– Und das ist nicht wahr? Ich habe immer gedacht, die Menschen wären viel dümmer als bösartig.
– Guitton, unsere Boshaftigkeit macht uns dumm.
– Wollen Sie damit sagen, wenn alle gut wären, wären sie auch intelligent? Allerdings scheint mir die erleuchtete Intelligenz ein Faktor der Güte zu sein.
– Das stimmt, aber die Liebe ist eine Lebensform, die Wissen und Wollen vereinigt.
– Ein geheimnisvolles Wort. Haben Sie das im Fegefeuer gelernt?
– Nach eintausend Jahren Reinigung.
– Also gehen wir dann bitte zu Grund Nr. 2. Er beunruhigt mich noch stärker. Warum haben Sie gesagt „Fehlen des Geistes der Vaterschaft"?

– Weil es so ist.
– Das ist aber keine bekannte historische Tatsache. Die Historiker erwähnen davon kein Wort! Sie sagen eher das Gegenteil. Sie sagen, Sie hätten Ihr Leben für die Erziehung der Jugend hingegeben.
– Seine Ideen verbreiten, Guitton, das heißt nicht sein Leben für seine Kinder hingeben.
– Aber Sie sind für sie gestorben.
– Nein. Ich bin für meine Ideen gestorben.
– Ist das nicht schön, wenn man für seine Ideen stirbt?
– Nein, Guitton. Wenn man richtig nachdenkt, erkennt man, dass das für sich selber sterben bedeutet. Außerdem sind tausend Milliarden Ideen nicht so viel wert wie eine einzige Person. Man muss die Leute lieben. Für sie muss man leben und sterben.
– Trotzdem liebe ich die Ideen sehr. Sie haben mich noch nie gelangweilt. Bei den Leuten ist das anders … Aber kommen wir doch auf den Geist der Vaterschaft zurück. Das interessiert mich noch mehr.
– Bei meiner Gerichtsverhandlung hat man mir besonders vorgehalten, was ich über Platon gesagt habe.
– Wie war das?
– Der heilige Petrus …
– Der heilige Petrus hat Sie im Jahre 399 vor Christus gerichtet?
– Natürlich nicht. Bevor es zur Verhandlung kam, musste ich erst auf die Auferstehung Jesu Christi warten, wie alle anderen auch. Und da viele Fälle anhängig waren, habe ich noch ein gutes halbes Jahrhundert warten müssen. Deshalb war ich unter den ersten Fällen, die der heilige Petrus persönlich verhandelt hat.
– Lassen Sie mich einen Augenblick mit dieser großartigen Idee vertraut werden: Der Fürst der Apostel richtet den Fürsten der Philosophen …
– Denken Sie nicht zu viel, Guitton. Der heilige Petrus fragt

mich also: „Sokrates, was bedauern Sie am meisten?“ Ich antworte ganz naiv: „Dass ich keinen Nachfolger habe.“

– Wie das, keinen Nachfolger? Und Platon?
– Eben. Das fragt mich auch der heilige Petrus. Ich antworte auf der Stelle: „Platon? Sie wissen doch, sein Ruhm ist übertrieben.“
– Sokrates, das haben Sie gesagt?
– Das habe ich gesagt.
– Aber auch darüber sagen die Historiker der Sorbonne nichts.
– Um so schlimmer für sie.
– Aber das ist unerhört!
– Es ist besser so. Die Philosophie gewinnt dabei nichts.
– Ich bin bestürzt. Ich bin entehrt. Ich bin lächerlich gemacht.
– Warum, Guitton? Jeder kann sich täuschen.
– Ich habe vierzig Jahre lang Albernheiten erzählt.
– Sagen wir, erbauliche Geschichten.
– Sokrates, wir sind Esel.
– Wenn Sie so wollen, Guitton, aber doch sehr, sehr gelehrte Esel. Dazu könnten Sie sicher vieles sagen.
– Soviel wie unsere Ohren lang sind, Sokrates.

Sokrates lacht aus vollem Herzen. Ich war bestürzt.

– Sie lachen? Das ist tragisch. Welche Enttäuschung! Oh! Die Begegnung zwischen Sokrates und Platon … Die große Philosophenfreundschaft! Im Gedanken daran habe ich fast geweint. Das war mein Glanzstück, und alle meine Studenten vergossen pünktlich ihre Tränenströme.
– In diesem Punkt war Ihre Vorlesung einwandfrei. Unsere erste Begegnung war sehr gut, sogar rührend. Erst später hat sich alles verschlechtert.
– Kurz, Sie sagen dem heiligen Petrus, dass Platon nichts taugt. Und waren Sie davon überzeugt?
– Leider ja. Ich fügte hinzu: „Ein brillanter Junge, dieser Platon, aber sein philosophisches Talent wurde vom Virus

der Politik verdorben. Er hat nicht gebracht, was ich von ihm erwartet hatte. Er hätte ein großes Buch schreiben können, zum Beispiel: *Die Philosophie des Sokrates.* Aber er war zu stolz, zu sehr auf seine eigene Person bezogen."

– Das hat Sie noch tiefer hineingeritten. Wie ich ihn kenne, hat Sie der heilige Petrus noch ein bisschen geschubst, um zu sehen, wie weit Sie gehen würden.
– Genau. Er sagte mit humorvoller Miene: „Trotzdem voller Ideen, dieser junge Platon." Ich antwortete heftig: „Finden Sie eine einzige, die nicht von mir stammt. Er wollte meine Gedanken in Musik verwandeln. Leider habe ich den Eindruck, dass er kein guter Interpret ist." Der heilige Petrus: „Also war Platon Ihr Ghostwriter." Ich antwortete: „Weiter nichts, heiliger Petrus, weiter nichts."
– Au, au, au! Und dann?
– Das Fegefeuer. Ohne weitere Fragen.
– Das ist schrecklich, was Sie mir da sagen. Und bis zum Weltenende?
– Bis zum Weltenende. Außer wenn …
– Ich weiß, ich weiß. Und wann ist das, das Weltenende?
– Wer weiß das schon?
– Bis zum Weltenende … Für ein bisschen intellektuellen Stolz. Das ist stark übertrieben.
– Man hat mir gesagt, das wäre das Nonplusultra in Sachen Sünde.
– Aber wie sind Sie dann der Hölle entkommen?
– Ich habe den Monotheismus vertreten. Manchmal betete ich nächtelang. Ich hoffte auf ein Heil von oben. Aber was mich wirklich vor der Hölle bewahrt hat, war, dass ich Heide war.
– Oh …
– Wenn ich Christ gewesen wäre, wäre ich abgestürzt.
– Sicher?
– Sicher.
– Das ist erschreckend.

– Das ist die Gerechtigkeit Gottes.
– Und wo ist seine Barmherzigkeit?
– Darauf sollten Sie vertrauen.
– Ich muss wohl.
– Also sind Sie einverstanden, Guitton?
– Womit?
– Dass Sie im Himmel für mich bitten.
– Wenn ich dahin komme.
– Doch, Sie kommen hinein. Sie sind doch nicht stolz, nicht wahr?
– Ich hoffe, nicht.
– Eitel?
– Noch weniger …
– Sie haben Recht. Das ist der Stolz der Dummen. Und der Geist der Vaterschaft?
– Ich habe keine Kinder.
– Darum geht es hier nicht.
– Und ich habe auch keinen Nachfolger.
– Sind Sie ganz sicher?
– Ich sollte es wissen.
– Williatte?
– Er ist mein ausgezeichneter Biograph, andere Ambitionen hat er nicht.
– Und Hude?
– Ich würde anerkennen, dass er mein Nachfolger ist, wenn er anerkennt, dass ich sein Vorgänger bin. So steht es zur Zeit.
– Monsignore Tshibangu?
– Ein kraftvoller Geist, aber er hat von der Philosophie zur Theologie gewechselt.
– Und der Kerl, der in der Sorbonne eine Doktorarbeit über Sie geschrieben hat? Ich habe seinen Namen vergessen.
– Ich auch. Er hat seine Arbeit nicht veröffentlicht. Vielleicht schämt er sich meiner.
– Wenn Sie es sagen.

– Immerhin, Sokrates, diese Geschichte mit Platon, fast nicht zu glauben.
– Meinen Sie, dass man daran glauben sollte?
– Im Paradies sind keine Lügner.
– Ja, aber im Fegefeuer?
– Woher soll ich es wissen? Aber erinnern Sie mich doch an den dritten Grund.
– Grausame Ironie.
– Grausam? Sie hätten gespottet?
– Wer weiß?

Sokrates brach in Lachen aus. Ich war gekränkt.

– Guitton, seien Sie nicht beleidigt. Erzählen Sie mir lieber von Herrn Pouget.
– Sie wollen sagen: vom Abt Pouget, dem Blinden der Rue du Bac?
– Ja, über den Sie das unvergessliche Porträt verfasst haben. Ich habe es im Fegefeuer gelesen, als es herauskam. *Porträt von Herrn Pouget.* Das ist ein Buch. Selbst Albert Camus hat Sie dazu beglückwünscht. Vier Seiten! Auch im Fegefeuer kann man sich über die philosophischen Neuerscheinungen informiert halten. Die Beschreibung der edlen Figur Ihres Maître hat mich gerührt.
– Oh, mein Maître …
– Wie, Pouget war nicht Ihr Maître?
– Natürlich nicht.
– Aber Sie haben doch dies Buch über ihn geschrieben?
– Sicherlich. Aber das war ein literarisches Spiel, eine Erfindung. Pouget hatte kaum zwei klare Gedanken. Er ist ein armer alter Mann, dem ich meine Ideen in den Mund gelegt habe. Er hat mir zur Wiedergabe meiner Gedanken gedient. Aber ich muss zugeben, dass seine Persönlichkeit in meinem Buch einen gewissen Wahrheitsgehalt besitzt.
– Und das alles wollen Sie dem heiligen Petrus erzählen?

– Natürlich. (Und ich fügte hinzu, indem ich ihn ansah:) Wenn es die Wahrheit ist.
– Was wollen Sie damit sagen? fragt Sokrates lebhaft. Oder hätten Sie sich lustig gemacht?
– Wer weiß? sagte ich. Sie sind nicht der einzige Ironiker.
– Also, sagen wir: fünfzehn beide.

Und wir brachen in Lachen aus. Glücklicherweise konnte man uns nicht hören.

– Guitton, was halten Sie vom Internet?
– Die Technik ermöglicht die Existenz reiner Begriffe. Schon heute hat jeder Mensch praktisch sofort Zugang zu allen offenen Informationen aller anderen Mitglieder der menschlichen Gemeinschaft. Morgen können Sie auf einer Magnetkarte für hundert Franc die gesamte Bibliothek des Kongresses speichern. Für fünfzig Centimes können Sie dann diese Karte an jedem Bankautomaten laden und auf den neuesten Stand bringen. Auf einer weiteren Karte haben Sie alle Informationen, um sich sofort überall zurechtzufinden und alles abzufragen, was Sie interessiert.
– Welche Konsequenzen ergeben sich daraus?
– Enorme Konsequenzen, Sokrates. Nehmen Sie die Philosophie. Was war früher ein „wahrer Philosoph"? Ein Original wie Sie, Sokrates, der seine Tage damit zubrachte, mit dem ersten Besten in den Straßen Athens zu plaudern. Das war Spinoza, der seine astronomischen Linsen schliff und währenddessen seine *Ethik* verfeinert hat. Das war Pascal, der in seinen freien Stunden die Rechenmaschine erfunden hat. Das war Descartes, der über seine Philosophie nachdachte, während er im kaiserlichen Heer, das seine Kriege nur in der einen Hälfte des Jahres führte, seinen Schuss abgab. Heute hätte die Sorbonne sie alle durchfallen lassen, und Sie, Sokrates, zuerst.
– Und Nietzsche, Genieblitze in einem irrenden Leben.

– Der Geist ist frei und lebendig, Sokrates. Blaise Pascal als Beamter eines wissenschaftlichen Forschungsinstituts, das ist, als würde man die Luft der Bergesgipfel in Konservendosen verkaufen. Stellen Sie sich Ronsard vor, den Dichter der Liebe, Schützling von König Karl IX. Heute wäre er Beamter Nr. 37825 im Nationalinstitut der schönen Künste, Abteilung Poesie, Unterabteilung Sonette, Labor Nr. 4, usw. Er hätte lauter Albernheiten geschrieben, ehe er sich aus dem Fenster gestürzt hätte.
– Das ist sicher.
– Sokrates, wer ist heute ein „wahrer Philosoph"? Ein Professor der Geschichte der Philosophie, als wäre die Philosophie nichts anderes als eine alte Geschichte. Oder als wären die Philosophiebücher heilige Texte, vom absoluten Geist geschrieben.
– Der Vergleich ist gut, Guitton. Das fing schon zu meiner Zeit an. Deswegen habe ich mich auch geweigert, zu schreiben.
– Wenn wir eine Ungereimtheit bei Hegel lesen, zerbrechen wir uns den Kopf darüber, was das Absolute damit wohl hat sagen wollen.
– So ist es, Guitton, das Absolute ist unfehlbar, und Hegel ist sein Prophet.
– Das ist heute der *sacrificio dell'intelletto.* Im Gegensatz dazu hat der Papst immer Unrecht und die Bibel auch. Zwangsläufig.
– Guitton, im Fegefeuer habe ich mir gesagt: wenn man denkt, dass ein Buch von Gott inspiriert sei, dann sagt man damit, dass die anderen Bücher es nicht sind. Wenn man aber denkt, kein Buch sei von Gott inspiriert, dann sagt man damit, dass alle Bücher von Gott inspiriert sind (außer die, von denen gesagt wird, sie seien inspiriert).
– So ist es, Sokrates. Eine Sache entsteht aus ihrem Gegenteil. Nehmen Sie die Demokratie. Sie beruht auf dem Prinzip der Wahl. Wenn man aber das Wahlprinzip auf

alles anwendet und zum Beispiel auch die Richter wählt, dann wird eine Herrschaft auf Wahlbasis unmöglich.

– Also, Guitton, was wäre dann Ihrer Meinung nach die Grundlage der Laizität im Abendland?

– Darüber gibt es gar keinen Zweifel, Sokrates. Es ist der Papst.

– Hat das Joseph de Maistre gesagt?

– Nein, es war Auguste Comte. Er war zwar Atheist, aber er sah viele Dinge ganz klar. Auch einer, den die Sorbonne nach seinem Tod verehrt, nachdem sie ihn hat verhungern lassen.

– Guitton, ich weiß nicht, ob man da die Sorbonne anklagen soll. Das Problem ist allgemeiner. Es ist die bürgerliche Denkweise. Ähnlich werden auch die Künstler behandelt.

– Was ist ein Bourgeois? Ich bin zum Beispiel ein Bourgeois. Fast mein gesamtes Publikum sind Bourgeois. Man sollte von der Bourgeoisie nicht schlecht reden … Sokrates, was ist denn eigentlich die Denkweise der Bourgeoisie?

– Die Erschöpfung der Seele im Frieden und das Dahinsiechen der Politik, die Verbissenheit des Wirtschaftskrieges, das soziale Minimum und die kulturelle Skepsis, die über alles lächelt, zu Füßen der alles überragenden Wahrheit: „der Allmacht, der Allwissenheit, der Allgültigkeit des Geldes".

– Hat Marx das gesagt?

– Nein, Guitton, es war Honoré de Balzac.

– Das wundert mich nicht, er ist noch viel umstürzlerischer.

– Ja, aber er war besser rasiert und hat sich ein falsches Adelsprädikat zugelegt. Deshalb dürfen ihn auch Ihre wohlerzogenen jungen Leute mit zwölf oder dreizehn Jahren schon lesen.

– Sie sind ein echter Revolutionär, Sokrates. Ich wundere mich nicht mehr, dass man Ihnen den Schierlingsbecher gegeben hat.

– Guitton, was denken Sie vom Kastenwesen?

– Sie werden mir sagen, dass es in Paris im 20. Jahrhundert praktiziert wird. Fragen Sie meine Leserschaft, was sie davon hält.
– Es scheint, dass Sie sich privat wesentlich deutlicher ausdrücken.
– Wer hat Ihnen das gesagt?
– Chevalier.
– Was? Ist der junge Chevalier gestorben?
– Nein, er sitzt unten im Kirchenschiff.
– Wie haben Sie dann mit ihm gesprochen?
– Die Geschichte ist ziemlich außergewöhnlich.
– So wird es sein. Kurz, Chevalier hat mich verraten?
– Er hat von Guitton immer mit Respekt gesprochen.
– Es geht nicht um den Respekt. Es geht um Diskretion und um Politik. Der Junge weiß nicht, wie man einem Buch zum Erfolg verhilft.
– Wie macht man das?
– Ein gutes Thema, Erfahrung, originelle Ideen, ein gewitzter Verleger und etwas Politik.
– Politik?
– S.w.n.
– S.w.n.? Verstehe ich nicht.
– Natürlich, Sokrates, Sie gehen ja auch kaum mehr in die Apotheke.
– Nicht mehr oft.
– Wenn Sie das nächste Mal hingehen, dann lesen Sie die Zusammensetzung der Arzneien auf den kleinen Schachteln. Sie werden immer die Worte finden: Grundmasse: s.w.n., soviel wie nötig (auf französischen Arzneischachteln: q.s.p., quantité suffisante pour).
– Also, Politik, s.w.n.?
– So ist es.
– Alles gesagt.
– Alles.
– Sagen sie es dem heiligen Petrus.

– Wir sind vom Thema abgekommen. Wo waren wir?
– Ich weiß nicht mehr. Ich glaube, wir sprachen von den Philosophen und der Geschichte der Philosophie.
– Jetzt bin ich wieder dabei, Guitton. Die Philosophen können nicht leben, ohne über die großen Werke der philosophischen Tradition nachzudenken.
– Sicher, Sokrates, aber das ist nicht die Frage. Es geht darum, ob die Philosophie in erster Linie die Auslegung ihrer eigenen Tradition ist. Ich sage, wenn sie nur das tut, dann ist sie tot. Die Philosophie ist eine lebendige Reflexion über Dinge, die außerhalb von ihr selbst liegen: die Politik, die Religion, die Wissenschaft, die Moral, die Wirtschaft, die Existenz usw. Die Leute stellen Fragen und brauchen Antworten. Keine Einzelwissenschaft hat eine ausreichende Antwort. Also brauchen wir eine Reflexion und eine übergreifende Disziplin am Knotenpunkt all dieser Fragen: eben die lebendige Philosophie.
– Und die alten Philosophen?
– Man liest sie immer wieder, um auf neue Ideen zu kommen, und man ehrt sie für die Ideen, die sie nicht hatten, aber die wir ohne sie auch nicht gehabt hätten. Ein großer Philosoph ist ein Klassetyp, der das Genie hatte, einen so zu beeinflussen, dass man auch geniale Ideen hat, und der alle folgenden Generationen geniale Ideen haben lässt. Aber die Tradition allein ist so dumm wie eine Reibfläche ohne Streichholz. Sie produziert nur Kommentatoren und Bücherwürmer.
– Was ist ein Bücherwurm?
– Jemand, der zwanzigtausend Bücher gelesen und hunderttausend durchgeblättert hat und der weiß, wo sich die kleinste Belanglosigkeit finden lässt, die etwas mit seinem Spezialgebiet zu tun hat.
– Und was ist dabei das Internet?
– Das ist das Heil der Philosophie, Sokrates, denn es ist das Ende der Bücherwürmer. Jedem meditativen Geist wird

bald ein elektronischer Sklave zur Verfügung stehen, der so viel leistet, wie ein Regiment von Spezialisten. Die Bücherwürmer haben ausgedient. Verduftet. Abgeschafft. Annulliert. Wie die Zugochsen, seit es Traktoren gibt.

– Guitton, verführen Sie mich nicht zu falscher Vorfreude.

– Das ist keine falsche Vorfreude, Sokrates. Ich glaube, wir können wieder hoffen. Die Technik kann auch befreiend wirken. Stellen Sie sich vor, sie wollen ein Problem untersuchen. Das Internet stellt Ihnen sofort 11.358 Referenzen in 35 Sprachen zur Verfügung. Die durchschnittliche Dauer der Aufarbeitung des gesamten Vorgangs beträgt zwanzig Jahre reine Arbeitszeit. Mit den gegenwärtigen Arbeitsnormen und der Gewissenhaftigkeit der Spezialisten ist dies nicht mehr machbar. Also: erstens, die Technik gestattet die augenblickliche Mobilisation des gesamten existierenden intellektuellen Kapitals; zweitens, die Zunahme der Anzahl der Autoren und die dauernde Anhäufung ihrer Schriften führen dazu, dass die Menge des zu sichtenden Materials über das kleinste Problem Ausmaße annimmt, die kein Mensch mehr bewältigen kann; drittens, die Fortschritte bei der Entwicklung elektronischer Speichermöglichkeiten machen die spezialisierte Lern- und Gedächtnisarbeit unnötig. Die einzigen raren und unersetzbaren Ressourcen sind: Intuition, Kritik, Meditation, die Synthese und die Erfindung von Neuem. Mit Hilfe der Technik heilen wir die Anhäufung von Material durch ein Übermaß an Anhäufung. Wir heilen das Übermaß der Spezialisierung durch das Übermaß der Spezialisierung selbst.

– Außer, Guitton, wenn wir zu einem Prozess der Überspezialisierung übergehen.

– Auf diesem Gebiet, Sokrates, gibt es eine Grenze, die sehr schwer zu überschreiten ist, ohne dass man lächerlich und unbedeutend wird. Es bleibt immer wahr, dass die Kenntnis eines Ganzen auf der Kenntnis seiner Elemente beruht und dass umgekehrt die richtige Beurteilung der Elemente auch vom Verständnis des Ganzen abhängt. Ohne Analyse bleibt die Synthese oberflächlich und vage. Aber ohne die Fähigkeit zur Synthese führt die Analyse zur Verdummung. Somit annullieren die Fortschritte der Spezialisierung und der Technik das Prestige der Spezialisierung und der Gelehrsamkeit.

– Die Weiterentwicklung der Krankheit hat das Heilmittel hervorgebracht.
– Genau.
– Vielleicht haben Sie Recht.

Gespräch mit Sokrates

– Guitton, als ich heute früh das Fegefeuer verließ, um Sie zu besuchen, und am Paradies vorbeiging, habe ich den Philosophen Maurice Blondel gesehen. Er bat mich, Sie zu grüßen. Ich wusste nicht, dass Sie Blondel kennen.
– Als ich dreiundzwanzig war und meine Aggregation hinter mir hatte, habe ich mich nach dem Thema für eine These umgesehen. Als mir lange nichts einfiel, sagte ein Freund zu mir: „Warum holen Sie sich nicht einen Rat bei Maurice Blondel?“ Er war einer der tiefsten und aufrichtigsten französischen Denker des 20. Jahrhunderts. Er philosophierte friedlich auf den Hügeln von Aix-en-Provence, wie einst Cézanne dort gemalt hatte, glücklich und unerkannt. Er alterte dort und war erblindet, wie einst der Seher Kalchas. Er starb als Heiliger. Es wundert mich nicht, dass er im Paradies ist.
– Sie haben ihn damals besucht.
– Mit meinem kleinen eisernen Koffer, der es mir ermöglichte, auch in überfüllten Zügen einen Sitzplatz zu haben. Die Züge waren damals immer überfüllt, auch auf Fernverkehrsstrecken. Ich weiß nicht, wo der Koffer hingekommen ist, ich finde ihn nicht mehr. Ich habe ihn viel-

leicht Barbapoux geliehen und er hat ihn nicht zurückgegeben.

– Und Blondel?

– Kommen wir zu ihm. Nach dem Essen gingen wir in der Platanenallee spazieren, die zu seinem Anwesen führt. Wir gingen hinauf und wieder hinab. Von Zeit zu Zeit streichelte er einen seiner Enkel, der aus einer Gehölzgruppe auftauchte.

– Was sagte er zu Ihnen?

– Folgendes: „Mein Freund, verbringen Sie Ihre besten Jahre nicht mit einer künstlichen Arbeit. Untersuchen Sie nichts, was nicht mit der Grundlage Ihres inneren Wesens harmoniert. Kümmern Sie sich nicht um akademische Formalismen." Ich fragte ihn: „Aber was ist eine These?" Er antwortete: „These = Position. Wenn es sich nicht nur um eine belanglose Übung handeln soll, kann das Thema Ihrer These nur eine Standortbestimmung im Sein und im Leben sein. Sie suchen nicht das Thema für eine Übersetzung ins Lateinische. Sie suchen die Ausrichtung Ihres Lebensweges hin zur Wahrheit." Und er schwieg. Dann hörte er mir zu.

– Was haben Sie zu ihm gesagt?

– Ich kann mich nicht mehr daran erinnern. Mehrere Stunden lang breitete ich die schlammigen Fluten meiner Seele vor ihm aus.

– Er hörte Ihnen zu.

– Ohne etwas zu sagen. Der Tag verdunkelte sich am Horizont, während es in meinem Inneren heller wurde. Schließlich war es wie bei Homer; „Die Sonne ging unter und die Pfade versanken im Schatten". Wir kehrten ins Haus zurück. Auf der Terrasse brach er das Schweigen, sah mich gütig an und sagte einfach: „Das Thema Ihrer These, mein Kleiner, ist die Zeit und die Ewigkeit."

– Und dann?

– Das war das Thema meiner These. Und seit siebzig Jahren denke ich darüber nach. Verstehen Sie jetzt?

– Und wie! Das war ein Maître!
– Ich habe im Paradies auch den Kardinal Newman getroffen.
– Wann war das?
– Ich sprach gerade mit Blondel, da kam Newman hinzu, in der *capa magna,* und diskutierte liebenswürdig mit uns. Er war voller Humor. Das ist ein intelligenter Mensch! Sie werden ihn ja sehen! Unglaublich, wie man auch im Paradies noch englisch und oxfordisch bleiben kann. Der Charakter einer Persönlichkeit verändert sich dort nicht.
– Das ist offensichtlich. Hat er von meiner These aus dem Jahre 1935 gehört?
– Ihrer These über die Ewigkeit?
– Nein, die über ihn, über die Evolution und die Entwicklung.
– Aber haben Sie dann keine These über die Ewigkeit geschrieben?
– Damals hat man in Frankreich zwei Thesen geschrieben, die große und die kleine. Meine große handelte von *Die Zeit und die Ewigkeit bei Plotin und dem heiligen Augustin.* Meine kleine handelte von *Die Entwicklung bei Newman.*
– Ich verstehe. Also, was sagten Sie?
– Hat er davon gehört?
– Er hat nichts davon erwähnt.
– Das ist ja unglaublich. Und worüber sprach er? Über die Frömmigkeit?
– Nein, über Philosophie. Er hat mit erzählt, dass er gerade die These von Jean Wahl über *Der Augenblick bei Descartes* gelesen habe.
– Das ist unmöglich. Er kannte Wahls These, aber meine kannte er nicht.
– Man muss zugeben, die von Wahl ist eine erstaunliche Arbeit. „Was man nicht alles ertragen muss“, dachte ich für mich.
– Wie bitte?

– Nichts. War das alles, was er sagte?
– Er wusste, dass Blondel und ich hinabstiegen, um Sie zu sehen. Er fragte uns, worüber wir mit Ihnen sprechen wollten. Blondel antwortete, er würde Ihnen eine Frage stellen.
– Welche Frage, Sokrates? Sagen Sie's mir. Endlich einmal wäre nicht ich es, der die Fragen stellt.

Er schaute auf seine Uhr.

– Leider muss ich gehen. Wir haben zu lange geschwätzt!
– Sie verlassen mich schon? Bleiben Sie noch ein wenig. Sie sagten, Newman würde mir eine Frage stellen?
– Nein. Nicht Newman, sondern Blondel.
– Aber Blondel ist kein Kardinal!
– Was heißt das? Ich bin auch kein Kardinal.
– Ja, aber Sie, Sokrates, Sie sind ein sicherer Wert. Blondel war ein sehr großer Geist, sogar ein Heiliger, aber er konnte sich nie ins richtige Licht stellen. Schauen Sie hinunter. Von allen, die um mich versammelt sind, kennt vielleicht einer von zehn den Namen Blondel, wenn nicht noch weniger. Einer von zehn. Mehr nicht. Philosophisch war Blondel überlegen, aber politisch war er null. Verstehen Sie. Null.
– Was heißt das?
– Alles, was wir hier sagen, wird man auch einmal dort unten wissen.
– Vielleicht.
– Sicher. Alles kommt einmal heraus. Meine Zeit ist begrenzt. Ich kann nur Personen empfangen, die weltweit bekannt sind. Und ich muss mir überall Freunde machen. Mich nicht zu sehr mit den Katholiken zeigen.
– Aber Sie sind doch Katholik, oder nicht?
– Natürlich, aber das darf nicht zu offensichtlich sein. Die Katholiken kaufen natürlich meine Bücher. Notgedrungen. Deshalb sind es die anderen, auf die es ankommt.

Verstehen Sie, der arme Blondel hat sich nicht genügend distanziert, er war zu fromm.

– Nicht kritisch genug?
– Doch, doch, sonst wäre er ja kein Philosoph. Das ist nicht die Frage. Es geht um die Form, nicht um die Substanz. Sehen Sie, er starb 1950 mit einem Spitzbart, wie man ihn 1890 trug. Einen Spitzbart! Wollen Sie, dass ich mit einem Spitzbart spreche?
– Das scheint mir für eine philosophische Debatte von untergeordneter Bedeutung zu sein.
– Es geht nicht um die Debatte, es geht um das Publikum. Die Empfindlichkeit des Publikums. Von diesem Standpunkt aus ist das Wesentliche der Erfolg. Und der Erfolg hängt nicht von der Substanz ab, sondern vom Drumherum. Der Spitzbart ist ein redhibitorisches Akzidens. Sie müssen modern sein, Sokrates, modern.
– Aber Blondel …
– Bestehen Sie nicht darauf. Ich habe die Verpflichtung, egoistisch zu sein. Die Förderung der guten Sache hängt von der Förderung der Personen ab, die die gute Sache auch nach außen vertreten können. Ich, zum Beispiel.
– Ihr spezielles Interesse kommt noch vor dem allgemeinen Interesse.
– Besser kann man es nicht sagen. Ich habe kein Interesse, Blondel zu empfangen. Meine Verlage sagen mir, dass es in meinem Interesse liegt, den Geruch der Sakristei zu meiden. Außerdem ist er auch ein Konkurrent. Wenn Blondel kommt, dann sagen Sie ihm, ich sei nicht da. Versuchen Sie lieber, Newman kommen zu lassen. Das würde den Übersetzungen ins Englische gut tun.
– Guitton, Blondel hat zu mir gesagt (auf altgriechisch, Sie kennen seine Bildung und seine Feinfühligkeit): „O Sokrates, vergessen Sie nicht, meinem Freund Guitton zu sagen: Armer Irrer, denke an deine Seele und suche herauszufinden, warum sie unsterblich ist.“

– Er hat Ihnen diese Frage an mich gestellt?
– Ja, auf Griechisch. Und auch ich stelle Sie Ihnen: Guitton, ist die Seele unsterblich?
– Sie haben an dem Tage, als Sie den Schierlingsbecher tranken, mit Phädon, Zebes, Simmion und Ihren anderen Freunden darüber gesprochen. Was soll man dem noch hinzufügen? Außerdem, Sie sind nun dort oben, Sie wissen aus Erfahrung, dass die Seele unsterblich ist. Warum fragen Sie mich das?
– Guitton, es ist nicht wegen mir, es ist Ihretwegen, dass ich diese Frage stelle.
– Sie glauben also, dass ich mich davon überzeugen sollte?
– Ja.
– Warum?
– Weil Sie kein Heiliger sind.
– Und wenn schon?
– Sie sehnen sich nicht nach der Ewigkeit. Sterben und tot sein, das bedeutet immer noch am Leben hängen. Was noch an Sünde in Ihnen steckt, hat eine starke Affinität zum Tod.
– Woher wissen Sie das?
– Weil ich, nachdem ich mich vollständig von der Unsterblichkeit überzeugt hatte, mit der Gewissheit des Nichts gestorben bin.
– Genau so bin ich auch.
– Nicht die Klarheit fehlt Ihnen, Guitton, sondern die Hoffnung.
– Nicht die Vernunft zieht uns hin zur Sicherheit des Nichts, sondern das große Gewicht der Verzweiflung.
– Was kann man dagegensetzen? … Aber halt, ich sehe Blondel auf der anderen Seite des Ganges.
– Pst! Er hat uns nicht gesehen.

Sokrates rief laut nach Blondel:

– Blondel! Hallo! Blondel!

– Was fällt Ihnen ein? Ruhe bitte!

Blondel hielt an und hob den Kopf. Und Sokrates schrie noch lauter:

– Blondel! Hallo! Blondel!

Ich versuchte ihn zum Schweigen zu bringen.

– Seien Sie still! Seien Sie still! Sie stören den Gottesdienst.

Aber es war nichts zu machen. Und was kommen musste, geschah. Blondel drehte sich um, sah uns und kam herüber zu uns.

– Das war nicht besonders schlau. Jetzt kommt er zu uns. Das Unglück ist geschehen. Bleiben Sie wenigstens bei uns, als Gegengewicht. Wir müssen zu mehreren sprechen, wie stehe ich sonst da?
– Blondel, hier ist Guitton, der unbedingt mit Ihnen unter vier Augen sprechen wollte.
– Der liebe Jean. Sie verlassen uns, Sokrates?
– Ich hatte nur eine Stunde Urlaub.
– Bleiben Sie doch, Sokrates, bat ich ihn.
– Ich lasse Sie allein, sagte er. Auf bald.

Er entfernte sich. Ich lief ihm nach, auf meinen Stock gestützt, hinkte ich zur Wendeltreppe, wo ich ihn einholte, und flüsterte ihm ins Ohr:

– Bleiben Sie doch, Sokrates. Sie wissen doch, beim Gespräch über die Unsterblichkeit der Seele muss ein Heide dabei sein, damit es laizistischen Charakter hat. Sie müssen die katholischen Antworten geben und ich muss den Freidenker spielen. Nur so wird das Buch ein Erfolg. Sonst sagen alle, das klingt nach einer Predigt! Und wenn Sie nicht dabei sind, werde ich im Eifer der Konversation Dummheiten sagen.
– Wahrheiten.

– Das ist doch dasselbe. Bleiben Sie.
– Denken Sie daran, um was ich Sie gebeten habe. Legen Sie Fürsprache für mich ein, wenn Sie oben ankommen.
– Hoffen wir, dass ich so weit komme.
– Lassen Sie sich gehen. Denken Sie an Ihre Seele.
– Leider, leider.
– Zu Gott, Guitton.
– Adieu, Sokrates.

Er drückte mir die Hand. Mehr tot als lebendig ging ich zurück zu Blondel.

– Jean, lassen Sie mich sofort zur Sache kommen. Ich möchte, dass Sie mir sagen, warum Sie an die Unsterblichkeit Ihrer Seele glauben.
– Schade, dass Sokrates uns verlassen musste. Er kennt das Thema.
– Es ist besser, wenn er nicht dabei ist. Es ist nicht mehr sein Problem, es ist Ihres.
– Es ist ein Thema, das ich weniger untersucht habe. Es interessierte mich nicht besonders. Führen Sie die Unterhaltung. Ich gebe die Antworten.
– Wie Sie wollen. Warum interessierte Sie die Frage der Unsterblichkeit weniger als andere Fragen?
– Weil ich mich mehr dafür interessierte, das gegenwärtige Leben zu genießen.
– Aber Sie waren der Denker der Ewigkeit.
– Das war in der Zeitlichkeit mein Beruf geworden. Bald wird es nicht mehr meine Berufung sein, sondern meine Berühmtheit.
– Sie sind sehr streng gegen sich selbst, Jean. Ihre Gründe finden meine Zustimmung nicht. Die Erklärung lässt noch zu wünschen übrig. Suchen Sie weiter.
– Sie zwingen mich, mich tief in mein Inneres zu versenken. Wenn ich meinem Instinkt folge, glaube ich an die Seele. Gott und ich, so sagte Newman, sind die zwei großen

Lichter in der Nacht. Ich weiß nicht, was ich vom Körper und von der Materie denken soll. Wenn ich mich gehen lasse und meiner natürlichen Neigung folge, denke ich, wie Berkeley, dass die Materie gar nicht existiert, außer als eine Dispersion der Seele. Ich habe Plotin, Leibniz und die Tradition der französischen spiritualistischen Gedankengänge, die von de Maine de Biran zu Bergson und zu Ihnen, Blondel, reicht, eingehend studiert. Voltaire hatte Recht. Die Materie ist genau so schwer zu verstehen wie die Seele, vielleicht noch schwerer. Man gewinnt nichts dabei, wenn man Materialist ist. Man tauscht nur etwas Dunkles gegen etwas noch Dunkleres ein.

– Sie neigen zum Panpsychismus.[10]

– Ja, aber ich glaube nicht allzu sehr daran. Man muss den Unterschied zwischen Physis und Psyche irgendwie erklären und trotz allem irgendeine Verbindung finden. Ich liebe es nicht, Systeme zu entwerfen. Das ist eine Schwäche, wenn man Schule machen will.

– Ich habe den Eindruck, dass Sie an die Unsterblichkeit der Seele glauben, weil Sie nicht wirklich an die Materie glauben.

– So weit würde ich nicht gehen, Blondel. Als ich fünfzig Jahre alt war, waren Le Senne und Lavelle große philosophische Berühmtheiten. Einmal waren sie bei Aubier, ihrem Verleger, der auch meiner war, zum Essen. Aubier hat mir die Wohnung vermietet, in der ich vierzig Jahre lebte und wo ich auch gestorben bin. Dort haben wir zusammen gegessen. Ich erinnere mich noch gut an die Mahlzeit. Le Senne und Lavelle stopften sich den Bauch voll und argumentierten dabei gegen die Existenz der Materie. Ich hatte, wie immer, keinen Hunger. Und da sie berühmter waren als ich, war ich voller Eifersucht.

– Trösten Sie sich, Jean, Ihr Ruhm ist jetzt größer als ihrer.

– Das ist nur so, weil die Zeit für mich gearbeitet hat.

– Sagen Sie mir Ihre Gründe für die Unsterblichkeit.
– Ich erinnere mich, dass ich schon vor siebzig Jahren mit Ihnen über diese Frage gesprochen habe. Damals hat mich Ihre Haltung zu dieser Frage sehr beeindruckt.
– Ich erinnere mich nicht mehr an dieses Gespräch.
– Sie sagten zu mir, Blondel, dass im Hinblick auf diese Frage die Vorbemerkungen von größter Wichtigkeit seien. Wenn man entschlossen ist, die Frage ernsthaft zu stellen, ist sie praktisch schon gelöst. Ehe man sie aber stellt, muss man sie in existentieller Hinsicht behandeln.
– Der Wortlaut einer Frage ergibt nur einen Sinn, wenn eine bestimmte *Erfahrung* zugrunde liegt. Wo keine Erfahrung vorliegt, handelt es sich nur um ein semantisches Problem. Außerdem verlangt die Suche des Wissens ein *Verlangen nach Wissen,* das zu einer Arbeitshypothese führt und zu einer Anstrengung, die die Hypothese verifiziert. Wenn das Verlangen nicht da ist, verliert sich die Idee in der Indifferenz, und wenn die Reflexion trotzdem stattfindet, so führt dies eher zur Verneinung als zur Bestätigung. Was sind nun Ihre Argumente?
– Ich habe mich nicht sehr ernsthaft mit einer Frage befasst, die eine offensichtliche Antwort enthält.
– Also ist Ihrer Meinung nach die Unsterblichkeit der Seele evident?
– Nein, aber sie entspricht logisch einer Wahrheit, die mir sicher zu sein scheint. In diesem Sinne, Blondel, ist sie evident.
– Erklären Sie das.
– Entweder man ist Pantheist, oder man ist Theist. Wenn man Pantheist oder Materialist ist (das ist oft dasselbe), dann denkt man mit größtem Schrecken an *das ewige Schweigen der unendlichen Räume.* Fast im Nichts einer offenbaren Bedeutungslosigkeit aufgehend, glaubt man, dass die Persönlichkeit nichts ist, ein einfacher kleiner Unfall im Universum. Das Absolute hält man für unbe-

wusst und unpersönlich. Das menschliche Wesen ist nur eine kleine Parzelle dieses großen göttlichen und unbewussten Ganzen. Wenn man so denkt, kann dann die Idee des persönlichen Weiterlebens des Individuums einen Sinn haben?

– Keinerlei Sinn, Guitton.

– Aber wenn man denkt, dass es einen persönlichen Gott gibt, dann denkt man auch, dass es nichts Größeres gibt als die Persönlichkeit. Dann ist es die Persönlichkeit, Blondel, die die Existenz alles Übrigen rechtfertigt. Von dem Augenblick an, wo man an Gott glaubt, das heißt an einen persönlichen Gott, wird es vollkommen natürlich, an die persönliche Unsterblichkeit zu glauben. Dann wird sogar der Gedanke des Verschwindens der Persönlichkeit vollkommen unverständlich.

– Auch über diesen zweiten Punkt bin ich mit Ihnen völlig einig, Jean. Was schließen Sie daraus?

– Ich glaubte an einen persönlichen Gott. Deshalb war für mich auch die Unsterblichkeit eine äußerst wahrscheinliche Angelegenheit. Und weil es so war, war es auch nicht notwendig, dafür langwierige Beweise zu erbringen.

– Zusammengefasst, Jean, Ihrer Meinung nach ist die Unsterblichkeit der menschlichen Seele eine einfache Folge oder eine logische Äquivalenz der Existenz eines persönlichen Gottes. Haben Sie dafür noch ein anderes Argument?

– Ja, das Folgende. Für mich gibt es gute Gründe, an Gott zu glauben. Wenn es also jemanden gibt, der weiß, was nach dem Tod mit der Seele geschieht, dann ist es sicherlich Gott selbst. Und Gott sagt uns, dass die Seele nicht stirbt. Ich glaube das. Also glaube ich, dass die Seele nicht stirbt. Versetzen Sie sich in meine Lage.

– Ich folge Ihnen. Die Ungläubigen sagen Ihnen, Jean, das dies kein hinreichender Grund ist.

– Aber ich habe ja meine Gründe, gläubig zu sein.

– Sicherlich. Auch Ihre zweite Begründung ist indirekt. Sie folgt aus dem Glauben und den Gründen für Ihren Glauben.
– So ist es.
– Jean, was sagen Sie zu den Schwierigkeiten, die man hat, sich das Weiterleben der Seele vorzustellen?
– Es ist schon schwierig, sich ihre jetzige Existenz vorzustellen. Auch das Selbstbewusstsein kann man sich nicht vorstellen. Wir sind für uns selbst gegenwärtig. So ist es nun einmal.
– Jean, wie sollte man vor der Schwierigkeit, sich dies vorstellen zu können, nicht erschrecken? Wie lösen Sie dieses Problem?
– Ich stelle mir nichts vor, so einfach ist das. Ich denke an die Liebe. Ich sehe, dass für den, der Gott liebt, das Weiterleben ganz einfach ist: man wird mit Gott vereinigt, den man liebt.
– Lieben Sie Gott?
– Das ist hier nicht die Frage, Blondel. Ich sage, dass diejenigen, die lieben, die besagten Schwierigkeiten nicht haben.
– Viele Leute sagen sich, dass sie nur Würmer sind, ein Schimmel, der die Oberfläche der Erde bedeckt.
– Das ist, weil sie sich zu sehr von außen betrachten und zu sehr auf ihren Körper schauen. Blondel, man muss sich von innen betrachten und sehen. Wer die vielen Falten seines Gedächtnisses durchstreift, dem wird bewusst, dass eine einzige menschliche Seele größer ist als das ganze Universum. Der heilige Augustin hat in seinen Bekenntnissen alles dazu gesagt.[11]
– Und Bergson hat in *Materie und Gedächtnis* alle seine Intuitionen bestätigt. Also?
– Wenn man im Geistesleben eine gewisse Erfahrung erworben hat, Blondel, dann kehrt sich das Problem um. Man findet es ganz normal, dass die Seele den Körper überlebt. Man muss nicht beweisen, dass die Unsterblichkeit exis-

tiert, sondern man fragt sich, wie man die Sterblichkeit beweisen kann. Das ist übrigens nicht möglich. Deshalb hält man sich an die Unsterblichkeit.

– Ist aber der Mensch nicht auch ein Tier?

– Sicherlich, Blondel, aber ein ganz besonderes. Wenn ich ein Tier beobachte, so scheint es mir, dass sich sein Leben vollkommen im Zyklus seiner vitalen Bedürfnisse erfüllt. Der Sinn seines Lebens ist es, seine Existenz zu erhalten, die Art fortzupflanzen und in der ökologischen Ordnung des Universums seinen Platz einzunehmen.

– Und der Mensch?

– Das gilt nicht für den Menschen, Blondel. Er ist *über die Kette gesprungen*. Sicherlich, auch er lebt, bewahrt sein Leben, pflanzt sich fort, dient den Bedürfnissen der Welt und ihren Notwendigkeiten. Aber all dies ist der Erfüllung seines persönlichen Schicksals untergeordnet. Er trachtet danach, über sich hinaus zu wachsen, ohne sich zu zerstören. Alles in ihm weist auf ein Leben hin, das seine Erfüllung nur jenseits der Welt, jenseits des Sozialen, jenseits der Zeitlichkeit findet. Mit hundert Jahren ist er immer noch wie mit zwanzig.

– Er bleibt immer jung?

– Ja, unter der Bedingung, dass er denkt, er habe die Ewigkeit noch vor sich.

– Und diejenigen, die sich alt fühlen?

– Vielleicht glauben sie nicht an die Ewigkeit. Oder fühlen sich dumm wie die Tiere.

– Jean, ich habe mich manchmal alt gefühlt …

– Nein, Blondel. Sagen Sie lieber: erschöpft, müde, krank, geschwächt, alles, was sie wollen. Aber nicht alt.

– Wo also läuft Ihr Gedankengang hinaus?

– Darauf: es gibt im Universum nichts Höheres als die Persönlichkeit. Sie ist kein Zufall. Wenn es einen Sinn in der Geschichte des Lebens gibt, dann ist es der, zu ermöglichen, dass Persönlichkeiten existieren. Diese Persönlichkeiten strecken sich alle nach dem Jenseits und nach der Ewigkeit aus. Aus dieser Perspektive ist die Sterblichkeit der Seele eine Absurdität. Sie stimmt mit nichts überein, außer mit der Versuchung zur Verzweiflung.

– Erklären Sie dies noch besser, Guitton.

– Die Persönlichkeit ist eine Bewegung, die immer weiter vorwärts strebt.

– Innerhalb der Welt?

– Ja, zuerst. Aber dieses andauernde Weiterstreben innerhalb der Welt ist auch das Bild und die Gelegenheit eines unaufhörlichen Fortschreitens auf etwas zu, das über die Welt absolut hinausgeht. Sie haben in Ihrem Buch *Die Aktion* diese Tatsache selbst herausgestellt. Ein außerordentlich gutes Buch, das mich immer fasziniert hat. Ich hätte es nie gelesen, wenn es nicht einen Preis bekommen hätte. Ich habe es während der Sommerferien gelesen, bevor ich in die Klasse kam, in der auch Philosophie auf dem Lehrplan stand. Damals habe ich mir vorgenommen, Philosoph zu werden.

– Es ist eine Tatsache, Jean, dass der Mensch nach dem Jenseits strebt. Das ist keine zufällige Beobachtung. Es ist ein wesentlicher Bestandteil der Struktur des menschlichen Wesens. Vielleicht der grundlegendste. Deshalb kann ich mir einen Menschen nicht vorstellen, der keine Bestimmung hat, nach dem Tode weiterzuleben.

– Es ist vielleicht nicht unvorstellbar, Blondel, aber äußerst absurd. Genauso absurd oder noch absurder, wie ein männliches Wesen in einer Natur ohne Frauen. So absurd wie ein Magen in einem Universum, in dem es nichts zu essen gibt, wie ein Auge in einem Universum ohne Licht, ohne Farben, ohne irgendetwas, das man sehen kann. Aber ist das wirklich dasselbe, und kann man all das auf dieselbe Ebene stellen?

– Jean, wir können den Magen, die Frau, die Farben sehen. Das Jenseits sehen wir nicht. Aber allein das Sehen der

Farben schließt beim Menschen schon das Selbstbewusstsein und die Erinnerung seiner selbst ein. Und dieses Selbstbewusstsein entwickelt sich im Innern dieser fundamentalen Bewegung, die ihn zum Guten hinzieht. In dieser Bewegung sammelt und entfaltet sich unser Geist. In dieser Bewegung zum Guten hin ruft er: *Leider bin ich nicht für diese Welt geschaffen, nichts hier unten stellt mich zufrieden!*

– In Kürze, ist dies der Mensch?

– Ja, Jean. So ist der Mensch. Wer darüber nachdenkt, ist sich sicherer, dass er für die Ewigkeit geschaffen ist, als er mit seinen Augen die Farben der Zeitlichkeit sieht. Woran denken Sie?

– Ich denke, Blondel: wenn man eine Seele hat wie die Ihre, braucht man fast nicht mehr zu argumentieren.

– Jean, was halten Sie von religiösen Philosophien, wo die Erlösung durch die Auflösung der Persönlichkeit stattfindet, durch die Aufhebung des Bewusstseins und das Verschwinden des Individuums?

– Ich frage mich immer, ob diese Philosophie sich nicht in einer Gesellschaft entwickelt hat, die sehr in sich geschlossen ist und sehr arm. Wenn die Person durch die sozialen Zustände zu stark unterdrückt ist, gibt sie es auf, das All zu beherrschen oder die Gesellschaft zu reformieren. Um das Glück zu erreichen, verzichtet sie auf ihre eigene Existenz. Sie sehnt sich nach dem Nichts und will sich auf diese Weise mit dem Einen verbinden. Dasselbe geschieht in zu liberalen und zu reichen Gesellschaften. Man hat keinen Grund mehr, zu kämpfen, zu arbeiten, die Veränderungen in den Griff zu bekommen. Die Persönlichkeit löst sich auf, weil sie kein Hindernis vorfindet, keine Herausforderung, kein Gesetz. Wenn man so weit ist, dass man genießt, ohne zu verzweifeln, sehnt man sich nach dem Nichts.

– Verstehen Sie diese Geisteshaltung?
– Der alte Nihilismus hat seinen Adel. Wenn sich alles im Kreise zu drehen scheint, hat das Sein keine Wirklichkeit mehr, keinen Sinn. Also sucht man jenseits dieses Seins, das nichtig und ohne Sinn ist, noch einen anderen Sinn in einem absoluten Nirwana, das das Sein wäre.
– Das ist recht obskur.
– Wie sollte es auch anders sein? Eine solche Mystik verlangt, Blondel, dass man mit dem ganzen Rest auch die Vernunft aufgibt.
– Was halten Sie von dieser Idee des absoluten Nichts?
– Wenn man dabei stehen bleibt, Blondel, dann ist es ein Irrtum. Wenn man darüber hinaus weiter sucht, kann es ein Weg sein. Bergson hat in der *Schöpferischen Evolution* gezeigt, dass die Idee des absoluten Nichts eine Pseudoidee ist.
– Hat er Sie überzeugt?
– Bergson hat Recht. Die Idee des absoluten Nichts ist eine Fiktion. Aber die Hoffnung, dass es keine Fiktion sei, ist eine Realität.
– Jean, was wollen Sie damit sagen?
– Ich beobachte das Individuum, das das absolute Nichts sucht. Ich sehe, wie es sich mit ganzer Seele auf diesen Weg begibt. Es erlebt ein großes persönliches Abenteuer. Was ist das für ein eigenartiger Widerspruch zwischen der Theorie und dem eigenen Leben! Die Theorie sagt, dass die Persönlichkeit aufhören soll, das Begehren zu erlöschen hat, das Sein sich wie eine Illusion auflösen wird. Aber das Leben selbst zeugt vom Gegenteil. Dieser Mystiker des Nichts will nichts anderes als seine Person retten, sein Sein verewigen, sein absolutes Verlangen stillen. Dadurch scheint er zu bezeugen, dass irgendetwas in ihm an die Unsterblichkeit seiner Persönlichkeit zu glauben trachtet.
– Kann man zwischen diesen beiden Wegen keine Synthese finden?

– Die Systeme schließen sich gegenseitig aus, Blondel. Aber in einem bestimmten Augenblick berührt das geistige Leben eines Theisten beinahe die Idee des Nichts. Das ist der Moment, in dem ein Dialog möglich wird.
– Jean, sind die Menschen widersprüchlich?
– Die Heiligkeit ist paradox. Die Sünde ist Widerspruch. Alles, was nicht heilig ist, trägt den Widerspruch in sich.
– Man möchte eine ewige Seligkeit, und man möchte sie schon in der Zeitlichkeit genießen. Somit möchte man, dass die Zeit zur Ewigkeit wird.
– Das wird nicht möglich sein.
– Also fasst man eine Abneigung gegen die Zeit und möchte sie in der Ewigkeit aufgehen lassen.
– Leider wird auch das nicht möglich sein!
– So ist man zwischen beiden Lehren hin und her gerissen, und so vergeht das Leben. Und schließlich ist das Leben zu Ende, und das ist alles geblieben, was man sich schließlich gewünscht hat.
– Und die Heiligkeit?
– Sie widerspricht den Widersprüchen der Sünde. Sie ist ein Zeichen des Widerspruchs.

– Jean, wie wird Ihr Leben nach dem Tod?
– Hören Sie, Blondel, wir sind so weit! Was soll diese Frage?
– Tun Sie so, als ob es noch nicht so weit wäre.
– Hier unten wird unsere Seele von außen her durch die Sinne wach gehalten. Dort oben, Blondel, wird sie von ihrem tiefsten Grund erweckt, der von der Göttlichkeit erleuchtet ist.
– Und wenn die Göttlichkeit sie nicht erleuchtet?
– Wozu sollte man eine denkende Seele schaffen und sie, ohne dass sie denkt, ewig leben lassen?
– Aber, Jean, Gott könnte sie ja vernichten?
– Ist das die Art Gottes?
– Der Glaube sagt, nein. Aber was sagt die Philosophie?

– Die Wege Gottes sind unerforschlich. Beim Vorgang des Sterbens bleibt, auch wenn man sicher ist, weiter zu leben, ein Teil Verzicht übrig. Die Hingabe an Gott. *In deine Hände, o Herr, gebe ich meinen Geist.*
– Was ist Ihre endgültige Schlussfolgerung?
– Folgendes, Blondel: dass die Seele unsterblich ist, wenn sie Gott nicht vernichtet, und dass sie im Jenseits fortfährt zu denken, wenn Gott zu ihr spricht und sie erleuchtet. Wenn es einen persönlichen Gott gibt, kann man darüber so sicher sein, wie es nur irgendwie möglich ist.
– Die menschliche Person ist eine Einheit von Seele und Leib. Heißt das, dass nach dem Tod nicht der ganze Mensch weiterlebt?
– Das ist mir zu hoch.
– Daher kommt die Idee der Auferstehung des Fleisches, die die menschliche Einheit wiederherstellt und die individuelle Ganzheit verbürgt.
– Das ist der Glaube der Theologie.
– Mögen Sie die Theologie nicht?
– Ich bin Philosoph.

Nach dieser Antwort stellte er mir keine Fragen mehr. Ich schaute hinunter zum Zelebranten am Altar. Er hatte gerade den Altar und meinen Sarg beräuchert und war nun bei der Waschung der Hände. Ich beobachtete eine Weile den Ablauf des Ritus. Als ich die Augen hob, war Blondel nicht mehr da. Ich war über sein Fortgehen erleichtert. Aber ich war auch zufrieden. Wenn wir nach all dem wirklich unsterblich wären? Da ich mich etwas entspannen musste, machte ich wieder die Runde im Kirchenschiff.

Wie mir meine Frau Gelassenheit gibt

Ich hörte, wie zwei Unbekannte miteinander redeten. Es ist verblüffend, festzustellen, wie gut Leute, die man nicht kennt, einen kennen. Oder wie sie wenigstens meinen, einen zu kennen.

– Hatte er Kinder? fragte der eine.

Nun ist es so weit, sagte ich mir. Sie wollen meine Ehe durch den Kakao ziehen.

– Er hatte Neffen, sagte der andere. Sein Bruder hatte Kinder.
– War er selbst nicht verheiratet?
– Doch. Seine Frau hieß Marie-Louise. Sie waren zwanzig Jahre lang verheiratet.
– In einem so langen Leben war dies nur ein kurzer Einschub.
– Er hat sich nicht für Frauen interessiert.
– Wofür hat er sich dann interessiert?
– Für sich selbst.
– Und außerdem?
– Für nichts. Außer ihm selbst interessierte ihn nichts. Er war ein ausgemachter Egoist. Sie können sich das nicht vorstellen.
– Trotzdem … Wie hat er seine Frau kennen gelernt?
– Wissen Sie das nicht? Ich werde es Ihnen erzählen.
– Gern. Dieser Gottesdienst dauert furchtbar lange.
– Nach der Fertigstellung seiner Thesen wurde Guitton 1935 zum Professor an der Universität in Montpellier ernannt. Sein Unterricht war ziemlich erfolgreich. Das erregte die Aufmerksamkeit möglicher Schwiegermütter. Man bemühte sich beim Rektor um Einladungen. Dieser lud Guitton mehrmals zum Essen ein. Erlesene Mahlzeiten, gute Weine, hübsche und frische junge Damen. Guitton bleibt intellektuell, zurückhaltend, aus Marmor. Vier-

tel vor zehn Uhr steht er auf und verlässt die Gesellschaft. So geht es jedes Mal. Die potentiellen Schwiegermütter sind enttäuscht.

Ohne Zweifel, dachte ich mit Abscheu, hat Barbastre mich verraten. Nur ihm hatte ich es erzählt. Der Sprecher fuhr fort:

– Eines Abends, er war wieder beim Aufbruch, begleitete ihn der Rektor hinaus. Während ihm der Diener in den Mantel half, fragte ihn der Rektor. „Herr Guitton, gehen Sie jeden Abend um die gleiche Zeit ins Bett?“ – „Ja“, sagte Guitton, „Punkt zehn Uhr.“ – „Seltsam“, sagte der Rektor, „ich kenne eine junge Dame, die auch jeden Abend um zehn Uhr ins Bett geht. Ich werde Sie bekannt machen, wenn Sie nichts dagegen haben.“ – „Im Gegenteil, wenn sie einen derartigen Stundenplan hat, sehe ich darin nur Vorteile.“ So haben sie sich beim Rektor von Montpellier kennen gelernt.
– Und dann?
– Guitton wurde krank.
– Die Aufregung?
– Möglich. Immerhin musste er einige Monate das Bett hüten.
– Da hatte er Zeit, alles zu überdenken.
– O ja, zumal sie jeden Tag genau um sieben Uhr zu ihm kam, um ihm eine Tasse Bouillon zu bringen. So hat sie sein Herz erobert. Schließlich, Guitton wird gesund, vielleicht mit Hilfe der Liebe. Er kann wieder aufstehen.
– Heiraten sie?
– Noch nicht. Es dauert. Es dauert.
– Die Anstandsregeln.
– Vor allem die Furcht, keine Zeit zum Nachdenken zu haben: *Aut libri, aut liberi.*[12]
– Die große Liebe!
– Dann sollte geheiratet werden, im Herbst 39 oder im Frühjahr 40.

– Au! Au! Au!
– Ja. Der Krieg bricht aus. Er wird gefangen genommen und verbringt fünf Jahre in Deutschland.
– Eine schätzenswerte Atempause. Und wie ging es ihr in dieser Zeit?
– Er hatte ihr beim Abschied den Schlüssel zu seiner Wohnung gegeben. Sie hat sich um seine Bücher und seine Papiere gekümmert und hat sie während des Krieges vor Beschädigungen bewahrt. Sie hat auf ihn gewartet.
– Wann haben sie endlich geheiratet?
– 46 oder 47, ich weiß nicht mehr genau.
– Und sind sie ihr ganzes Leben lang um zweiundzwanzig Uhr zu Bett gegangen?
– Sicherlich. Und jeden Abend Kräutertee …
– Das ist ja fürchterlich.
– Ja. Er hat das alles sublimiert und ein annehmbares Buch über die *menschliche Liebe* geschrieben.
– Hat er sie geliebt?
– Urteilen Sie selbst. Barbastre hat mir folgendes Gespräch mit ihm berichtet. Guitton: „Barbastre, glauben Sie ans ewige Leben und an die Auferstehung des Fleisches?“ Er: „So wie Sie, nehme ich an, Maître.“ Schweigen. Der andere: „Maître, haben Sie Schwierigkeiten mit diesem Glaubensartikel?“ – „Oh nein“, antwortet Guitton, „es ist etwas anderes …“ – „Was denn?“ Und Guitton, seufzend: „Marie-Louise wiederzufinden.“

In diesem Augenblick fühlte ich, dass nahe bei mir eine andere Seele war, die sich über meine Schulter beugte. Ich drehte den Kopf … Es war Marie-Louise, meine Frau für die Ewigkeit.

– Marie-Louise! Ich hoffte, dass Sie kommen würden. Oh! Sie haben doch nicht gehört, was diese beiden Dummköpfe erzählten?

– Jean! Lassen Sie die Dummköpfe in Ruhe und seien Sie intelligent. Kommen Sie mit mir ins Paradies.
– Meine liebe Freundin, die Geschichte, die diese beiden Dummköpfe erzählt haben …
– Jean, das ist wie irgendeine Geschichte, wenn sie von Dummköpfen erzählt wird. Alles ist wörtlich gesprochen richtig, aber geistig gesprochen falsch.
– Aber erklären Sie mir endlich einmal, warum niemand unsere Ehe ernst nimmt.
– Geben Sie zu, dass unserer Ehe etwas Romantik gefehlt hat.
– Aber da konnten wir nichts dafür. Das waren die Umstände.
– Wie wollen Sie sie daran hindern, dass sie darin eine verfehlte Handlung sehen? Man sagte sich, Sie hätten Angst vor der Ehe gehabt, und man lacht darüber, Sie verheiratet zu sehen.

Sie zeigte ein kleines Lächeln.

– Und außerdem, fügte sie hinzu, haben wir erst mit fünfzig geheiratet.
– Das ist kein Grund. Das Herz hat immer zwanzig Jahre. Rousseau und Bergson hatten Recht. Das Lächeln ist grausam.
– Jean, um ein Herz zu sehen, muss man selbst eines haben. Sie haben nicht genug Herz. Sie sehen das Wesentliche nicht.
– Sie haben sie genauso gehört, wie ich. Sie spotten über uns. Ganz offen. Das ist unerhört. Was sollen wir machen?

Sie bricht in Lachen aus.

– Von ganzem Herzen lachen. Denn es ist drollig.
– Die Liebe ist eine ernsthafte Angelegenheit.
– Von außen sieht alles zum Lachen aus. Außerdem ist Ihr Äußeres amüsant.
– Sie also auch?

– Sicher. Sie sind zerstreut, erinnern an einen Automaten. Wenn man die Wirkungen ohne Ursache sieht, dann lacht man.
– Ich bin zu intellektuell.
– Lassen Sie all diese Sorgen fahren. Dort oben werden Ihre Unvollkommenheiten ausgeglichen.
– Sie übertreiben! Ich bin doch nicht lächerlich!
– Sie sind manchmal ernst wie die reine Vernunft. Wenn Kant geheiratet hätte, wäre Frau Kant lächerlich gewesen und Kant selbst noch viel lächerlicher.
– Das stimmt. Denken Sie an die Frau des Sokrates. Müssen wir Philosophen also ledig bleiben?
– Das ist halt so. Die Ehe hat immer etwas Prosaisches. Der Ehebruch ist poetischer.
– Bevor man fünfzig ist.
– Maximal. Nachher ist es umgekehrt. Schwierig, es zu idealisieren.
– Marie-Louise, was ist die ideale Frau?
– Die wirkliche Frau, wenn man sich nicht mehr in seinem Ideal täuscht.
– Marie-Louise, warum ist die Leidenschaft die einzige Liebe, die die Leute interessiert?
– Es ist das einzige Erhabene, das jedem zugänglich ist.
– Aber ich bin nicht leidenschaftlich veranlagt.
– Sie hatten eine Leidenschaft: die Philosophie. Bedauern Sie nichts.
– Wenn die Leidenschaft nachlässt, wie kann man dann noch lieben?
– Man muss sich selbst im Spiegel betrachten und dabei den Sinn der Harmonie und den fürs Lächerliche gleichzeitig spielen lassen.
– Und die Versuchungen zur Untreue.
– Sie haben immer zu mir gesagt, dass die einzigen Bücher, die es wert sind, gelesen zu werden, die sind, die alles sagen.

– Das stimmt, aber nicht alle Kapitel sind gleich wertvoll …
– Sicherlich, aber man braucht auch einen Klangkörper aus Holz, um die Saiten erklingen zu lassen.
– Marie-Louise, warum träumen die Leute nur von der romantischen Liebe?
– Jeder hat seinen eigenen Weg. Einige heiraten, weil sie sich lieben, andere lieben sich schließlich, weil sie verheiratet sind. Am besten ist es für jede Ehe, wenn beides der Fall ist.
– Wenn ich es noch einmal tun müsste, hätte ich noch mehr Angst, Sie zu heiraten. Man lebt heutzutage sehr lange.
– Die Angst zerstört die Liebe. Es ist die Scheu, Jean, die Ihre Affektivität bremst.
– Marie-Louise, warum sind Sie so spät in mein Leben eingetreten?
– Sie mussten erst reifen.
– Das stimmt. Ich war ein Zurückgebliebener, wie alle, die die Aufgabe haben, etwas zu erneuern. Es braucht weniger Zeit, um einen Diener des Augenblicks auszubilden.
– Ich bin gekommen, als es Ihnen am schlechtesten ging. Es war meine Aufgabe, Sie bei der Umschiffung eines schwierigen Kaps zu unterstützen.
– Trotzdem ärgert es mich, wenn man über uns spottet.
– Seien Sie so einfach wie möglich. Dann wird man am wenigsten lächeln.
– Warum fängt man an, sich zu lieben, wenn man verheiratet ist? Will man eine Gewohnheit konservieren?
– Es muss noch etwas anderes sein, wenn es sich um Liebe handelt.
– Marie-Louise, was ist dieses andere?
– Es muss mit der Zeit und der Ewigkeit zusammenhängen.
– Wie kann es dann sein, dass ich nicht darauf gekommen bin?
– Das müssen Sie selber herausfinden.
– Eine Sache ist jetzt schon das, was man in Zukunft von ihr erwartet.

– Schon immer habe ich Ihnen Ihr Kauderwelsch vergeben.
– Im Gegensatz dazu hat Sie meine Malerei immer irritiert.
– Das war ein Steckenpferd, eine Ablenkung von Ihrer wahren Berufung. Außerdem ist es eine Leidenschaft, die die Fingernägel schwärzt und überall Flecken hinterlässt.
– Ich habe ewig gehofft, dass Sie es verstehen würden. Aber ich vergebe es Ihnen auch, für die Ewigkeit.
– Das Wort Ewigkeit, Jean, ist das schönste Wort, das Sie je ausgesprochen haben. Es ist der Sinn Ihres Lebens, die Gabe Ihres Verstandes, die Achse Ihrer Freiheit.
– Was ist die menschliche Liebe?
– Ein Elan des Lebens, über den man nachdenkt, den man verinnerlicht und ins Geistige erhebt. An der Oberfläche sieht man zuerst Jugend, Schönheit, Leidenschaft, Vergnügen. Wenn es tiefer geht, kommen Freude, Ehre, Vertrauen, Achtung, liebender Respekt, zärtliche Hochherzigkeit, feste und herzliche Zuneigung hinzu.
– Und in den Abgründen?
– Die Tiefe, die nach der Tiefe ruft.

Monsignore Vingt-Trois war beim großen Gebet der Danksagung angekommen, das den Höhepunkt des christlichen Ritus darstellt. Marie-Louise verließ mich mit einem Auf-Wiedersehen ihrer Hand. Ich begab mich zur Empore. Dort wartete Dante auf mich.

Wie ich mit Dante über Liebe und Poesie spreche

– Maître Jean, Sie müssen nach all den Besuchen sehr müde sein.
– Wenn es so wäre, Fürst der Dichter, dann würde mir Ihr Besuch neue Kräfte verleihen.
– Guitton, ich bleibe nur kurz.
– Warum? Wir haben uns so vieles zu sagen. Wussten Sie, dass ich mich in der Académie auch der Poesie annahm?

– Guitton, Sie haben eine bemerkenswerte Frau. Haben Sie es bemerkt?
– Absolut bemerkenswert. Warum ist sie so schnell gegangen?
– Die außerordentliche Diskretion einer echten Liebe.
– Sie ist vollkommen.
– Haben Sie gesehen, mit welchem Blick sie beim Weggehen zum Himmel aufgeschaut hat?
– Zum Himmel? Nein. Ich dachte, sie sähe mich an.
– Sie sah zum Himmel auf. Ich habe über den Ausbruch dieses Mysteriums nachgedacht.
– Dante, die Poesie hat mich schon immer interessiert, vor allem in ihren Grundlagen. Diese Kunst verträgt keine Mittelmäßigkeit. Für die Académie war die Poesie …
– Die Poesie ist die Tochter des Blicks.
– Nur des Blicks?
– Des einzigen Blicks. Einzigartig, alles ist darin enthalten, Menschen, Pflanzen und Tiere, feurige Sterne, Planeten …
– Eben alles.
– Fischreiche Teiche, Ozeane der Nacht, Fegefeuer, Hölle, Paradies.
– Und noch vieles mehr, eines schöner als das andere. Das ist evident. Allerdings hat die Prosa auch ihre Vorteile …
– Das alte Blut unserer Vorfahren und ihre schönen Taten, der Mensch mit all seinem Verlangen, die Jugend mit ihrer Leidenschaft. Das Alter mit seiner Weisheit.
– Die Jugend und ihre Ambitionen, das Alter und die Traurigkeit.
– Die Seele, der Leib, das Leben, der Tod, die Sünde, die Tugend und die Heiligkeit, der Mann, die Frau, und Gott, und die Dreieinigkeit.
– Die Liebe.
– Die einzige Liebe, die echte Liebe, Guitton, die unermesslich ersehnte Liebe.

– Sie hat aber mich angeschaut.
– Ja. Glücklich der Mann, dessen Herz einen solchen Blick verdient.
– Eher unglücklich der, Dante, den er trifft und der sein Glück nicht erkennt. Während Sie sprachen, *war ich wie ein Mann, der im Halbschlaf träumte.*
– Das ist das Leben in der Poesie. Guitton, warum sind Sie nicht mehr Poet gewesen?
– Die Poesie ist geheimnisvoll.
– Wie alles, was hier unten und dort oben ernsthaft ist.
– Dante, was ist im Leben ernsthaft?
– Das Spiel der Liebe und der Vorsehung.
– Wo ist die göttliche Liebe? Wo ist die menschliche Liebe?
– In ihrem Blick, Guitton, haben Sie zwei Flammen leuchten sehen. Die eine war größer, blendend, die andere kleiner und spielerisch.
– Dante, was sagen Sie zur Erregung des Lebens, der Jugend, der Schönheit? Und zu den Narrheiten, dem Zauber, den Begehrlichkeiten?
– Das sind die Zuckungen der kleinen Flamme.
– Sind das Dummheiten, die man dort oben vergisst?
– Das waren die Anfänge einer Süße, die Pfänder einer Zärtlichkeit, der Weg zu einer Ruhe.
– Aber was ist das Leben?
– Oh, Guitton, jedes Bild der lebendigen Flamme, die im Feuer der Berge brennt, bleibt für immer ein Symbol heiligen Andenkens. Fürchte nicht, dass die Vollkommenheit jemals Verletzungen zufügt. Was dort oben geläutert ist, ist es für dauernde Glückseligkeit und Segnung. Alle Schönheit der Zeitlichkeit lebt weiter in ewiger Erhabenheit.
– Und der Augenblick?
– Jeder Funke ist ewig, wenn er einmal im Herd einer echten Liebe entzündet wurde.
– Dieses Geheimnis ist zu groß.

– Deshalb gehört es auch nicht dem Philosophen, sondern dem Theologen und dem Dichter.
– Es ist wahr, dass sie zum Himmel aufgeblickt hat. Welch ein Blick. Dante, haben Sie ihren Blick gesehen?
– Mit der Erinnerung an einen solchen Blick kann man hundert Jahre marschieren.
– Leider fühle ich mich schwer. Ich kann nicht marschieren. Ich fühle mich von tausend Verwundungen übersät.
– In Kürze, Guitton, wirst du mit freiem Herzen das *Summae Deus clementiae*[13] singen, die Hymne der Vergebung im reinigenden Feuer. Du wirst darin Hilfe und Weide zugleich finden. So wird sich deine letzte Wunde schließen.
– Und was werde ich dann sein?
– Warte.

Unten am Altar fand die Elevation statt. Dante fiel auf die Knie und beugte das Haupt mit unendlicher Anmut. Ich tat es ihm nach. Ich hob schnell den Kopf und betrachtete die emporgehaltene Hostie. Mit einem Blick auf Dante sah ich, dass sein Haupt geneigt blieb. Also neigte ich das Haupt wieder, um es gleich wieder zu heben, immer mit meinen Augen auf Dante fixiert. Er war immer noch in der Anbetung versunken. Also neigte ich zum dritten Mal das Haupt, vornehm und einfach. Als die Glocke zum letzten Mal ertönte, hoben wir den Kopf, und unsere Blicke kreuzten sich.

– Dante, was werde ich sein?
– *Rein und bereit, zu den Sternen aufzusteigen.*

Dante verschwand. Ich weinte vor Freude. Ich trocknete die Augen mit einem riesigen Taschentuch und schnäuzte mich laut. Inzwischen hatte sich der Besucher, den ich von meinem Sterbebett her kannte, hinter mir auf der Empore niedergelassen.

Als ich nicht mehr weiß, wer ich bin

– Wer sind Sie?
– Sie erinnern sich nicht mehr an mich?
– Sie!
– Ich. Ich habe Ihnen heute zugehört, Maître, ich habe alles gehört. Meine Glückwünsche. Für einen Toten haben Sie nichts von Ihrer Vitalität verloren. Sie sind auch sehr geschickt. Ich bewundere das als Kenner.
– Was wollen Sie damit sagen?
– Sie verstehen mich sehr gut. Ihre Verteidigung ist gekonnt. Sehr raffiniert, wie Sie auf schuldig plädieren. Man sieht, dass Sie Gott an seiner schwachen Stelle zu nehmen wissen. Er hat immer diejenigen besonders geliebt, die sich ihm zu Füßen warfen.
– Sie reden nur so, weil er sich weigert, Sie zu bewundern.
– Er liebt den Menschen nur auf den Knien.
– Er liebt den Menschen, wenn er groß ist, und er ist am größten, wenn er die Knie beugt.
– Das ist ein amüsantes Paradoxon. Ich habe die frommen Männer immer für lächerlich gehalten, die keine Haare mehr unter den Knien hatten, weil sie sich die Schienbeine auf den unbequemen Betschemeln wundgestoßen hatten.
– Was wollen Sie?
– Ich wollte sehen, wie Ihr Sarg aus dem Kirchenschiff getragen wird. Dann folgen die letzten Ehren im großen Hof des Invalidendoms. Die Republik macht ihre Sache gut. Es sieht so aus, als würde auch der Präsident noch rechtzeitig kommen. Er hat für Sie das letzte Galadinner in der französischen Botschaft versäumt.
– Ich fühle mich sehr geehrt, sehr geehrt.
– Sie werden Zeit haben, mir die Philosophie beizubringen. Sie hatten fast in allem recht, bis auf ein kleines Detail: Ihr Herr ist undankbar.

– Gott ist gut.
– Singen Sie nur dieses Lied. Ihr Fall ist verloren, Guitton. Ist es nicht lustig? Sie haben es sich versagt, das Leben zu genießen, und Sie werden nicht einmal etwas vom Paradies haben. Sie haben es ein Leben lang ertragen müssen, dass Ihnen ein dienstbarer Schutzengel jedes Mal dann wie einem siebenjährigen Jungen auf die Finger klopfte – und auch noch in aller Öffentlichkeit –, wenn Sie die Lust verspürten, Ihre gehemmte Persönlichkeit ein wenig zum Ausdruck zu bringen, und all das, um so zu enden. Als Verdammter, allerdings nur zu minimalen Leidensbedingungen verurteilt.
– Was heißt denn das?
– Das ist so etwas wie der symbolische Franken. Nicht zu vergleichen mit den ausgesuchten Grausamkeiten, die meine wahren Jünger verdient haben.
– Sie sprechen von der Hölle wie die beiden Dummköpfe von der Ehe gesprochen haben.
– Beleidige mich, wenn du willst. Du wirst mich schließlich verstehen und mich mit dem Hass lieben, der dort unten bei uns unsere schönste Form der Liebe ist. Armer Guitton! Das heißt auf allen Ebenen verlieren. Wenn du auf mich gehört hättest, wärst du nicht hier angekommen. Du hättest in der Zeitlichkeit dein Vergnügen gehabt und wärest jetzt im Genuss, Gott für die Ewigkeit zu hassen. Ach, Maître, wenn Sie wüssten, welch einen Genuss das bereitet! Je mehr man gequält wird, desto mehr nimmt der Genuss am Hassen zu. Und wenn er schließlich gesiegt hat, denn er wird siegen, der große Feigling – der Stärkere siegt am Ende immer –, wenn er gesiegt hat, wird mein Genuss den Gipfel erklommen haben, denn mein Hass wird total geworden sein. Wenn Sie wüssten, wie ich mich darauf freue!
– Heben Sie sich weg!
– Nicht, ehe ich meine Rolle zu Ende gespielt habe. All diese

Berühmtheiten, Guitton. Man sieht, dass Sie ein großer Mann waren. Drei Präsidenten, darunter die Bekanntesten, kommen zu Ihnen; außerdem der Fürst der Philosophen, der Fürst der Poeten, ein Papst und die besten französischen Genies. Nur der arme kleine Blondel war verglichen mit ihnen ein Leichtgewicht; wie immer frömmelnd hat er Sie mit seinen Geschichten über die Unsterblichkeit belästigt. Wirklich lächerlich. Der Rest, das muss ich zugeben, war große Klasse.

– Ich muss gehen.
– Nicht, bevor Sie mir zugehört haben. Ich bin gekommen, um eine alte Erinnerung aufzufrischen. Du musst dich gut daran erinnern, wenn du vor dem Richterstuhl Gottes stehen wirst. Weißt du noch, damals vor zwanzig Jahren, als du beinahe gestorben wärest?
– Seien Sie still!
– Ich sehe, dass du dich daran erinnerst. Man brachte dich ins Krankenhaus. Du warst die ganze Nacht bewusstlos. Ein Freund hat treu bei dir gewacht. Er hat es dir erzählt. Du weißt, dass ich nicht lüge. Auch ich war dort. Während du so geredet hast, trank ich meine Milch. Denn du hast geredet. Und du sagtest interessante Sachen.
– Seien Sie still!
– Du sagtest: „Alle sagen, ich sei der große katholische Philosoph. Aber das ist ein Scherz. Im Grunde bin ich ein Atheist. Ich war immer Atheist. Ein vollkommener Atheist. Ich wurde in einer ‚schwarzen' Familie geboren, und alle meine Bekannten stammten aus dem gleichen Milieu. Ich musste Karriere machen. Was hätte ich anderes machen sollen? Versetzen Sie sich in meine Lage. Ich habe das Spiel mitgespielt. Niemand kann mir das verdenken."
– Schweigen Sie, haben Sie Mitleid!
– Du fuhrst fort, denn man konnte dich nicht zum Schweigen bringen. „Nein, ich bin kein Hochstapler. Nicht wirklich. Wir sind alle Hochstapler, das heißt, keiner ist es

wirklich. Die menschliche Komödie, die menschliche Komödie, die menschliche Komödie."

Ich ließ mich auf einen Stuhl fallen.

– Bitte hören Sie auf!
– Du sagtest dann noch: „Bin ich aber wirklich ein Atheist? Vielleicht nicht mehr als etwas anderes. Vielleicht bin ich ein interessanter Fall von Persönlichkeitsspaltung. Ich bin der andere Guitton. Der Atheist, der Agnostiker, der Skeptiker. Im Augenblick ist der ‚schwarze' Guitton vorübergehend außer Betrieb. Ich bin jetzt frei, ein wenig das Gelände zu durchstreifen und mich umzusehen. Es ist gut, wenn man von Zeit zu Zeit die Maske fallen lassen und frische Luft atmen darf, und wenn es auch die eingesperrte und chloroformierte Luft dieses traurigen Krankenhauses ist. Und der bei mir wacht und mich mit großen Augen betrachtet? Er glaubt seinen Ohren nicht. Dieser liebe Freund, er weiß nicht, was für ein Gesicht er machen soll, wenn ich wieder aufwache. Er wird mich mit aller Gewalt entschuldigen und alles leugnen. Er ist wirklich ein sehr alter Freund. Der Prototyp eines Ehrenmannes, mit Herz, Intelligenz und von einer Höflichkeit, die sicher nicht schaden kann. Ein wirklicher Freund. Wenigstens bildet er es sich ein. Denn ich, ich habe keine Freunde. Sieh, wie er auffährt! Ich liebe nur mich selbst, mich."
– Nein, ihn liebte ich wirklich.
– Höre bis zum Schluss, was du gesagt hast. „Trotz allem bin ich katholisch, weil ich mich in diesem Milieu literarisch am besten auszudrücken verstehe. Ich liebe die Arbeit nicht. Ich arbeite zwar viel, aber ich bin äußerst faul. Kurz, die Religion war weniger ernsthaft als der Rationalismus, weniger anstrengend, also habe ich mit weniger Aufwand etwas erreicht. Hätte ich als Atheist mehr Erfolg gehabt? Die Sorbonne, die Académie, die große Welt, Berühmtheit, Geld? Im Grunde habe ich alles bekommen. Alles,

außer dem Glück. Aber was ist Glück? Das Privileg der Dummen, die keine zwei Seelen in ihrer Brust haben. Vielleicht hätte der Atheist auf dem konfusen und doppelten Schlachtfeld, das man mit dem lächerlichen Namen ‚ich' bezeichnet, die Macht übernehmen können. Und wenn ich morgen die Haut wechseln würde? Wenn ich mich gehen lassen würde und dem ‚schwarzen', moralischen und religiösen Guitton nicht mehr die Oberhand ließe? Wäre das ein Skandal? Was könnte ich schon Besonderes tun? Welche unglaublichen Pläne zermartern meinen Kopf! Ich könnte ein Buch schreiben. Das ist es. Ich könnte alles widerrufen, was ich bisher aufgestellt habe. Das wäre witzig. Vielleicht würde es meinen Gegnern nicht einmal besonders witzig vorkommen, ich meine den Gegnern des vorläufig außer Dienst gestellten Guitton. Sie nennen sich zwar Atheisten, Anhänger von Nietzsche, aber sie sind auch Feiglinge. Wie der Guitton außer Betrieb. Auch sie möchten gerne einfach sein. Auch sie halten an der Illusion ihrer Aufrichtigkeit fest. Sie würden fürchten, in mir die Nichtexistenz ihres Ichs und die Leugnung ihrer Wahrheit zu erkennen! Ach! Ach! Ach!"

– Ach!

– „Da dies so ist, muss man die Zukunft ins Auge fassen. Ich habe mich in all den Frömmeleien schon zu sehr kompromittiert. Ein intelligenter Mensch muss etwas mehr Distanz halten. Ich werde darauf achten, dass mein Kollege diese Distanz herstellt, wenn er wieder in Betrieb genommen wird. Das Wesentliche für die Garantie eines dauerhaften Erfolgs ist die Mehrdeutigkeit. Man muss immer zwei Eisen im Feuer haben, zwei Thesen; man muss sich des Untergrunds versichern, der Übergänge, der Tapetentüren, der diskreten Komplizenschaft, der Pfänder und Gegenpfänder, der gescheiten Solidarität des Unwürdigen, kleiner heimlicher Vergehen, heiliger Gefälligkeiten. Das ist der Königsweg, der die großen Namen zur Unsterblichkeit führt. Aber Vorsicht, ein reiner Verräter ist uninteressant. Er ist nicht als solcher eine gemeine Persönlichkeit, denn das Gemeine ist nur das Tiefgründige, das an die Oberfläche kommt; er ist eher eine dumme Persönlichkeit, die aus einem Stück besteht. Er ist noch jemand; der echte Verräter weiß nicht mehr, wer er ist. Er hat keine Maske, denn er hat kein Gesicht mehr. Verraten, bis man selbst seinen eigenen Verrat verrät, das passt viel besser zu meinem überlegenen, kritischen Geist. Treu sein bis zum Schluss, aber in der Seele eines Verräters das Herz eines treuen Mannes wohnen lassen und in der Seele eines treuen Mannes das Herz eines Verräters."

– Nein!
– Doch. Und du hast geschlossen mit diesen geheimnisvollen Worten, deren Perversität ich bis heute noch nicht ausloten konnte: „All das weiß ich. Aber nun ist Zeit, es auch zu tun. Man muss an die Nachwelt denken. Das Sein existiert nicht. Es gibt nur dessen Projektionen. Ich werde in dieser projizierten Welt auf jeden Fall von einer meiner beiden Persönlichkeiten gerettet, selbst wenn ich in der einen verdammt werde, die die andere projiziert. Verdammt werden? Das ist das gemeinsame Schicksal der Mittelmäßigkeiten. Das Nonplusultra ist es, schon auf dieser Erde von seiner Seele verdammt zu werden."

Ohnmächtig fiel ich zu Boden.

– Schlafe jetzt, sagte er zu mir. Du bist schon auf die nächste Etappe vorbereitet. Ich hoffe, wir beiden können bald wieder miteinander philosophieren, oder vielmehr wir drei, ich, du und du! Es wird uns ein Vergnügen werden, dir und mir, dich zu verfolgen, dich.

3. TEIL

Mein Prozess

Wie zwei Bewohner der Hölle kommen

Der himmlische Gerichtssaal war schon fast voll besetzt. Man kann sagen, dass ein großer Andrang herrschte. Wenigstens eine Genugtuung. Man hatte mir gesagt, ich solle warten und in einem kleinen Oratorium neben dem großen Gerichtssaal solange beten. Aber da mein Schutzengel für zwei betete, hielt ich es für gescheiter, nachzudenken. Von Zeit zu Zeit verfiel der Engel in Ekstase. Dann schaute ich durchs Schlüsselloch. Ich sah die Ankunft zweier verdammter Seelen. Ich erkannte sie sofort, wenn sie auch eine rote Haut hatten.
Links war Sarache, der frühere sozialistische Minister, über den ich mich manchmal mit Präsident Mitterrand unterhalten hatte. Sein Anblick stimmte mich etwas traurig. Er war so dumm. Aber Dummheit war doch keine Sünde! Es muss Sachen gegeben haben, die mir unbekannt waren, dachte ich, um mich zu trösten.
Rechts war Labarthète, ehemaliger Direktor einer rechts stehenden Zeitung. Er war eifersüchtig auf mich und brachte in seinem Blättchen so wenig wie möglich über mich. Außer, als ihn auch das „grüne Fieber" befiel. Das hat anderthalb Jahre gedauert. Während dieser Zeit wurde ich in seinem Blatt als Genie gepriesen. Danach verschwand ich wieder in der Versenkung. Als ich ihn sah, lief mir ein kalter Schauer über den Rücken, denn ich glaubte, alles über ihn zu wissen, auch dass er ebenso boshaft war wie ich. Es muss Dinge geben, die ich nicht weiß, sagte ich mir, um mich zu beruhigen.
Sie sprachen miteinander.

– Wie langweilig es in der Hölle doch ist!
– Wem sagen Sie das, mein Lieber. Die einzige Abwechslung ist, wenn man zum Prozess der Freunde gehen kann.
– Und der Feinde.
– Wer ist heute eigentlich dran?
– Jean Guitton.
– Der Philosoph? Ist er endlich gestorben? Wie alt war er?
– Hundert Jahre, *grosso modo.*
– Hundert Jahre! Und wie lange war er in der Académie?
– Achtunddreißig.
– Achtunddreißig Jahre Mitglied der Académie? Dann ist sein Fall klar. Morgen wird er unser lieber Kamerad sein.
– Das ist noch nicht sicher. Anscheinend gibt man sich an höchster Stelle Mühe, ihn zu retten.
– Wer sollte sich für den alten Egoisten interessieren?
– Leute aus der Creme, die in der höchsten Gunst stehen: die heilige Theresia vom Kinde Jesu, der frühere Papst Paul VI., von dem man sagt, er erwarte die Seligsprechung, und noch andere. Außerdem, Sie werden niemals erraten, wer im Prozess gegen Guitton als Entlastungszeuge auftreten wird.
– Ich hoffe, Sie werden es mir verraten.
– Ein früherer Präsident der Republik.
– Er hat immer die Großen um sich gebraucht. Welcher? Pompidou? De Gaulle? Poincaré?
– Sie haben es nicht erraten.
– Also, ich kann mir keinen anderen denken.
– Überlegen Sie mal.
– Ich sehe keinen. Albert Lebrun?
– Aber nein!
– Ich gebe das Raten auf.
– François Mitterrand!
– Mitterrand?

Er schaute ihn ungläubig an.

– Das ist doch nicht möglich, sagte er. Ich kenne das kanonische Recht. Die Verdammten haben kein Recht, beim Prozess der Toten auszusagen.
– Eben. Er ist nicht in der Hölle.
– Nicht in der Hölle? Was soll man davon halten? Sie sind dort, weil Sie ihm geholfen haben, während der vierzehn Jahre seiner schändlichen Präsidentschaft seine dunklen Geschäfte durchzuführen. Aber der Chef trägt größere Schuld als der Untergebene. Also muss der Chef strenger bestraft werden. Der Untergebene wird verdammt. Also muss der Chef auch verdammt werden. Das ist mathematisch, juristisch, logisch und sogar syllogistisch korrekt.
– Sie wissen genau, dass Gott weder ein mathematischer noch ein juristischer Geist ist. Was die Logik anbetrifft …
– Sprechen Sie nicht davon. Er ist Orientale. Ein Jude. Aber kommen wir zurück zu Mitterrand.
– Ich versichere Ihnen, dass der *Osservatore Romano* von gestern abend (himmlische Ausgabe) ganz offiziell angekündigt hat, dass er im Prozess Guitton aussagt. Auf Seite 4. Ich habe die Ausgabe in der Tasche. Da, lesen Sie selbst,

Labarthète nahm den *Osservatore,* schlug ihn auf und las.

– Das heißt, er ist gerettet! Das ist unerhört.
– Es ist unwahrscheinlich.
– Sagen Sie lieber, es ist ein Skandal.
– Sie wissen, ich bin nicht katholisch, und Gott kann tun und lassen, was er will, aber ich finde, er nimmt x-Beliebige.
– Das haben Sie selbst gesagt. Mit solchen Entscheidungen tut sich der Himmel keinen guten Dienst. Und so ist es von Anfang an gewesen. Denken Sie an den Samariter, die Ehebrecherin, Levi, den Kollaborateur, den Schächer usw. Aber Mitterrand, das ist der Gipfel! Einen echten Gauner aufzunehmen. Ich bin einer der wenigen, der von Anfang an seine grundlegende Immoralität herausgestellt hat!

– Die Immoralität stört mich weniger, aber die fehlende Würde. Wenn man unmoralisch ist, dann muss man in Gottes Namen dafür geradestehen. Bis zum Ende. Die Hölle ist, wenn man etwas auf sich nimmt. Mitterrand ist wieder einmal umgeschwenkt. Ich finde das höchst bedauerlich.
– Dieser Halunke hat die Zeit damit zugebracht, alle Leute zu täuschen. Er wird die Ewigkeit damit verbringen, Gott zu täuschen. Es wundert mich nicht, dass er sich mit Guitton versteht. Die beiden passen gut zusammen.
– Was mir dabei gefällt, ist, dass, wenn sie das dort unten erfahren, es nichts mehr wird mit dem Einzug ins Pantheon.
– Pst! Das hohe Gericht kommt.

Das hohe Gericht trat ein und nahm Platz. Ganz oben, auf dem Richterstuhl, Christus. Unter ihm der heilige Petrus mit den Schlüsseln des Himmelreichs. Zu seiner Linken und zu seiner Rechten der heilige Johannes, der Evangelist, mein Namenspatron, und die heilige Theresia vom Kinde Jesu. Daneben die Assessoren, alles Engel. Die Geschworenen waren heilige Denker und Philosophen. Ich erkannte unter ihnen: Justinus den Märtyrer, Augustin von Hippo, Thomas von Aquin, Blaise Pascal, Frédéric Otanam, Paul Claudel und Maurice Blondel. Den Geschworenen gegenüber saß der Staatsanwalt, ein Engel, der an der Seite auf seiner weißen Toga mit blauen Rändern ein feuriges Schwert trug. Überall schweizerische Engel, in großer Uniform, genau wie im Vatikan. Ich hoffte, man würde mich durch die große Pforte am anderen Ende des Saales hereinführen. Die beiden Flügel der Tür öffneten sich. Ein Gerichtsdiener trat ein. Der erste Assessor erhob sich. Er fragte und der Gerichtsdiener antwortete.

– Wer soll heute vor diesem erhabenen Gericht erscheinen?
– Maître Jean Guitton, berühmter Philosoph, eminentes

Mitglied und Altersdoyen der Académie française, Honorarprofessor an der Sorbonne, Autor von vierundfünfzig Werken und dreihundert kleineren Schriften, Laien-Auditor beim Ökumenischen Konzil Vatikan II, Freund mehrerer Päpste, Berater mehrerer Präsidenten der französischen Republik, Universalgelehrter, Ehre der französischen Sprache und des französischen Denkens.
– Den kennen wir nicht. Wer soll heute vor diesem himmlischen Gericht erscheinen?
– Herr Jean Guitton, Philosoph, Honorarprofessor an der Sorbonne, Mitglied der Académie française.
– Den kennen wir nicht. Wer soll heute von unserem Herrn Jesus Christus gerichtet werden?
– Jean Guitton, Philosoph und Sünder.
– Den kennen wir. Er soll eintreten, er, der aus der Zeitlichkeit herausgetreten ist. Er soll in die Ewigkeit eingeführt werden, damit sich an ihm das Werk der Gerechtigkeit und der göttlichen Barmherzigkeit erfülle.

Ich trat ein. Auf meinen Stock gestützt ging ich vor zur Tribüne. Als ich vor dem hohen Gericht angekommen war, beugte ich kurz mein Knie und senkte dann mein Haupt ganz tief. Alle schauten auf mich. Die heilige Theresia sah Sankt Peter an, der sagte:

– Man gebe ihm einen Stuhl, bei seinem Alter!

Ein Schweizer-Engel schob mir einen Sessel hin. Ich setzte mich. Angespannt schaute ich geradeaus. Der Gerichtsdiener rief:

– Heute erscheint Jean Guitton, Philosoph, vor Gottes Gericht.

Sankt Peter wandte den Kopf zu Christus, der mit den Lippen ein Zeichen gab.

Wie die heilige Theresia von Lisieux für mich kämpft

Sankt Peter befragte mich zuerst.

– Jean Guitton, was hast du mit deinem Leben gemacht?
– Ich habe philosophiert.
– Was heißt das?
– Ich habe gelernt zu sterben.
– Wie hast du dies gelernt.
– Indem ich Christus angeschaut habe.
– Wer hat dir beigebracht, ihn anzuschauen?
– Die, die ihm das irdische Leben gegeben hat und die ihn am Kreuz sterben sah. Sie hat es mir beigebracht.
– Wie hat sie es dir beigebracht?
– Während ich über sie ein Buch schrieb.

Sankt Johannes nahm das Wort. Er ist mein Namenspatron. Am Vorabend des Leidens Jesu hat er das Haupt an die Brust des Herrn gelegt. Mit diesem Sakrament lernte er das Unaussprechliche kennen. Ich liebte ihn. Hundert Jahre lang sprach er zu mir von *ta tou kuriou pneumatika.*[14] Und heute sah ich ihn. Seine Stimme war fester, als ich es erwartet hatte. Er war auch größer als erwartet. Auf seinem Antlitz erstrahlte der helle Schein der Wahrheit.

– Jean, fragte er mich, was bedeutet sterben?
– Es heißt alles verlieren, alles aufgeben und sich den Händen Gottes überlassen.
– Warum ist sterben so wichtig?
– Weil es der einzige Augenblick im Leben ist, wo man absolut alles hergeben kann und für immer.
– Und was heißt, ein gutes Leben führen?
– Es heißt, jeden Tag so leben, als würde man so sterben wie man gut stirbt.
– Was heißt gut sterben?

Ich sah auf zur heiligen Theresia, und die Antwort kam mir wie ein Blitz in den Sinn:

– Sterben aus Liebe.
– Jean, was ist die Liebe?
– *Lieben heißt alles geben und sich selbst geben.*

Sankt Johannes sammelte sich. Ozanam fragte:

– Jean, ist es traurig, zu sterben?
– Für die anderen ist es traurig.
– Und für einen selbst?
– Es ist traurig, wenn man an die Trauer der anderen denkt.
– Jean, bist du traurig gestorben?
– Ich wollte in der Freude verharren.
– Glaubtest du im Augenblick deines Todes fest an das ewige Leben?
– Ja, und doch bin ich überrascht, dass ich nicht vernichtet bin.
– Hattest du also Zweifel?
– Nein, aber die Verzweiflung hat mich versucht.
– Ich verstehe. Das Schwierigste ist, die Hoffnung zu behalten. Man sagt, du wurdest im Augenblick deines Todes versucht.
– Ja, aber Blaise Pascal ist gekommen und hat mich getröstet.
– Was hast du in all deinen Büchern ausdrücken wollen?
– Ich wollte wissen, ob all das wahr wäre. Nach langem Studium kam ich zu der Überzeugung, dass es so sei. Dann habe ich es aufgeschrieben. Ich habe die Beweggründe und die Gründe dafür angegeben.

Ich betrachtete all die Leute um mich herum und sagte einfach:

– Ich hatte recht.

Da ergriff der heilige Thomas von Aquin das Wort. Er fragte:

– Jean, was hättest du gemacht, wenn es wahr gewesen wäre, dass das Christentum unwahr ist?
– Ich hätte die Wahrheit über alles gestellt.
– Warum glaubst du an Jesus Christus?
– Ich glaube an das Christentum, weil es die Wahrheit ist.
– Jean, was ist die Wahrheit?
– Das Wahre ist Der, der ist.
– Jean, was ist das Urteil Gottes über den Menschen?
– Die Bekundung des menschlichen Urteils über Gott.
– Was ist dein Urteil über Gott?
– Ich glaube, dass Gott wahr ist. Ich glaube, dass Gott gerecht ist. Ich glaube, dass Gott Liebe ist.

Christus nickte mit dem Kopf. Sankt Peter befragte mich und schlug einen ernsteren Ton an.

– Wir haben hier alle die Liebe mit den Worten der Theresia von Lisieux definiert: lieben heißt, alles geben und sich selbst geben. In Gegenwart aller stelle ich die große und einzige Frage: Jean, hast du dich gegeben?

Ich antwortete nicht. Er wiederholte seine Frage.

– Jean, hast du dich gegeben?

Aber ich antwortete nicht. Er fragt zum dritten Male:

– Jean, hast du dich gegeben?

In diesem Augenblick wurde ich ohnmächtig, und ich wäre aus meinem Sessel gerutscht, wenn nicht zwei Schweizer-Engel vorgetreten und mich gehalten hätten. Ich hob den Kopf. Große Tränen flossen über meine Wangen. Sankt Peter nahm wieder das Wort.

– Jean, dein letzter Tag ist schon gekommen und sogar vorübergegangen. Jetzt ist die allerhöchste Stunde. Der Richter wird bald sein Urteil sprechen. Denke daran, dass dich die Liebe richtet. Über deine Liebe wird geurteilt. Du musst auf diese letzte Frage antworten. Jean, hast du dich gegeben?

Also stand ich, Jean Guitton, langsam und unter großen Schwierigkeiten auf. Sankt Peter wollte sagen, ich solle sitzen bleiben, aber Theresia berührte ihn an der Hand, und er ließ gewähren. Ich hielt mich trotz meines Alters sehr gerade, beide Hände fest auf meinen Stock gestützt. Der Staatsanwaltsengel schaute ernst. Er verließ seine Bank und stellte sich mir zur Linken. Ich fing an mit rauer Stimme, die sich nach und nach aufhellte, immer noch heiser war, aber stetig lauter wurde.

– Ich habe gelebt. Ich bin tot. Ich bin begraben. Meine Seele ist bloß, an irgendetwas Schwindelerregendem aufgehängt wie ein Strauch am Abhang einer Klippe. Ich bin nichts mehr von dem, was ich einst glaubte zu sein. Ich habe nichts mehr von dem, was ich zu haben glaubte. Ach! Wenn ich alles gegeben hätte oder alles zu meinen Lebzeiten verloren hätte, würde ich mich nicht so klebrig fühlen. Wer kann mir sagen, warum ich mich so klebrig fühle?

Der Staatsanwaltsengel antwortete:

– Das sind die Ehrungen, die du so sehr begehrt hast, dein Verlangen nach Ruhm, deine Sorge, im Gedenken der Menschen weiterzuleben.
– Ich sagte mir, es sei zur Ehre Gottes.
– Und es war nur für deine eigene Ehre.
– Wer kann mir sagen, warum die Substanz meiner Seele so klebrig ist?
– Das kommt von all dem Geld, das du verdient hast.
– Ich sagte mir: das werde ich für gute Werke geben.
– Und es diente nur zur Befriedigung deiner Habgier.
– Wer kann mir sagen, warum ich mich klebriger fühle als eine Fliege auf dem Honig?
– Es ist dein leidenschaftliches Streben nach dem Ruhm, das sich aus deinem tiefsten Seelengrund absondert. Tausend-

mal hat es dich zur Mehrdeutigkeit verführt, auch zum Schweigen und zu Unterlassungen; zu feigen Konzessionen, bis an den Rand des Verrats.

Ich protestierte ein wenig. Der Staatsanwaltsengel warf einen direkten, objektiven und gerechten Blick auf mich. Ich versteckte mich unter der Erde, *ut ita dicam.*[15] Sankt Peter greift wieder ein:

– Jean, sage etwas.
– O heiliger Petrus! Ich fühle mich als Sünder, als großer Sünder. Ich habe es gesagt. Aber ich glaube, dass das Streben nach der ganzen Wahrheit es erfordert, die Worte des Herrn Staatsanwalts etwas zu nuancieren.
– Immer noch derselbe Stolz! Er kennt sich besser, als ihn die Engel kennen!

Da hob die heilige Theresia vom Kinde Jesu die Hand. Und Sankt Peter gab ihr das Wort, indem er sagte:

– Theresia, wir kennen deine Achtung vor der Wahrheit. Könntest du bitte den Anwesenden erklären, wer Guitton ist?
– Man sieht in ihm zuerst einen zerstreuten Gelehrten. Das ist er. Außerdem ist er kurzsichtig. Um Zeit zu gewinnen, übergibt er seinem Autopiloten einen großen Teil seiner Lebensführung. Deshalb liefert er sich seinen Gesprächspartnern selten ganz aus. Er gibt sich damit zufrieden, ihnen eine soziale Persönlichkeit, ein unpersönliches Wesen zu überlassen, das mit Hilfe von Reflexen und Gewohnheiten funktioniert. Es fällt ihm schwer, sich ganz auszuliefern und sich den anderen zu öffnen. Wenn es ihm gelingt, dann erstrahlt er und sprüht Geist und Leben; sein Charme wird dann unwiderstehlich. Aber viel öfter wirkt er abwesend, ein bisschen traurig und in sich zurückgezogen.
– Ist das Trägheit oder Schüchternheit?

– Eher sein Temperament und seine Unwilligkeit, sich zu ändern.
– Woher kommt diese Zerstreuung.
– Weil er immerzu denkt. Er hat kein gewöhnliches Gehirn, sondern einen Vulkan an Ideen. Er lebt in einer andauernden Reflexion. Die Leute halten ihn für stolz, egoistisch, oder für ein Original, das sich für nichts interessiert, was ihnen wichtig ist. Darin täuschen sie sich. Es ist eher so, dass er sich auf andere Weise dafür interessiert. Es ist ihm nicht gleichgültig, er schwebt eher darüber. Er betrachtet alles von oben, von weitem, vom Gesichtspunkt der Ewigkeit aus. Das gibt diesem denkenden Automaten den Anschein der Abwesenheit. Man wagt ihm nicht zu sagen, dass viele Leute hinter seinem Rücken über ihn lächeln, auch die, die sich vor ihm verbeugen. Aber man wird bald gewahr, dass er trotz seiner Zerstreuung aufmerksam bleibt und dass er in seiner Arglosigkeit scharfsinniger ist als die Machiavellisten. Also hält man ihn für einen Gauner und, da er Erfolg hat, ist man eifersüchtig.
– Theresia, ist Guitton ein Gauner oder ein Naiver?
– Es ist keine reine Arglosigkeit. Oder man könnte sagen, dass die Arglosigkeit die häufigste Form seiner Verstellung ist. Viele glauben, ihn auszutricksen, und er lässt sie in diesem Glauben. Dabei trickst er sie aus. Er kennt die menschliche Komödie zu gut. Obwohl er über die Eitelkeit sehr enttäuscht ist, gebraucht er sie doch immer noch und hat nicht genügend Charakterstärke, sie unter die Füße zu bekommen. Er kennt das machiavellistische Spiel von Grund auf, aber er schätzt die Menschen und sich selbst nicht hoch genug ein, um zu glauben, er hätte Erfolg, ohne sich dieser Hilfsmittel zu bedienen. Er ist sehr erfinderisch, wenn es um die Entdeckung dieser kleinen Hilfsmittel des Erfolgs geht. Er benützt sie mit großem Talent. Er berechnet und manipuliert.
– Also ist er kein reiner Charakter?

- Er ist ehrgeizig, aber viel zu träge, um auf anderen Gebieten Erfolg zu haben als auf denen, wo er ohne große Anstrengungen natürlicherweise reüssiert. Er wäre ein Heiliger geworden, und vielleicht hätte er sogar noch mehr Erfolg gehabt, wenn er sich weniger auf seine List und mehr auf die göttliche Vorsehung verlassen hätte.
- Wir kennen diese Seele jetzt besser, und wir danken dir für diese Aufklärung. Sicherlich stehen wir vor einer sehr außergewöhnlichen, starken und einnehmenden Persönlichkeit. Aber jeder hier weiß, dass unser Urteil über seine Liebe gefällt wird. Theresia, was ist deine Meinung zu diesem Punkt?
- Von Jugend an hat er sich mehrere Male hingegeben; er hat sich wieder zurückgenommen.
- Und zum Schluss?
- Zum Schluss? Ich glaube, er hat sich gegeben und hat in seinem Tod darin beharrt.
- Theresia, kannst du deine Aussage beweisen?
- Ich habe einen Zeugen.

Als François Mitterrand als Entlastungszeuge gerufen wird

Theresia blickte hinüber zu Sankt Peter. Dieser sagte:

- Man lasse den Präsidenten Mitterrand eintreten.

Jeder kann sich die Bewegung und das Gemurmel vorstellen, das im Saal herrschte. Sarache flüsterte Labarthète ironisch ins Ohr:

- Ich bin gespannt, wie Mitterrand mit dem Heiligenschein aussieht.
- Sie werden enttäuscht sein. Er muss ohne Kopfbedeckung aussagen. So will es das kanonische Recht. Die Zeugen

haben nicht das Recht, ihren Heiligenschein zu tragen, um die Richter nicht zu beeinflussen.

– Nach der Streitaxt[16] der Heiligenschein!
– All das, was ich auch haben wollte!

Mitterrand war hereingekommen. Zum ersten Mal keimte in mir die Hoffnung auf, und zwar aus vielerlei Gründen. In diesem Augenblick bat der Herr Staatsanwaltsengel um das Wort. Sankt Peter erteilte ihm das Wort. Wieder ergriff mich die Unruhe.

– Herr Christus, heiliger Petrus, Mitglieder dieser erhabenen Versammlung! Ehe wir die Aussage des Präsidenten Mitterrand hören, halte ich es für meine Pflicht, noch ein paar letzte Fragen an Maître Guitton zu richten. Maître Guitton, haben Sie sich nicht schon öffentlich über den Inhalt Ihrer Gespräche mit Präsident Mitterrand ausgelassen?

Ich war ertappt. Ich beschloss, offen zu spielen, wollte aber hart am Wind segeln. Ich antwortete mit unbeteiligter Miene:

– Ich habe einige Interviews dazu gegeben. Vielleicht habe ich auch irgendwo ein Vorwort über diese Angelegenheit verfasst.
– Stimmen nach Ihrer Meinung all Ihre aufeinanderfolgenden Äußerungen miteinander überein?

Ich sah ihn an. Er machte eine arglose Miene. Ich verstand, dass er die Beweisstücke in Reserve hatte. Ruhig und etwas abgespannt gab ich zu:

– Nicht ganz.

Er öffnete seine Akten.

– Sollen wir vergleichen?

Er sah mein Erschauern. Alle sahen es. Ich sah zu Theresia

auf. Sie war traurig. Ich schöpfte aus ihren Augen die Kraft, wieder offen zu sein. Wieder objektiv und wahrhaftig, antwortete ich:

– Wenn Sie dem hohen Gericht diese Papiere vorlesen, so können wir unter den verschiedenen Versionen große Unterschiede feststellen.
– Ihre Offenheit ist zu begrüßen. Sie erspart uns langatmige Zitationen. Aber wenn dem so ist, wie sollen wir Ihnen dann heute Glauben schenken?
– Sie haben Zeugen, die nicht mehr lügen können.
– Wie erklären Sie diese Abweichungen, die Sie selbst als erheblich bezeichnen?
– Ich stand damals nicht vor meinem Richter.
– Haben Sie also auf Erden gelogen?
– Die Lüge besteht in der Absicht, die Unwahrheit zu sagen, und zwar mit der Absicht, zu täuschen. Aber es gibt die materielle Wahrheit, die ewige Wahrheit, die romanhafte Wahrheit …
– Tatsachen sind Tatsachen.
– Sicherlich. Aber betrachten Sie die Evangelien. Der heilige Matthäus schreibt für die Juden. Der heilige Lukas schreibt für die Griechen.
– Und für wen haben Sie geschrieben?
– Für meine Leserschaft, natürlich.
– Bewundernswerte Antwort. Und wo liegt die Wahrheit?
– Der Herr weiß, wo sie liegt.
– Sie wollen nicht antworten?
– Auf jeden Fall weiß der Herr die Wahrheit. Wenn ich Ihnen öffentlich antworten würde, würde ich Spannungen zwischen meinen Herausgebern hervorrufen. Man muss vor allem barmherzig sein.
– Wenn dem so ist, wird die Öffentlichkeit niemals wissen, woran sie ist.
– Die Öffentlichkeit wird sich selbst ihr Urteil bilden. So hat sie es am liebsten.

– Bedauern Sie, das Publikum durch die eine oder die andere ungetreue Version getäuscht zu haben?
– Ich glaube nicht, dass ich sie getäuscht habe. Ich konnte mich zwischen verschiedenen Interpretationen nicht entscheiden.
– Gilt das auch für Ihre Interviews im Magazin *Match*?
– Präsident Mitterrand hatte auf die Redaktion des *Match* mehr Einfluss als ich. Wie wollen Sie, dass ich bei meinem Alter zwischen den Erinnerungen an meine und seine Lügen unterscheiden kann? Vor allem, weil Mitterrand mit Hilfe meiner Lügen die Wahrheiten gesagt hat, die er selbst nicht sagen konnte. So haben wir beide durch unsere Lügen eigentlich die Wahrheit gesagt.
– Können Sie das noch besser erklären?
– Das waren Stöße über drei oder vier Banden. Damals habe ich alles verstanden. Jetzt finde ich mich darin nicht mehr zurecht.
– Zum letzten Mal, Guitton, wo liegt die Wahrheit?
– Wir Menschen wissen manchmal nicht einmal, wo unsere innerste Wahrheit liegt. Der Herr wird mich richten und meine Wahrheit wird für immer die sein, die er festgestellt hat. Ich berufe mich auf das Urteil meines souveränen Richters. Sie soll für immer meine einzige Wahrheit und meine einzige Zeugenaussage sein.

Es dauerte eine Weile. Ich hörte, wie sich zwei Heilige auf der Geschworenenbank unterhielten.

– Er windet sich wie ein Aal.
– Man kommt sich vor wie beim Prozess gegen Mitterrand, der kürzlich stattfand.
– Die beiden passen zusammen.

Unruhig beobachtete ich meine Richter. Ihre Mienen waren finster. Allerdings musste sich Mitterrand aus der Affäre gezogen haben, also …

Der Staatsanwaltsengel sagte:

– Das Gericht wird das beurteilen.

Und er setzte sich wieder.
Sankt Peter nahm wieder das Wort.

– Wir haben den Präsidenten Mitterrand vorgeladen, der auch erschienen ist. Auch unter Berücksichtigung der eben gehörten Befragung ist es notwendig, den Zeugen zu hören.

Er wandte sich an Mitterrand.

– Herr Präsident der Republik, Sie haben zugestimmt, als Entlastungszeuge beim himmlischen Prozess gegen Maître Jean Guitton auszusagen. Bitte stellen Sie sich dem Gerichtshof vor.
– Ich heiße François Mitterrand und war französischer Staatsmann im 20. Jahrhundert. Ich wurde 1915 geboren. Meine politische Laufbahn begann mit dem Zweiten Weltkrieg und ging 1995 zu Ende. Ich habe während zweier Amtsperioden von je sieben Jahren als Präsident der französischen Republik gedient. Kurz nach Beendigung meiner zweiten Amtszeit bin ich gestorben.
– Wie haben Sie Jean Guitton kennen gelernt?
– Maître Guitton war fünfzehn Jahre älter als ich. Ich war nach ihm in den gleichen Institutionen wie er, insbesondere im Studentenwohnheim der Maristenväter in der Rue de Vaugirard Nr. 104 in Paris. Zuerst kannte ich ihn durch seine Bücher, insbesondere seine Bücher zur Religionskritik, die ich mit Interesse gelesen habe. Unsere Lebenswege verliefen parallel. Wir wurden in ähnlich gesinnten Familien erzogen: von gläubigen katholischen Eltern, mit offenen Ansichten und sozialem Verantwortungsgefühl, ohne revolutionäre Gesinnung. Ich war während des Krieges unter der Besatzung in der Regierung in

Vichy verantwortlich für die französischen Kriegsgefangenen in Deutschland. Mein Vorgesetzter war Henri Guitton, der Bruder von Jean Guitton, der damals Kriegsgefangener in Deutschland war.

– Jean Guitton kam im Juni 1945 mit dem Zug des millionsten Gefangenen aus Deutschland zurück. Haben Sie ihn dabei kennen gelernt?

– O nein! Zum ersten Mal muss ich ihm während der fünfziger Jahre begegnet sein. Aber unsere Beziehungen waren sehr oberflächlich. Sie haben sich erst während der Zeit meiner Präsidentschaft vertieft. Guitton war Mitglied der Académie. Mit zunehmendem Alter erreichte er eine hohe Notorietät. Am Ende war er fast allein eine ganze Institution. Unsere Ämter und unsere Stellungen führten zu regelmäßigen Gelegenheiten für Begegnungen. Ich schätzte seine Art zu denken. Er verstand mich ausgezeichnet. Ein Besuch bei ihm in seinem Landhaus im Departement der Creuse, wo ich ihn zum Offizier der Ehrenlegion erhob, ist mir in besonders guter Erinnerung. Wir sprachen über das Absurde und das Geheimnisvolle.

– Herr Präsident, das Gericht, vor dem Sie aussagen, beurteilt das Leben von Maître Guitton. Hier wird jeder Mensch im Hinblick auf seine Liebe gerichtet. Ist Ihre persönliche Erfahrung geeignet, zur Urteilsfindung dieses Gerichtshofs in der besagten Hinsicht einen Beitrag zu leisten?

– Gewiss. Achtzehn Monate vor dem Ende meiner zweiten Amtszeit – ich litt schon an der Krankheit, die mich dann auch besiegen sollte, und ich sah das Ende schon kommen – beschäftigte ich mich mit meinen Beerdigungsfeierlichkeiten. Ich hatte nur eine zivile Beerdigung geplant, mit einer grandiosen Grablegung in den wilden Bergen des Morvan.

– Könnten Sie dem Gericht bitte ein paar wichtige Einzelheiten über dieses Projekt mitteilen?

– Ich werde mich kurz fassen. Nach dreitägiger Aufbahrung unter dem Triumphbogen der Place de l'Étoile sollte mein Sarg beim Morgengrauen auf eine Lafette geladen und im Schritttempo unter der Anteilnahme der ganzen Bevölkerung, die ich so sehr geliebt habe, durch Städte und Dörfer bis in die kalte Region des Morvan transportiert werden. Am Ende des Fahrwegs, an einem Waldrand, sollte der Sarg bei Sonnenuntergang von meinen engsten Freunden auf die Schulter genommen werden. Vor einer langen Prozession von treuen Anhängern, die zum Teil mit schwarzen Kapuzen, zum anderen Teil mit langen weißen Gewändern bekleidet gewesen wären, wären wir zuerst auf einem Waldweg und dann auf einem Bergpfad bis zum Gipfel eines windgepeitschten kahlen Berges hinaufgestiegen. Dort hatten sich vor zweitausend Jahren noch Opferriten der Druiden abgespielt, und kein Zeichen christlicher Verehrung hatte jemals den rauen Bergvorsprung berührt. Seine Spitze aus Feuerstein ragte seit ewigen Zeiten mitten in den Himmel. Beim Licht der Fackeln und unter fremdartigen druidischen Gesängen sollte mein Leichnam dort in einer Höhle beigesetzt werden, die vorher in den Felsen geschlagen worden war. Ein Geschwader von Kunstfliegern würde in einem wilden Ballett den Berg mit Rauchschwaden in den Farben Frankreichs und in Trauerfarben einhüllen, während der letzte Glanz der Abenddämmerung verlischt. Wenn man noch einige Beleuchtungs- und Klangeffekte hinzufügt sowie 101 Kanonenschüsse, dann können Sie sich den Ritus vorstellen, den ich vorgesehen hatte.

Sankt Peter, ganz ungläubig:

– 101 Kanonenschüsse?
– Keinen einzigen weniger.

Labarthète, aufgerichtet und in Ekstase, sagt zum mürrischen, in sich zusammengesunkenen Sarache:

– Haben Sie es gehört, Sarache, 101 Kanonenschüsse! Keinen einzigen Weihwasserschlag … Aber wirklich, 101 Kanonenschläge!
– Warum auch nicht?
– Ich glaube sie zu hören. Wie schön das ist! Wie großartig das ist! Jagt Ihnen das keine kalten Schauer über den Rücken, Sarache? Am Ende wird mir Mitterrand noch ganz sympathisch.

Sarache explodierte:

– Reden Sie keinen Unsinn, Labarthète! Mitterrand war doch grotesk mit seiner druidischen Beerdigung. Die Rechte lachte höhnisch; die Linke machte sich lustig darüber. Er glaubte als einziger daran.
– Sagen Sie das nicht. Sie waren einer von seinen echten Freunden. Sie hätten den Sarg tragen dürfen.
– Auf 2800 Metern steinigen Pfades mit 380 Metern Höhenunterschied? Nein, danke.
– Aber was wäre das für eine Ehre gewesen!
– Man hätte sich einen Monat lang die Schulter massieren lassen müssen …
– Dann hätten Sie eben an der Prozession teilgenommen?
– Sehen Sie mich als Klageweib am Abhang des Berges, mit einer schwarzen Kapuze wie Mephisto oder einer weißen Toga wie Brutus?
– Jedenfalls hätten Sie gesungen.
– Ich singe falsch.
– Wirklich, Sie haben sich dem Erhabenen unserer Existenz verschlossen, all seinen tiefsten Emotionen. Mir haben Prozessionen immer einen kalten Schauer über den Rücken gejagt. Es wundert mich nicht, dass Sie verdammt wurden.
– Und Sie armer Trottel, sind Sie vielleicht im Paradies mit Ihren kalten Schauern?
– Sie sind ungehobelt und gottlos!
– Deshalb bin ich auch verdammt – und sogar stolz darauf.

– Ich war nicht gottlos, ich war fromm.
– Gehen Sie, Sie sind ein Frömmler.

Sankt Peter ermahnte die Verdammten:

– Ruhe, oder ich lasse den Saal räumen! Herr Präsident, Ihr Bericht ist sehr interessant, und dieses Projekt für Ihre Beerdigung gibt uns Auskunft über den Zustand Ihrer Seele, etwa achtzehn Monate vor Ihrem Tod. Aber was hat das, bitte, mit der Sache zu tun, die wir hier verhandeln?
– Ich komme noch darauf. Die besagten Beerdigungsfeierlichkeiten würden nach den wahrscheinlichsten medizinischen Voraussagen im Lauf des Jahres 1996 stattfinden. Das war aber das Jahr des eintausendfünfhundertjährigen Jahrestags der Taufe Chlodwigs. Der Papst Johannes Paul II. sollte in diesem Jahr Frankreich besuchen.
– Diese heidnischen Beerdigungsfeierlichkeiten hätten dann einen sehr schlechten Eindruck hinterlassen.
– Ich weiß nicht, wie diese Angelegenheit bekannt wurde und wie sie Jean Guitton zu Ohren gekommen ist. Er hat sofort den Beschluss gefasst, mir das auszureden.

Außer sich rief Sarache:

– Sehen Sie doch diese kleinbürgerliche Stupidität. Aufregung in der Sakristei. Man muss den Schein wahren. Man musste den Alten in aller Form ausstopfen.

Ganz außer sich sprang er auf und schrie so laut er konnte in den Saal:

– Nieder mit den „Schwarzen“!

Labarthète hatte sich auch aufgerichtet, zog ihn an der Jacke nieder und schrie ihn an:

– Der alte Guitton hat mit Recht so reagiert. Es ging um eine Frage der Konventionen, der Tradition und der Achtbarkeit. Das Allerwichtigste stand auf dem Spiel.

– Lassen Sie mich in Ruhe, Saustall!
– Setzen Sie sich, schämen Sie sich nicht?

Er packte ihn am Kragen:

– Fanatiker!
– Sektierer!
– Es lebe die Republik, in Gottes Namen!
– Tod den Geusen![17]

Während der ganzen Zeit hatte Sankt Peter umsonst seine Glocke geschwungen. Schließlich schickte er die Schweizer-Engel vor:

– Messires, bringen Sie diese beiden Wilden hinaus.

Zwei Engel packten die Verdammten am Kragen und beförderten sie vor die Tür. Als die Unruhestifter draußen waren, fragte Sankt Peter Mitterrand:

– Wissen Sie, warum Maître Guitton Ihnen diesen Vorsatz ausreden wollte?
– Damals wusste ich nicht, warum er so fest entschlossen war. Ich verstehe es auch heute noch nicht.
– Jean Guitton, können Sie uns etwas über die Gründe für diesen Entschluss sagen?
– Die anfänglichen Gründe liegen im Dunkeln, wie alle Anfänge. Aber die Emergenz ist leicht festzustellen. Ich war mit dem Flugzeug nach Rom unterwegs, wo eine Ausstellung meiner Bilder zum Thema *Die Liebe zur Zeit und zur Ewigkeit* stattfinden sollte. Meine Sekretärin, die sonst immer mit mir reist – sie muss mir immer Tropfen in die Augen tun, da ich selbst damit nicht zurechtkomme –, war nicht dabei. Im Flugzeug saß ich neben einem Mädchen von etwa vierundzwanzig bis fünfundzwanzig Jahren. Ihr Gesicht kam mir bekannt vor, aber zu meinem großen Erstaunen, denn meine Vergesslichkeit ist äußerst selektiv, kam ich nicht darauf, wer es sein könnte. Sie hat

mir ihren Namen nicht gesagt. Sie sagte mir nur, dass sie aus der Normandie sei und im Carmel gelebt habe. Natürlich habe ich mich nicht getraut, weitere Fragen zu stellen. Ich weiß nicht, warum, aber die Unterhaltung begann sich um Mitterrand und seine zukünftigen Beerdigungsformalitäten zu drehen.

– Hatten Sie damals schon beschlossen, etwas zu unternehmen?

– Nein. Seine Entscheidung stimmte mich traurig, aber ich war eher resigniert. Was hätte ich denn tun können? Was will man machen? Es erschien mir unausweichlich. Man kann an diesen Dingen nichts ändern. Da sagte das junge Mädchen mit großer Überzeugungskraft zu mir: „Sie müssen das verhindern. Sie werden in Rom den Papst sehen. Sie bitten ihn um einen Brief für den Präsidenten Mitterrand." – Aber warum denn das? fragte ich. Die heilige Theresia vom Kinde Jesu will es, antwortete sie. Ich wollte weiterfragen, aber da das Flugzeug gerade gelandet war, blieb es dabei. Ich ging von Bord.

– Und das Mädchen?

– Sie war verschwunden. Tags darauf fand meine Ausstellung statt. Ich sah die beiden Botschafter Frankreichs und sechs oder sieben Kardinäle. Alle sagten zu mir, der Papst sei nicht zu sprechen. Er war in Castel Gandolfo. Er musste sich schonen, denn die Synode sollte am übernächsten Tag beginnen. Es war unmöglich, ihn zu sehen. Nach der Vernissage hat man mich im Gebäude umhergeführt. Es war ein Kolleg wie tausend andere in Rom. Der Rektor, der mich führte, sagte zu mir in der Kapelle: „Maître, Sie sind die zweite französische Berühmtheit, die dieses Kolleg besucht. Die letzte war Theresia von Lisieux, und zwar am Vorabend des Tages, an dem sie den Papst besucht hat." Das ist aber sonderbar, dachte ich bei mir. Am nächsten Vormittag besuchte ich die französischen Kardinäle der Reihe nach. Als ich am Nachmittag nach der Siesta gerade ein paar Weintrauben knabberte und zwei Schluck Weißwein trank, trat eine Freundin ins Zimmer und sagte: „Ich gehe zum Rosenkranzgebet des Papstes, im Hof des Papstes Damasus. Da können alle hingehen. Kommen Sie mit?“

– Gingen Sie hin? fragte Sankt Peter.
– Natürlich wollte ich nicht hingehen. Ich habe ein Buch über die heilige Jungfrau Maria geschrieben. Meine Theologie ist ausgereift. Das genügt mir. Ich bete nie den Rosenkranz.
– Dachten Sie, Sie könnten vielleicht trotz allem den Papst sprechen?
– Die Kardinäle hatten mir gesagt, es sei nicht möglich. Für mich war offensichtlich, dass es unmöglich war. Sie kennen schließlich den Vatikan besser als ich. Kurz, ich dachte nicht, dass es möglich wäre.
– Und wie ist es gegangen?
– Ich habe den Papst gesprochen. Es war der 1. Oktober, das Fest der heiligen Theresia von Lisieux. Ich sagte ihm, ich sei der letzte christliche französische Philosoph.
– Das muss ihm gefallen haben. Was hat er geantwortet?
– Nichts. Er schaute woanders hin.
– Und dann?
– Ich habe wieder an die Angelegenheit gedacht. Ich sagte einfach: „Der Präsident Mitterrand …“ Er hat mich mit einem Blick angeschaut, der schwer trug an den Sünden der Welt. Er hat sich innerlich gesammelt und intensiv gebetet. Dann hat er mich gesegnet, hat sich umgedreht und ist gegangen. Darauf gab mir ein Kardinal einen Brief und flüsterte mir zu: „Vom Heiligen Vater für den Präsidenten Mitterrand.“ Da stand ich nun mit meinem Brief, meinen Erinnerungen und einer Aufgabe, die ich durchzuführen hatte.
– Und dann?
– Ich musste zu ihm gehen. Ich tat es.
– Niemand hat diesen Brief jemals gesehen.

– Ja, das ist wirklich sonderbar. Auf dem Weg zurück sprach ich mit der Person, die mich begleitet hatte, über diesen Brief. Ich sagte ihr, dass Frankreich ein schreckliches Land sei. Überall herrscht eine unglaubliche Indiskretion. Meine Verleger würden mich bearbeiten. Das war offensichtlich. Kurz, es sei unmöglich, all dies vor dem *Match* zu verheimlichen.
– Und dann?
– Es ist unwahrscheinlich. Ich habe den Brief verloren. Ich war äußerst unglücklich. Ich habe dann den Präsidenten Mitterrand um eine Audienz von einer halben Stunde gebeten, um ihm über meine Unterhaltung mit dem Papst über diese Angelegenheit zu berichten.
– Eine halbe Stunde?
– Der Papst war sehr konzentriert gewesen. Ich musste seine Gedanken erklären, ohne sie zu verfälschen. Kurz, ich wurde zu Mitterrand gerufen.

Über das Schicksal der Menschheit

Ich komme in den Elysée-Palast. Aufzug, Gänge, ein kurzer Aufenthalt im Wartezimmer, und dann führt mich der Amtsdiener ins Büro des Präsidenten:

– „Herr Jean Guitton, von der Académie française."
– Und der Brief? unterbrach mich Sankt Peter.
– Es ist unwahrscheinlich. Glauben Sie es mir, wenn Sie wollen, aber wie ich eintrete ins Büro und dem Präsidenten die Hand geben will, habe ich den Brief wieder.
– Wo war er?
– Zwischen dem Daumen und dem Zeigefinger meiner rechten Hand.
– Unglaublich.
– Sie sagen es.
– Was taten Sie?

– Ich nahm ihn in die andere Hand.
– Wie erklären Sie das Verschwinden des Briefes und sein Wiedererscheinen?
– Ich kann es nicht erklären.

Sankt Peter schaute zu Theresia von Lisieux. Sie schaute auf zum Himmel. Dann sagt er einfach:

– Fahren Sie fort.
– Ich befand mich in François Mitterrands Büro. Herr Präsident, mein Kompliment, sagte ich. Wenn man Sie sieht, glaubt man nicht, dass Sie krank sein könnten.
– Leider, Herr Guitton, es gibt die Wirklichkeit und den Anschein.
– Wirklich, man könnte sagen, Sie wären im Stand der Gnade.
– Der Stand der Gnade … Früher kannte ich den Sinn dieser Worte. Heute kenne ich ihn nicht mehr.

Und er schwieg.

– Herr Präsident, ich komme aus Rom zurück. Ich habe den Papst gesehen. Wir haben über Sie gesprochen.

Mitterrand sah mich an. Er verschloss sich. Kalt, wie im Selbstgespräch.

– Sicherlich, ich bin gezeichnet … Aber wir sind alle gezeichnet …

Er wandte sich mir zu.

– Sie auch, Herr Guitton, Sie sind ebenfalls gezeichnet. Aber Sie, der christliche Philosoph, haben Sie nicht genug vom Leben? Haben Sie nicht Lust, dorthin zu gehen? Wenn Sie daran glauben, dann sollten Sie dieses Verlangen haben. Fast hundert Jahre lang ohne die Gegenwart Gottes, das muss für Sie ein Martyrium sein. Sterben Sie nicht daran, nicht sterben zu dürfen?

Meine Antwort war nur ein nervöses Lächeln. Ich wusste nicht mehr, warum ich gekommen war. Ich hatte den Brief vergessen. Plötzlich fiel er mir wieder ein.

– Der Papst hat mir einen Brief an Sie mitgegeben.

Mitterrand gab nicht das geringste Zeichen, weder Zufriedenheit, Erstaunen oder Gleichgültigkeit.

– Einen Brief? fragte er mit bewundernswert undurchdringlichem Ton.
– Ja, sagte ich. Hier ist er.

Ich reichte ihn hin. Der Präsident nahm ihn, öffnete ihn, las und legte ihn dann mit großer Geste auf einen niedrigen Tisch.

– Ich werde diesem Johannes Paulus antworten, sagte er.
– Tat er es? fragte Sankt Peter.
– Ich weiß es nicht.

Im Himmel war Stille. Auch im Elysée-Palast war Stille. Die gleiche Art Stille.
Sankt Peter fragte:

– Was hat der Präsident sonst noch gesagt?
– Es ist heikel, darüber zu berichten.
– Jean, du musst die ganze Wahrheit sagen.
– Nun ja, sagte ich verlegen, er sagte: „Wenn Green und Sie einmal gestorben sind, gibt es niemand mehr in der Académie française."

Da hörte ich, wie Claudel auf der Geschworenenbank zu Ozanam sagte: „Das ist wirklich wahr!"
Aber ich habe Mitterrand erwidert, und zwar mit Überzeugung:

– Aber Herr Präsident, da sind noch viele! (Und ich fügte hinzu:) Sie hätten auch darunter sein können.

– Literatur und Politik, ich hatte zwei Berufungen. Wie Sie auch, glaube ich.
– Für mich waren es Malerei und Philosophie.
– Ihnen ist es gelungen, auf beiden Gebieten Erfolge zu erzielen. Ich beneide Sie darum
– Herr Präsident, hier habe ich den Katalog der Bilderausstellung, die ich in Rom gemacht habe. Das Thema war *Die Liebe für Zeit und Ewigkeit.*
– Die Zeit und die Ewigkeit …
– Heute ist Ihr Namenstag, und es bereitet mir Vergnügen, Ihnen diesen Katalog zu überreichen.

Mitterrand lächelte.
Er nahm den Katalog und betrachtete den Umschlag. Das Buch öffnete sich und zeigte eine schöne Reproduktion. Mitterrand schaute sie genau an und hob dann die Augen.

– Es stimmt, sagte er. Wir haben heute den 4. Oktober 1994. Der heilige Franz von Assisi ist mein Namenspatron.
– Hat man bei Ihnen die Geburtstage oder die Namenstage gefeiert?
– Die Namenstage. Wir waren sieben Kinder, Mädchen und Jungen. Es ist schön, in einer großen Familie zu leben. Heute gibt es das nur noch selten.

Er fügte hinzu:

– Ich danke Ihnen für dieses Geschenk. Sie sind ein katholischer Chagall.

Er schaute mich an. Es gelang mir, nicht vor Freude rot zu werden. Die Vergleiche stören mich immer ein bisschen. Ich lenkte ab.

– Wirklich, Herr Präsident, Ihnen scheint es gut zu gehen.
– Obwohl ich spät zu Bett ging, wegen der japanischen Kaiserin. Vielen Dank für den Brief.

Er klingelte. Der Amtsdiener kam. Wir erhoben uns. Er begleitete mich zur Tür.

– Auf Wiedersehen, Herr Präsident. Oder vielmehr, adieu. In unserem Alter sagt man besser adieu.
– Adieu, Maître.

Dann, nach kurzer Zeit:

– Nein, sagen Sie lieber: „Auf Wiedersehen."

Dann, auf der Schwelle, richtete er sich auf und sagte ganz feierlich:

– Herr Guitton, ich verspreche Ihnen, dass ich noch vor dem Ende des Jahres zu Ihnen komme, um mit Ihnen über den Tod und die Ewigkeit zu sprechen.

Am 25. November 1994 besuchte er mich in meiner Wohnung. Ich hatte gesundheitliche Probleme mit den Beinen. Ich erwartete ihn in meinem großen Büro, in der Mitte des Zimmers stehend, auf meinen Stock gestützt. Eine junge Frau führte den Präsidenten herein, kündigte ihn an und nahm seinen Mantel.

– Herr Präsident, begann ich, Sie erweisen mir eine hohe Ehre.
– Ich bitte Sie, erweisen Sie mir Ehre für Ehre, lassen wir alle Förmlichkeiten beiseite und sprechen wir von Mann zu Mann.
– Das will ich Ihnen versprechen. Es soll zwischen uns weder Unwahrheiten noch Ausflüchte, weder Unterlassungen noch Zweideutigkeiten geben.
– Danke, Maître. Ich will dasselbe versprechen.
– Fragen Sie.
– Guitton, warum die Hölle?
– Weil Gott die Liebe ist.
– Sie ändern sich wohl nie, Sie unverbesserlicher Erfinder von Paradoxen?

– Das stammt nicht von mir, sondern von Dante.
– Ob es von Ihnen oder von Dante stammt, es bleibt ein Paradox.
– Herr Präsident, die Wirklichkeit selbst ist paradox. Vor allem ist Gott der paradoxe Geist. Aber für ihn ist es vollkommen normal, paradox zu sein. In Wirklichkeit sind eher wir paradox im Vergleich zu ihm, mit unseren vorgefertigten Gedanken ohne Paradoxe.
– Gedanke, schweigend wie eine Wüste, glatt wie ein Spülstein, flach wie die Hand. Die Hölle existiert also, weil Gott die Liebe ist ... Ich sage nicht nein. Aber Sie müssen das erklären. Ich habe keine Vorurteile, müssen Sie wissen.
– Haben Sie nicht einen Minister, der gegen Gott allergisch ist?
– Sie meinen sicherlich Sarache? Bei ihm ist das tatsächlich eine Phobie.
– Möchte Sarache ins Paradies kommen?
– Auf keinen Fall.
– Also, sagen Sie mir dann, was Gott mit ihm nach seinem Tod anfangen soll. Ihn mit Gewalt ins Paradies stecken?
– Das würde ein höllisches Paradies sein.
– Das haben Sie selbst gesagt.
– Es gibt auch das Fegefeuer.
– Dort bleibt man nicht für immer. Es ist nur das Vorzimmer zum Paradies.
– Richtig. Dahin möchte er also auch nicht.
– Also, was kann Gott mit ihm tun?
– Ihn vernichten.
– Sicherlich. Aber wenn das nicht seine Art ist?
– Aber er muss ihn irgendwohin tun.
– Aber wohin?
– Nicht ins Paradies.
– Offensichtlich. Anders ausgedrückt, in die Hölle.
– Die Hölle ist also: anderswo als im Paradies.

– Genau.
– Aber nein, Guitton. Die Hölle ist mehr als das. In der Hölle leidet man.
– Aber woran leidet man, Herr Präsident?
– Wer soll das wissen! Durch Feuer, durch Gabeln …
– Folklore, Herr Präsident! Folklore!
– Wie, Guitton, Sie glauben nicht an die Höllenstrafen?
– Doch, Herr Präsident. Aber alle Theologen werden Ihnen sagen: Die erste Höllenstrafe ist, nicht im Paradies zu sein.
– Damit sagen Sie aber, dass Sarache leiden würde, wenn er dort sein müsste; und Sie sagen auch, dass er darunter leiden würde, nicht dort zu sein. Das ist absurd.
– Absurd wie die Sünde. Man will sie nicht tun, aber man tut sie. Man leidet darunter, aber man empfindet Vergnügen dabei. Man möchte nicht darunter leiden, aber man hütet sich, sie aufzugeben.
– Es stimmt, dass dies die Erfahrung ist, die man bei Fehltritten macht.
– So muss es auch in der Hölle sein. Die Sünde ist die Hölle in der Zeitlichkeit. Die Hölle ist die Sünde in der Ewigkeit.
– Warum leidet man darunter mehr?
– Vielleicht mehr, aber sicherlich auf eine andere Weise. Man leidet für immer, das ist alles.
– Aber wenn man stärker leidet, dann muss man etwas tun, nachdenken, herauskommen wollen.
– Dazu braucht man die Zeit. Aber in der Ewigkeit ist man nicht mehr in der Zeit, und man hat keine Zeit mehr.
– Aber, Guitton, dann ist man eingeklemmt.
– Nicht eingeklemmt, sondern vollendet.
– Und unsere Freiheit?
– Auch sie, vollendet.
– Dann glauben Sie, dass Sarache freiwillig in der Hölle sein wird?
– Ja.
– Aber er ist nicht frei, nicht dort zu sein.

– Aber wenn er nicht anderswo sein will und es nur zwei Orte gibt?
– Sicherlich, aber er möchte das absolute Glück in der Hölle finden.
– Das ist das Problem. Das will Gott nicht. Er will, dass man das absolute Glück im Paradies findet.
– Aber Sarache ist anderer Meinung.
– Deshalb kann er nicht mit Gott vereinigt sein. Und deshalb gibt es eine Hölle.
– Aber Gott braucht doch diesen armen Sarache, der nur ein Dummkopf ist, nicht leiden zu lassen. Ich kenne ihn. Er war immer ein Idiot.
– Wenn er nur ein Dummkopf ist, Herr Präsident, kommt er nicht in die Hölle. Dummheit ist keine Sünde.
– Stört Sie das nicht, wenn Sie daran denken, wie viele Dummköpfe im Paradies sein werden?
– Das ist wieder ein anderes Problem, Herr Präsident.
– Sie haben Recht. Sagen Sie mir, warum Gott diesen armen Sarache leiden lässt?
– Aber Gott will nicht, dass er leidet. Gott will im Gegenteil sein höchstes Glück. Nur Sarache will das nicht. Er sagt, er hätte Gott um nichts gebeten. Was soll Gott da tun?
– Sarache gibt nicht zu, dass Gott irgendetwas von ihm verlangt hätte.
– Ich weiß das. Wir sind alle im Grunde wie Sarache. Sarache ist der Meinung, dass Gott dadurch seine Freiheit beeinträchtigt hat, dass er ihn ohne seine Einwilligung geschaffen hat und dass Gott ein Diktator sei, wenn er in der Welt erscheint, ohne vorher die Genehmigung der UNO erhalten zu haben.
– Und was sagen Sie dazu, Guitton?
– Dass Gott ein Vater ist und dass kein Vater seine Kinder um Erlaubnis fragt, wenn er ihnen das Leben schenkt.
– Das hält Sarache für einen Skandal. Das macht ihn verrückt. Ist er absurd?

– Vielleicht. Doch eher nicht. Alles wird logisch, wenn man annimmt, dass Sarache wie Gott sein will.
– Aber das ist unmöglich, wie Sie wissen.
– Eben, Sarache will nicht, dass irgendetwas unmöglich sein sollte.
– Also will er allmächtig sein.
– Das haben Sie gesagt.
– Er will also wie Gott sein!
– Ja.
– Dann ist die Hölle das wirkliche Pantheon aller dieser eingebildeten Götter.
– Genau.
– Aber Sarache spricht immer von der Freiheit. Wenn er also sagt: „frei sein" …
– Denkt er: „Gott sein".
– So habe ich das Ganze noch nicht betrachtet. Sarache sagte eines Tages zu mir, er wolle nicht, dass Gott sein höchstes Glück sei.
– Aber Gott kann nicht nicht das höchste Glück des Menschen sein. Es ist, als würde man ihn bitten, aufzuhören, Gott zu sein.
– Genau das verlangt Sarache von ihm. Er hätte gerne, dass Gott nicht Gott ist, oder besser, dass er gar nicht existiert.
– Und wer wäre dann Gott?
– Niemand. Oder vielleicht Sarache. Sagen wir, der Mensch.
– Mit anderen Worten, Sarache leidet in der Hölle, weil er dort nicht das absolute Glück findet; aber er ist zufrieden, in der Hölle zu sein, weil er damit seinen Anspruch durchsetzen kann, die absolute Freiheit zu besitzen. Und er ist noch lieber in der Hölle, als dass er seinen Anspruch aufgeben würde.
– Das ist somit klar. Was sagen Sie über die Freiheit, Guitton?
– Ich habe oft mit Paul VI. darüber gesprochen. Aber um bei Sarache zu bleiben, so spricht dieser immer über die persönliche Freiheit. Ich stimme ihm darin zu. Aber wa-

rum sollte Gott der einzige sein, der diese Freiheit nicht hat? Ein armer Gott, der nicht das Recht hat, zu reden, der nur das Recht hat, nichts zu verlangen. Und wenn er spricht, macht man ein Kreuz darüber.
– Oder man schlägt ihn ans Kreuz.
– Das ist dasselbe, Herr Präsident. Dasselbe. Herr Präsident, wir haben gelobt, ohne Unwahrheiten, ohne Unterschlagungen und ohne Zweideutigkeiten miteinander zu sprechen. Sagen Sie mir, haben Sie in einem Augenblick Ihres Lebens den Glauben an das, was man Hölle nennt, ganz verloren?

Mitterrand denkt nach.
– Nein. Wenn ich Fehler begangen habe, war mir immer der Gedanke gegenwärtig, dass ich ja einmal sterben würde und dass mich Gott dann richten würde, und dass es für die, die Böses tun, eine Hölle gibt.
– Wie auch ein Paradies für die, die Gutes tun?
– Ans Paradies habe ich nicht gedacht, aber an die Hölle, ja.
– Hat Sie dieser Gedanke nicht zurückgehalten?
– Nein.
– Hat er Ihnen nicht das Vergnügen verdorben?
– Nicht wirklich.
– Ludwig XIV. war wie Sie.
– Woher wissen wir das?
– Aus den *Memoiren* von Saint-Simon. Denken Sie bitte nach, ehe Sie mir antworten. Wären Sie zu mir gekommen, um mit mir dieses Gespräch zu führen, wenn Ihnen im Grunde Ihres Bewusstseins nicht ein gewisser Glaube an die Hölle geblieben wäre?
– Soll ich ganz frei antworten?
– Natürlich.
– Nein.

Gespannt hielt ich inne. Dann sagte ich:
– Und trotzdem haben Sie keine Furcht.

– Nein.

– Darüber würde ich gerne mehr hören, denn ich selbst habe Angst. Aber schließen wir mit dem Vorangegangenen ab. Nehmen wir an, Gott möchte Ihnen hier und jetzt aus Liebe zu Ihnen begegnen. Ohne den Gedanken an die Hölle wären Sie nicht gekommen, und das Treffen hätte nicht stattgefunden. Also hat die Hölle der Liebe gedient.

– In einem gewissen Sinn …

– Herr Präsident, sagen Sie mir bitte, warum Sie die Hölle nicht fürchten. Ich fürchte sie. Als ich ein Kind war, hat man mir gesagt, ich bräuchte vor Gott keine Angst zu haben; aber man hat mir die Ehrfurcht vor dem Herrn beigebracht: die Furcht, ihn nicht zu lieben, die Furcht, ihm Sorge zu bereiten. Und doch hat mich immer wieder die Angst befallen. Ich habe in dieser Furcht gelebt. Ich habe Angst vor dem Gericht. Wegen dieser Angst konnte ich Gott nicht lieben.

– Wie? Sie lieben Gott nicht?

– Ich würde ihn gerne lieben.

– Aber Sie sind doch sicher, dass er existiert.

– O ja.

– Wie verschiedenartig doch die Seelen sind! Wenn ich Ihren Glauben und Ihre Philosophie hätte, würde ich Gott von ganzem Herzen lieben.

– Warum fürchten Sie Gott nicht?

– Ich glaube, ich habe noch nie Angst gehabt; weder vor Dingen noch vor Personen, weder auf Erden noch im Himmel.

– Also sind Sie zum König geboren, und Sie wurden es.

– Ich habe keine Angst vor Gott. Ich fürchte das Leiden nicht. Ungerechte Strafen erschrecken mich nicht. Ich lehne mich dagegen auf. Gerechte Strafen erschrecken mich nicht. Ich billige sie. Ich fürchte keine ewige Strafe.

– Sie haben aber Glück!

– Wenn Gott denken würde, ich wäre hierher gekommen

aus Furcht vor Flammen und Gabeln, würde ich ihn stehen lassen und sofort gehen. Aber wenn es ihn gibt, kennt er mich. Er weiß, dass ich mich vor der ewigen Strafe nicht fürchte.
– Also was fürchten Sie dann, Herr Präsident.
– Dass ich die Strafe verdient haben könnte.

Ein Engel ging durch den Raum. Ich fragte:

– Durch Ihre Politik?
– Meine Politik … Ich bin der einzige auf der ganzen Welt, der ihren Sinn kennt. Keiner hat mein Geheimnis ergründet. Ich weiß, was ich getan habe und was ich nicht getan habe, was ich gezwungen war zu tun und zu erdulden. Meine Politik gefällt mir. Ich werde sie vor Gott vertreten. Aber es geht nicht um meine Politik, sondern um mich.
– Sie bedauern also Ihre Politik nicht?
– Ich wiederhole, dass es nicht um meine Politik geht, sondern um mich.
– Um Sie? Nicht um die Politik? Nicht um die Moral?
– Das ist tiefgründiger als die Moral und die Politik.
– Um was handelt es sich dann?
– Um Gott und um mich.
– Ich glaube, ich verstehe. Als ich noch jung war, hat mich Gott in die Wüste geführt. Dort sagte er zu mir: „Jean, du musst verschwinden."

Mitterrand war erstaunt.

– Was heißt das, verschwinden?
– Ich weiß nicht. Mönch in einem Kloster oder Straßenkehrer in Palästina, wie der Graf de Foucauld, oder irgendetwas anderes, Unvorhersehbares. Ich weiß es nicht. Gott wusste es. Er hätte es mir gesagt.
– Was haben Sie dann getan?
– Ich bin nicht verschwunden. Ich hatte kein Glück.
– Aber Sie haben alles erreicht, Guitton, alles.

– Alles, außer dem Glück.
– Aber wenn Sie verschwunden wären? Welcher Verlust! Das konnte Gott nicht gewollt haben.
– Es war wie beim Opfer Abrahams, Herr Präsident. Gott wusste genau, wozu er mich geschaffen hatte. Er hätte mich bald wieder auftauchen lassen, und alles wäre wie vorher gewesen, außer dass ich das Glück gefunden hätte.
– Ist es das, was zwischen Gott und Ihnen vorging?
– Das ist es, Herr Präsident.
– Dann verstehen Sie mich.

Wir gaben uns die Hand, ohne ein Wort zu sagen. Dann fuhr Mitterrand fort, ohne eine Gemütsbewegung zu zeigen:

– Guitton, was ist die Moral?
– Unter uns, eine traurige Angelegenheit.
– Was heißt das, Guitton, Sie sind gegen die Moral?
– Die Moral ist eine unabdingbare Voraussetzung, eine einfache Begleiterscheinung, eine Konsequenz. Sie ist die Konsequenz von etwas Wichtigerem, das über sie hinausgeht und mehr wert ist als sie, dem Leben.
– Das wahre Leben, nehme ich an.
– Ja, Herr Präsident, die Mystik.
– Die Suche nach dem Absoluten?
– Das Leben in Gott.
– Was ist dann die Moral?
– Die Kunst, glücklich zu leben, als Mann oder Frau, der oder die das wahre Leben sucht. Es ist diejenige Struktur des Lebens, die die Weiterentwicklung des Lebens gestattet.
– Unter uns, Guitton, können Sie die Moral begründen?
– Herr Präsident, können Sie sie abschaffen?
– Sie werden mir das Wort Dostojewskis zitieren: „Wenn Gott nicht existiert, ist alles erlaubt."
– Ich mag dieses Wort nicht. Gottes Funktion ist es nicht, etwas zu verbieten.

– Ihre Antwort gefällt mir. Das Wort Dostojewskis hat mich immer an Gott zweifeln lassen, als wäre er eine Erfindung von Autoritäten.
– Herr Präsident, sind Sie nicht autoritär?
– Mir ist die Autorität mit Hilfe der Unterstützung der Feinde des Autoritätsprinzips übertragen geworden.
– Lassen wir das. Können Sie bis zur letzten Konsequenz die Forderung unterstützen, dass im Absoluten alles erlaubt ist? Kindermord, Völkermord, Vergewaltigung, ungezügelter Egoismus, Ungerechtigkeit, die zum Himmel schreit? Können Sie das? Wollen Sie das? Denken Sie das?
– Nein.
– Sagen Sie das aus Furcht vor der öffentlichen Meinung?
– Nein, nein und nein.
– Sagen Sie dreimal nein mit oder ohne Überzeugung?
– Mit Überzeugung. Die von Ihnen erwähnten Handlungen, Guitton, sind für mich absolut schlecht, auch wenn es keinen Staat und keinen Gott gäbe, der sie verbieten und bestrafen würde.
– Aber wenn Sie sagen: „Und keinen Gott“, empfinden Sie dann nicht einen gewissen Widerspruch? Würden Sie nicht lieber sagen: „wenn es, was unmöglich ist, keinen Staat und keinen Gott gäbe, um es zu bestrafen“?
– Ich weiß es wirklich nicht. Für mich sind diese Werturteile absolut gültig. Da bin ich mir sicher. Das ist alles, was ich sagen kann.
– Sie verbinden also Ihr Leben mit etwas, das absolut wahr ist, was das Gute anbetrifft.
– Ja. Aber ich frage mich, was dieses Absolute ist.
– Was denken Sie darüber?
– Zum mindesten ein kategorischer Imperativ, von dem niemand weiß, woher er kommt.
– Das ist eine vorsichtige und bis zu einem gewissen Grade auch vernünftige Antwort. Aber, meiner Meinung nach,

müsste man anfügen: „mit allem, was ein solcher kategorischer Imperativ fordert".

– Kant sprach von diesen Forderungen. Erinnern Sie mich an die Einzelheiten.
– Ich werde es auf meine Weise sagen. Sie wissen ja, Herr Präsident, dass ich alles guittonisieren muss, was ich anfasse.
– So geht es mir auch. Ich habe alle Parteien mitterrandisiert, die mir untergekommen sind. Also, wie heißen diese Postulate?
– Postulat Nr. 1: Willensfreiheit.
– Zugegeben. Sonst ergibt es ja keinen Sinn, verpflichtet zu sein. Eine Marionette ist nicht verpflichtet. Aber ist es vielleicht nicht nur ein Eindruck, verpflichtet zu sein?
– Herr Präsident, Sie haben mir gesagt, dass Sie das in der letzten Konsequenz nicht glauben können und dass es letztlich niemand glauben würde. Sollen wir darauf zurückkommen?
– Nein. Machen wir weiter.
– Postulat Nr. 2: Die geistige Natur der Seele, sonst würden wir in den universellen Determinismus eingebunden werden.
– Und wir würden zur Unfreiheit zurückkommen, die wir vorhin verworfen haben.
– Postulat Nr. 3: Unsterblichkeit der Seele.
– Ich gebe zu, dass dies wahrscheinlich ist, sobald man die Transzendenz der Freiheit gegenüber dem Universum, dem Körper und der Gesellschaft voraussetzt.
– Postulat Nr. 4: Existenz eines ewigen Geistes, aus dem dieser Imperativ hervorgeht, und zwar nicht als absoluter Befehl, sondern als ein persönlicher Anruf.
– Das ist mir klar. Hat Kant das erfunden?
– Mehr oder weniger. Ich habe es ein wenig abgewandelt.
– So ist es sicher besser. Ich habe Preußen nie geliebt. Lieben Sie Preußen? (Ich machte eine unbestimmte Geste.) Aber,

Preuße oder nicht, ich akzeptiere diese Postulate. Aber ich liebe Deutschland. Lieben Sie Deutschland, Guitton? (Ich machte eine andere unbestimmte Geste.) Die Postulate sind akzeptiert.

– Sind Sie wirklich überzeugt, Herr Präsident, oder fürchten Sie vielmehr die Sinnlosigkeit, die sich aus der anderen Alternative ergibt?

– Ich sagte doch schon, dass ich mich vor nichts fürchte. Wenn das Leben wirklich überhaupt keinen Wert hat, kann man immer noch daraus verschwinden. Aber wir bleiben hier. Ich bleibe hier. Ich glaube daran. Ich liebe es.

– Wenn Sie das Leben lieben, können Sie Gott nicht hassen, der der Urheber allen Lebens ist. Herr Präsident, was soll ich Ihnen noch sagen. Sie wissen alles.

– Ich weiß alles, was ich glauben will, und ich kann an nichts glauben. Deswegen bin ich ja zu Ihnen gekommen.

– Aber wenn Sie doch mit Überzeugung daran glauben?

– Ich glaube fest daran, und zwar mit einer unbesiegbaren Tendenz, nicht daran zu glauben. Diese Tendenz bringt mich so weit, dass ich mir schließlich sogar des Nichts sicher bin. Kann man dieses Übel bekämpfen?

– Herr Präsident, Sie verlangen zuviel von mir. Ich bin nur ein Dummkopf.

– Ja, wie Sokrates oder der savoyardische Vikar. Diese Art der Dummheit ist nicht sehr verbreitet. Deshalb höre ich Ihnen gerne zu.

– Was sagen die Wähler über unsere Angelegenheit?

– Dass sie die Moral immer bis zu einem gewissen Grade langweilt. Bis zu diesem Punkt wollen sie amoralisch sein oder die Freiheit haben, unmoralisch zu sein oder die Moral verleugnen zu können. Aber wenn es darüber hinausgeht, fühlen sie, dass sie die Moral brauchen. Wenn man ihre Moral in Frage stellt, weichen sie erschrocken zurück. Sie haben den Abgrund des menschlichen Lebens gesehen, wenn kein absolutes Gesetz mehr über allem steht. Vor diesem Abgrund fürchten sie sich, aber er erscheint ihnen auch unwahrscheinlich zu sein. Sie sind also bis zu einem gewissen Punkt unfähig, an die Moral zu glauben, aber dann wieder auch unfähig, nicht daran zu glauben, wenn es darüber hinausgeht. So sind meine Wähler.

– Sie sind gar nicht so dumm. Am Montag geht es im Institut auch nicht viel besser zu.

– Da bin ich mit Ihnen einig, Guitton. Deshalb ist die Demokratie auch nicht so schlecht. Aber, Guitton, können Sie die Moral begründen?

– Haben wir das nicht schon getan?

– Leider, Maître, verfalle ich immer wieder in meine Zweifel.

– Herr Präsident, ich bin nur ein armer Mensch. Wenn ich mich auf meine eigenen Einsichten verlasse, weiß ich nicht, was ich tun oder wohin ich gehen soll. Ich komme mir im Leben verloren vor. Aber in diesem Zustand der Verlassenheit habe ich die Wahl zwischen zwei Arten zu leben. Ich kann die anderen entweder ausnützen, oder ich kann ihnen dienen. Wenn ich beschließe, sie auszunützen, kann ich immer noch zwei Methoden anwenden: entweder kann ich sie mit Gewalt ausnützen, oder mit Schlauheit und Vernunft, das heißt kommerziell. Im letzteren Fall lasse ich mich selbst von denen gebrauchen, die ich ausnützen will. Das ist das Leben des gewöhnlichen Egoismus. Aber wenn ich beschlossen habe, den anderen zu dienen, werde ich mich selbst vergessen und mich dem Dienst widmen, bis meine Seele darin aufgeht. Diese Seele schafft sich einen Körper, der die Form einer moralischen Existenz annimmt. Diese Existenz schließt notwendigerweise gewisse Aktionen aus und fördert andere Arten der Handlung. Soll ich in die Einzelheiten gehen?

– Das scheint mir ein klares Konzept zu sein. Aber warum sollte man so leben und nicht auf die andere Weise? Was beweist, dass diese Art die bessere ist?

– Ich weiß es nicht.

Vor seiner nächsten Attacke denkt Mitterrand kurz nach:

– In diesem Fall, Guitton, haben Sie aber dafür keinen Grund.
– Doch. Denn ich kann immer zwischen zwei Alternativen wählen. Zwischen den beiden Möglichkeiten, mein Leben einzurichten, muss ich eine Wahl treffen. Ich muss entweder sagen: „Ich diene" oder: „Ich benütze". Denn ich kann nur als „Benützender" oder als „Dienender" leben. *Tertium non datur.*[18]
– Was ist dann zu tun?
– Die Frage ist dann: Was darf ich im Zweifelsfall nicht tun?
– Ich sehe, wo Sie hinauswollen.
– Wir verstehen uns immer ohne viele Worte.
– Deshalb kommen wir ja so gut miteinander aus. Aber vielleicht sollte man es doch genauer erklären. Die Intuition kann auch täuschen. Es steht viel auf dem Spiel. Man sollte wirklich sicher sein.
– Nehmen wir an, Herr Präsident, ich ginge mit einem Freund auf die Wildschweinjagd. Ich habe ihn aus den Augen verloren. Plötzlich höre ich im Dickicht ein Geräusch. Es klingt wie von einem Wildschwein. Aber es kommt nicht aus dem Dickicht. Es entfernt sich. Egal, ich lege an, ich werde schießen.
– Schießen Sie nicht, Sie Unglücksrabe! Wenn der Freund im Dickicht wäre!
– Aber wenn es ein Wildschwein wäre, wie schade!
– Ja, aber wenn es der Freund wäre, was für eine Tragödie!
– Herr Präsident, Sie sehen darin, warum die Moral erforderlich ist.
– Ja, wenn es der Freund wäre.
– Wenn man nicht weiß, was der rechte Weg ist, dann ist der sichere Weg sicherlich der rechte. Wenn also keine gesicherten Gründe vorliegen, muss man eine Begründung auf der Basis der Vernunft wählen.
– Man sollte das die „Wette Guittons" nennen.

– Sie tun mir zuviel Ehre an, Herr Präsident. So originell ist das auch wieder nicht. Zur Zeit des heiligen Alfons sprach man vom Tutiorismus.
– Des heiligen Alfons von Neapel?
– Ja, er nannte sich Alfons von Liguori, aber er lebte im 18. Jahrhundert in Neapel.
– Ja, aber nehmen wir einmal an, Guitton, dass die Seele sterblich ist, dann sind wir hereingefallen.
– Herr Präsident, Sie geben hier dieselbe Antwort wie der Freigeist in der „Wette Pascals". Allerdings ist das hier nicht genau dasselbe. In der Wette Pascals wählt man zwischen zwei Hypothesen die vorteilhafteste aus, ohne zu wissen, welche wahr ist noch welche moralischer ist. Dabei kalkuliert man, welches der größte Vorteil ist und wo das größere Risiko liegt. Und man kann sich immer fragen, ob es nicht besser ist, die entgegengesetzte Wahl zu treffen. Aber in unserem Fall sieht dies anders aus. Man wählt zwischen zwei Weisen zu leben, dem Dienst und dem Gebrauch, ohne beweisen zu wollen, welche Weise die an sich bessere ist. Denn nach unserer Hypothese können wir das nicht wissen. Aber wir fragen uns, was ist für uns am besten. Unser Entscheidungsprinzip hier ist der Zweifel. In dieser Situation des Zweifels wollen wir moralisch sein. Herr Präsident, würden Sie die Wahl treffen, zynisch böswillig zu sein, wenn Sie vernünftigerweise sicher sein könnten, dass es eine absolute Moral gibt und dass die oben erwähnten Postulate stimmen?
– Ich hoffe doch nicht, Guitton.
– Das wäre auch eine Dummheit, eine Perversität, eine schuldhafte Schwäche. Wir könnten vielleicht einer solchen Versuchung nachgeben, aber wir könnten dies nicht vor uns selbst verantworten.
– Guitton, und wenn Sie mit vernünftigen Gründen der Sinnlosigkeit sicher wären: der Unfreiheit, der Sterblichkeit der Seele, der Ungültigkeit des Moralgesetzes usw.?

– Sagen Sie mir zuerst, Herr Präsident, was Sie dann tun würden.
– Ich glaube, dass mir dann alles gleichgültig wäre und dass ich in einer so großen und tiefen Verzweiflung eher zum Mitleid als zu leidenschaftlichem Handeln geneigt wäre. Ich würde aufhören, zu handeln, zu kämpfen, zu erobern. Und ich würde immer noch nach der Moral des Dienens leben. Oder aber, wenn ich ganz logisch sein wollte, müsste ich dann ein Faschist werden und die Grausamkeit anstatt des Mitleids wählen und mich an allem freuen, was Leid verursacht. Ich würde mir dann einreden: das ist ja gar nicht schlecht, denn es gibt weder Gut noch Böse.
– Haben Sie schon so gedacht, Herr Präsident?
– Manchmal. In meiner Jugend, während des Zweiten Weltkriegs, am Anfang. Das Blut, der Genuss und der Tod. Die Macht und die Grausamkeit. Der starke und von allem befreite Mensch. Vor den großen Wellen des universellen Lebens in Bewunderung erstarren und in der Gischt der Wogen heroisch dem Schicksal entgegentreten.
– Ich verstehe, Herr Präsident, ich verstehe: irgendwo zwischen Barrès und Richard Wagner. Und wann haben Sie aufgehört, so zu denken?
– Anfang 1943, Guitton. Nach Stalingrad.
– Sie sind bemerkenswert freimütig, Herr Präsident. Glauben Sie, dass Sie Recht haben, nicht mehr so zu denken, ich meine philosophisch Recht oder Unrecht.
– Natürlich Recht, Guitton.
– Warum?
– Das ist kein Problem für mich. Bitte fahren wir fort.
– Wie Sie wollen. Sie sehen, Herr Präsident, ob es nun eine absolute Moral gibt oder nicht, so ist es doch vernünftiger, so zu handeln, als gäbe es eine absolute Moral.
– Warum, Guitton, stellen wir uns dann so viele Fragen?
– Weil wir unsere Zweifel nicht in Frage stellen. Wir zweifeln an der Moral, sie erscheint uns nicht zwingend. Wenn

wir auch an unserem Zweifel zweifeln würden, würden wir an unseren Pflichten nicht mehr zweifeln. Wenn wir kritischer wären, würden wir unserer Sache sicherer sein. Wenn wir noch mehr am Zweifel zweifeln, dann werden wir schließlich ganz sicher sein.

Es bereitete mir großes Vergnügen, unsere Unterhaltung wieder zu durchleben. Mitterrand ging es ebenso. Fast hätte ich meine eigene Lage vergessen und, ohne respektlos zu sein, hätte man sagen können, dass es den Mitgliedern der himmlischen Gesellschaft auch so ging. Sie hingen an meinen Lippen. Der Staatsanwaltsengel war schockiert. Ich selbst empfand ein leichtes Unbehagen. Ich hätte diese ganze Geschichte mit Mitterrand gerne abgekürzt. Man sollte über mich sprechen und nicht über ihn. Wurde nicht meine Seele gerichtet? Aber ich war gefangen wie in einem Räderwerk und konnte nicht mehr aufhören. Ich musste durchhalten bis zum Schluss.

– Für mich, sagte der Präsident, bedeutet Moral, das Leiden der anderen zu vermindern.
– Für mich, sagte ich, gibt es zwei Wege, um das Leiden zu mindern.
– Welche?
– Der erste, sagte ich, ist die Betäubung. Der zweite Weg ist, einen Sinn für das Leid zu finden.
– Sagen Sie mir niemals, Guitton, dass das Leiden einen Sinn habe! Sagen Sie das niemals zu mir!
– Sie wollen also, dass das Leid absolut keinen Sinn hat?
– Unbedingt.
– Sie wollen also immer noch mehr leiden?
– Wieder ein Paradoxon …
– Wenn man daran glaubt, dass Leiden einen Sinn habe, so ist das, als glaube man, dass es ein Mittel zu einem Zweck sei.
– Für mich ist das nicht so.
– Gut. Aber Sie müssen doch zugeben, dass man einen

Schmerz, den man für sinnvoll hält, leichter ertragen kann. Wenn man zum Zahnarzt geht oder sich in eine Klinik begibt, ist man darauf vorbereitet, dass es nicht ganz ohne Schmerzen abgeht. Man weiß aber auch, dass man nicht umsonst leidet. Wenn wir annehmen, man müsse zum Zahnarzt oder in eine Klinik und man versteht weder vorher noch hinterher, was mit einem passiert, und man wüsste auch nicht, wozu ein Zahnarzt oder eine Klinik nützlich sein könnte. Wäre einem dann derselbe physische Schmerz nicht viel unerträglicher?

– Das gebe ich zu, Guitton, aber ist das wirklich dasselbe?
– Herr Präsident, das frage ich Sie ja.
– Ich weiß es wirklich nicht. Ich leide sehr. Ich bin mit diesem Leiden nicht einverstanden.
– Wenn das Leiden keinen Sinn hat, dann hat man den Eindruck, dass man umsonst leidet. Man leidet nicht nur an den Schmerzen, sondern auch an der Sinnlosigkeit der Schmerzen.
– Aber ist es nicht absurd, zu denken, dass das Leiden nicht absurd ist?
– Wenn Sie davon so sehr überzeugt sind, dann leiden Sie noch mehr. So ist es eben.
– Aber ich werde doch wohl nicht sagen, dass das Leiden einen Sinn habe, nur um ein bisschen weniger zu leiden.
– Herr Präsident, wenn Sie es sagen, dann denken Sie auch, dass es so ist.
– Sarache hat mir hundertmal gesagt, dass der Sinn des Leidens eine Erfindung der Priester sei, um die Unglücklichen zur Geduld zu ermahnen.
– Herr Präsident, ob man nun reich ist oder arm, mächtig oder nicht, jeder Mensch wird im Laufe seines Lebens irgendwann einmal leiden müssen.
– Leider, lieber Freund, wem sagen Sie das …
– Ich schätze Descartes sehr, obwohl er einen schwerfälligen Stil hatte.

Ich erhob mich, holte ein Buch aus dem Regal, öffnete es an einer markierten Stelle und las:

– *„Mein dritter Grundsatz war, mich immer zu bemühen, eher mich zu besiegen, als das Glück zu erzwingen, und eher meine Wünsche zu ändern, als den Lauf der Welt; und mich ganz allgemein daran zu gewöhnen, zu glauben, dass außer unseren eigenen Gedanken nichts ganz in unserer Macht steht. Wenn wir dann unser Bestes getan haben, was die Beeinflussung der äußeren Dinge anbetrifft, ist alles, was uns zum Erfolg fehlt, völlig unabhängig von uns selbst. Diese Überlegung allein scheint mir ausreichend zu sein, mich daran zu hindern, von der Zukunft etwas zu erwarten, das ich nicht selbst erreichen kann, und dass ich mich mit den Umständen abfinde."*
– Ist das Ihre Philosophie?
– Herr Präsident, ist es nicht auch die Ihrige?

Ich dachte, damit wäre die Angelegenheit mit Mitterrand abgeschlossen, als dieser einwarf:

– Heiliger Petrus, Guitton hat mir dann – in sehr suggestiver Weise – auch noch von der Freiheit gesprochen.
– Sie setzen mich in Erstaunen, antwortete der Apostel.
– Heiliger Petrus, ich spreche nicht von der politischen Freiheit. Ich spreche vom freien Willen. In der Politik denkt Guitton sehr mehrdeutig, nämlich sozial und machiavellistisch, liberal und reaktionär. Er ist ein guter Taktiker und ein starker Visionär. Er kann sich oft nicht zwischen zwei Alternativen entscheiden. So war ich auch. Während des Weltkriegs hatte Guitton an den Sieg der Deutschen geglaubt. Später glaubte er bis 1992 an den Sieg der Russen. Er hatte auch gedacht, de Gaulle würde nie mehr an die Macht zurückkehren usw. Auch darin sind wir uns sehr ähnlich.
– Wie erklären Sie das?

– Durch ein Fehlen einer moralischen Vision in der Politik. Diese Immoralität hat uns daran gehindert, weitsichtiger zu sein.
– Das ist ja interessant, sagte Sankt Peter. Kommen wir zurück zum freien Willen. Welche Frage hatten Sie Guitton gestellt?

Auf diese Weise hat mich Mitterrand während meines Todes, der Beerdigungsfeierlichkeiten und meiner Gerichtsverhandlung wieder einmal ausgetrickst. Das ist bei ihm wie eine zweite Natur. Er schmarotzte und stahl mir die Schau. Und Theresia ließ es zu. Mitterrand schickte sich an, das Ende unserer Unterhaltung zu erzählen.

– Guitton, sind wir frei?
– Herr Präsident, sind Sie frei?
– Ich, bin ich frei?
– Das ist eine sehr gute Frage. Welche Antwort geben Sie darauf?
– Ich weiß es nicht. Es kommt mir vor, als sei ich es, und trotzdem kommen mir manchmal Zweifel.
– Warum?
– Ich habe immer an mein Schicksal geglaubt, Guitton. Schon als Kind glaubte ich, dass ich einmal Frankreich regieren würde. Ich glaubte in einem sehr präzisen Sinne daran: ich war sicher, und ich war in meinem Innersten davon überzeugt. Es war weder ein Kindheitstraum noch der Wunsch eines Jünglings, noch der Lebensplan eines ehrgeizigen Mannes. Es war mein Schicksal.
– Wie viele Kinder haben diesen Traum geträumt? Wie viele Männer haben diesen Plan mit sich herumgetragen?
– Ja, Guitton, aber wie viele haben an den Traum wirklich geglaubt? Wie viele haben ihren Plan aufrechterhalten? Viele legen die Hand an den Pflug und schauen zurück. Das ist ein Beweis, dass sie nicht für die Idee aus der Höhe geschaffen sind.

– Aber diese Idee hat sie berührt.
– Nicht berührt, Guitton. Vielleicht gestreift und dann verlassen. Ihr Innerstes hat sich dagegen gesträubt, und die Idee konnte nicht eindringen. Ihr Wille hatte nur das Format einer weniger großartigen Idee, und sie haben sich dareingefügt.
– Ihr Wille, Herr Präsident, hat gegen alles andere rebelliert, außer gegen die Idee, die erste Stelle einzunehmen. Alle, die diese Idee aufnehmen, erhalten die Macht, das zu repräsentieren, was sie darstellt.
– Ja, so war ich, Guitton. Ist dies Hochmut?
– Nein, Herr Präsident. Die Materie verlangt nach der Form. Manchmal kommt die Form von oben. Oder vielmehr die Idee dazu kommt von oben und schafft die Form aus der Materie.
– Und die, die nur zufällig ankommen, ohne wirklich berufen zu sein?
– Deren königliche Form hat etwas Künstliches an sich.
– Und die, die wirklich berufen sind, ankommen und dann das Böse tun? Was sagen Sie über die, Guitton?
– Sie haben ihre Berufung verraten und werden zu Geißeln Gottes.
– Warum lässt Gott zu, dass die Völker unter derartigen Geißeln zu leiden haben?
– Sie und ich, wir werden es bald wissen, Herr Präsident. Nur von der anderen Seite her kann man den Sinn der Geschichte erkennen.
– Guitton, wie kann man eine königliche Seele haben und seine Berufung verfehlen? Ist es das Schicksal?
– Könnte es nicht durch die Sünde kommen, Herr Präsident?
– Wir faseln. Guitton, alle diese Gedanken über die Berufung sind nur Kinderträume. Unsere Ambitionen entsprechen oft nicht einmal unseren Fähigkeiten. Es gibt ja so viele Mittelmäßige, die ganz hoch hinaus wollen. Wenn

Sie wüssten, wie viele von denen ich mit Orden ausgezeichnet habe!

– Die Weisheit, Herr Präsident, ist nur eine Rechtfertigung der Kindheit. Die Kindheit war im Recht. Das Erwachsenenalter ist ein Abenteuer oder ist nur eine Auswirkung der Jugend. Lippen und Zähne verraten den Ehrgeizigen. Die Berufung liegt im Blick. Die Ambition ist eine innere Unruhe. Die Berufung ist ein Wartezustand. Die Ambition ist ein Angstzustand. Die Berufung ist eine innere Freude. Der Ehrgeiz rechnet und verliert, und der Erfolg kann zur schlimmsten Niederlage werden. Die Berufung gibt sich selbst auf und empfängt trotzdem alles. Herr Präsident, hatten Sie eine Ambition oder hatten Sie eine Berufung?

– Beides.

– Welcher sind sie gefolgt?

– Beiden.

– Welche hätten Sie lieber verfolgt?

– Meine Berufung. Meine Berufung … Schicksal oder Berufung? Wie kann man wissen, Guitton, welches Wort zutrifft?

– Denken Sie nach, und Sie werden es wissen.

– Ich hatte nicht den Eindruck, jemals eine Wahl getroffen zu haben. Guitton, ich bin dort hingegangen, wo ich hingehen musste. Jede Niederlage hat die innere Sicherheit noch verstärkt. In meinen Rivalen sah ich zuerst Eindringlinge und Unvorsichtige. Jegliche Opposition erschien mir seltsam und schien dem Willen des Himmels entgegengerichtet zu sein. Als der Erfolg eingetreten war, kam mir das zwar wunderbar, aber auch ganz normal vor. Ich war nicht überrascht darüber. Als ich Präsident geworden war, schien es mir, als hätte ich meinen lange vorbereiteten Platz eingenommen.

– Ich sehe, dass Sie ungefähr ebenso demokratisch sind wie ich.

– Ich bin ein Demokrat, aber einer wie Perikles. Für mich bestätigt die Wahl des Volkes eine Einsetzung von oben. Das ist das Schönste an der Demokratie.
– Sind das Volk und Gott immer derselben Meinung?
– Manchmal schon, manchmal nicht, Guitton. Im allgemeinen weiß es das Volk nicht, aber manchmal fühlt es richtig.
– Wer kann das wissen, Herr Präsident?
– Pompidou ist hochgekommen. Giscard hat Erfolg gehabt. Aber de Gaulle und ich, unsere Ankunft war ein Ereignis. Das ist der Unterschied.
– Chirac wird sicherlich verlieren.
– Sie täuschen sich, Guitton, er wird gewählt werden.
– Wird seine Ankunft auch ein Ereignis?
– Ich weiß es nicht, antwortete der Präsident. Wenn er einmal gesiegt hat, könnte seine Ankunft zum Ereignis werden. Aber kommen wir auf die Freiheit zurück. Ist man frei, wenn man angekommen ist?
– Sie wollten es so. Warum wollten Sie es, wenn es nur Schicksal war?
– Das, was kommen soll, kommt nur, wenn wir es wollen.
– Herr Präsident, alles ist koordiniert mit dem Willen, der aus der Höhe kommt. Uns erscheinen die verschiedenen Ursachen und Gründe voneinander unabhängig. Aber das sind alles Fäden, die in der alles verstehenden Weisheit des ersten Verursachers zusammenlaufen. Wie der Lenker eines Streitwagens die Zügel aller seiner Pferde in seinen Händen zusammenfasst, so koordiniert Gott alle Ursachen. *So hält er alle Zügel aller Weltreiche in seiner Hand*, aller Königreiche und aller Republiken, die es jemals gegeben hat, die es gibt und die es jemals geben wird.
– Und der Zufall?
– Was man Zufall oder auch Glück nennt, ist die für uns überraschende Form, die die allerhöchste Koordination der offenbar nicht koordinierten Reihe von Gründen annimmt.

– Und das Gefühl seiner eigenen Erwählung?
– Ist der Instinkt für die Aufgabe.
– Wie weiß man, dass man eine Mission zu erfüllen hat?
– Weil man vor dem Erreichen der Berufung sehr viel leidet, Herr Präsident.
– Welcher Hochmut, Guitton, wenn man sich berufen glaubt!
– Welche Ohnmacht, Herr Präsident, wenn man nicht mehr daran glaubt!
– Guitton, haben die Demütigen keine Mission?
– Jeder Mensch hat seine Aufgabe, eine bescheidene oder eine ruhmreiche. Die größte Aufgabe ist nicht immer die höchste, es ist die dem Geist Gottes gemäßeste. Die gewöhnlichen Ehrgeizlinge haben ihre bescheidene Aufgabe verraten und haben sich ohne eine Berufung in die großen Gedankengänge eingemischt.
– Guitton, diese Art von Ideen erschrecken die Rationalisten, beunruhigen die Demokraten und schockieren die Laizisten. Ich kann mir Sarache gut vorstellen, wenn er uns jetzt zuhören würde.
– Herr Präsident, wenn Gott nicht über das Volk herrscht, wird das Volk zum Gott, das menschliche Gesetz wird zum Willen Gottes, und das menschliche Recht wird göttliches Recht. Die Freiheit, anders zu denken als die öffentliche Meinung, wird dann mit der Gotteslästerung gleichgesetzt. Dann gibt es weder Demokratie noch Freiheit, noch Laizität.
– So ähnlich habe ich in der letzten Zeit auch gedacht. Wenn man ein freier Bürger sein und den Sozialvertrag unterschreiben will, muss man sich vorher einer absoluten und gerechten Macht unterworfen haben, welche allein die menschliche Macht relativieren kann. Aber lassen wir das. Wir beide, Maître, wir sind mehr tot als lebendig. Wir müssen jetzt an die Ewigkeit denken. Deshalb befrage ich Sie noch einmal über die Freiheit.

– Haben Sie mir nicht selbst schon die Antworten gegeben?
– Maître, wie unterscheidet man alle Bedeutungen des Wortes Freiheit?
– Versuchen wir es, Herr Präsident.
– Zuerst gibt es die politische Freiheit.
– Gut. Dazu sollten eher Sie eine Definition versuchen.
– Ich würde sagen: es ist eine gewisse Unabhängigkeit einer menschlichen Macht einer anderen Macht gegenüber.
– Die sogenannte freie Macht kann also ihre Machtmöglichkeiten nach ihrem Gutdünken falsch oder richtig einsetzen. Die freie Macht ist also selbst die Ursache ihrer Unternehmungen und ihrer Taten.
– Wie schließen wir dann von der politischen Freiheit auf die persönliche Freiheit?
– Durch eine Weiterentwicklung der Bedeutung des Wortes Ursache. Es geht nicht mehr darum, eine materielle Wirkung zu erzielen, wie man zum Beispiel aus Versehen jemandem auf den Fuß tritt. Es geht darum, in unserem Ich und durch unser Ich selbst die Ursache unserer Handlungen und unserer Entscheidungen zu sein.
– Sicherlich, Maître, aber das Problem der Freiheit besteht doch darin, ob der Glaube an eine derartige Vollmacht des Ichs nicht eine Illusion ist.
– Wenn man glaubt, dass ein Mensch wirklich selbst die Ursache seiner Handlungen und der daraus folgenden Konsequenzen ist, dann sagt man, er sei dafür verantwortlich.
– Ich bin einverstanden, Guitton. Im Grunde wird die Freiheit durch die Verantwortlichkeit definiert. Wenn man für eine Handlung verantwortlich ist, dann ist man der erste menschliche Urheber derselben. Dies ist der erste Sinn. Aber die Verantwortlichkeit wird umgekehrt auch durch die Freiheit definiert, die die Fähigkeit unseres Ichs darstellt, verantwortlich zu sein. Beide Konzepte bilden zusammen eine Einheit. Die Freiheit ist die Fähigkeit zur

Verantwortlichkeit. Die Verantwortung ist eine handelnde Freiheit. Habe ich Sie so richtig verstanden?

– Ausgezeichnet, Herr Präsident. Das Zusammenwirken von Freiheit und Verantwortlichkeit bildet die Fruchtbarkeit unseres geistigen Seins und wirkt sich im Inneren und nach außen in Entscheidungen und Handlungen aus. Unser Ich existiert nur, um sich mit dem Sein, dem Wahren und dem Guten zu vereinen. Die Freiheit ist der Ausdruck dieser Einheit, ähnlich wie ein Kunstwerk.
– Ist das nicht eine allzu ästhetische Definition der Freiheit? Wenn man Sie so hört, Maître, hat man den Eindruck, das Ich wächst ganz von selbst, wie eine Lilie oder eine Seerose.
– Diesen Vorwurf, Herr Präsident, hat man vor langer Zeit Henri Bergson, meinem Lehrer, gemacht.
– Was sagen Sie dazu?
– Die freie Handlung entwickelt sich aus dem Geist des Ichs, seiner elementaren Liebe und seiner ursprünglichen Intuition. Das ist so. Aber es stimmt ebenso, dass das Ich zustimmen muss. Die Freiheit liegt auch in dieser Zustimmung.
– Guitton, kann man diese Zustimmung verweigern?
– Ja, sowohl zum Guten als auch zum Bösen.
– Ist es nicht immer gut, dem Ruf des Herzens zu folgen?
– Ja, wenn die Leidenschaft den Anruf nicht verfälscht.
– Sind Sie gegen die Leidenschaft?
– Nein, wenn sie sich innerhalb und im Sinne der Treue zum Anruf des Herzens bewegt.

Mitterrand machte eine Pause. Er erinnerte sich, wie perplex er damals war. Das Gericht zeigte keine Reaktion. Der Präsident fuhr fort:

– Man kann sich immer noch fragen, Guitton, ob derjenige, der die Entscheidung getroffen hat, eine unabhängige Macht war. War dieser Mensch wirklich die Ursache seiner eigenen Entscheidung? Oder ist seine Entscheidung vielleicht die Auswirkung einer Reihe von Ursachen, in Bezug auf welche der Mensch, der Ursache genannt wird, nur der Ort ist, wo sich die zufällige oder notwendige Kombination verwirklicht hat?

– Wir wollen uns genau orientieren. Wir können die absolute Freiheit definieren. Es ist die Vollmacht, in absoluter Weise eine Kausalkette von Ursache und Wirkungen in Bewegung zu setzen, d. h. eine absolute erste Ursache von Wirkungen, die allein auf diese Ursache zurückgehen.

– Aber genau das ist die Freiheit!

– Eine solche Freiheit, Herr Präsident, ist eher göttlich als menschlich.

– Das stimmt. Aber man behauptet doch, dass man die Freiheit deshalb verneinen muss, weil es biologische, soziologische oder psychologische Einschränkungen gibt.

– Wenn man das tut, zeigt man damit nur, dass der Mensch keine absolute Freiheit hat, wie sie Gott zusteht. Damit bleibt die Frage offen, ob der Mensch nicht eine menschliche Freiheit hat. Und nur darüber können wir uns unterhalten.

– Guitton, eine Freiheit, die nicht grenzenlos ist, interessiert uns nicht. Eine nur menschliche Freiheit interessiert die Menschen nicht.

– Aristoteles sagte, dass ein nur sterbliches Leben die Sterblichen nicht interessiert. Aber das bedeutet doch, dass Sie wie Gott sein wollen?

– Das habe ich nicht gesagt. Ich habe da eine ganz andere Meinung. Ich sage nicht, ich will wie Gott sein. Ich frage mich, was frei sein bedeutet, wenn man nicht Gott ist.

– Wir würden alle gern absolut frei sein. Aber die Frage ist doch, ob man zu diesem Zweck sein muss wie Gott oder ob man auf irgendeine Weise an der absoluten Freiheit Gottes beteiligt wird.

– Dazu müsste uns Gott an seiner eigenen Natur teilhaben lassen.

– Darin besteht unser Glaube.

– Dann wäre aber eine derartige absolute Freiheit auch ein absoluter Gehorsam, Guitton.
– Man kann den Satz auch umdrehen. Absoluter Gehorsam wäre absolute Freiheit.
– Ich mag den Gehorsam nicht, auch wenn er vergoldet ist.
– Er ist mehr als vergoldet, Herr Präsident. Ich erinnere mich, irgendwo bei Johannes vom Kreuz gelesen zu haben, dass, wenn die Seele vollständig mit Gott vereinigt ist, es einmal Gott und dann wieder die Seele ist, die kommandiert. Gott etwas befehlen, ist das nicht wunderbar?
– Allerdings. Aber trotzdem, gehorchen …
– Die Freiheit besteht darin, von allem absolut unabhängig zu sein. Das ist nur Gott. Also ist die einzige Möglichkeit, frei zu sein, die vollkommene Vereinigung mit Gott. Das ist geometrisch, Herr Präsident. Sie können diese vollkommene Einheit Gehorsam nennen, wenn Sie so wollen. Ich meine, dass der Gehorsam, oder die vollkommene Harmonie des menschlichen Willens mit dem göttlichen, nur der Anfang einer noch substantielleren Einheit ist, wo das ureigentliche Wesen des Menschen vom Wesen Gottes ergriffen wird.
– Aber das ist doch Pantheismus, oder nicht?
– Meiner Meinung nach nicht, Herr Präsident. Das ist die vollkommene Liebe. Die christlichen Mystiker nennen das die geistliche Hochzeit zwischen der Seele und Gott.
– Und wie ist es mit dem Gehorsam, auf diesem Niveau?
– Man imitiert Gott. Die Freiheit, ist sie das Nichts?
– Aber gehorchen … Gehorchen Sie gerne, Guitton? Haben Sie die Seele eines Leibeigenen?
– Würden Sie mich mögen, wenn dem so wäre?
– Das ist keine ausreichende Antwort, Guitton.
– Ein Vernünftiger ist kein Sklave, wenn er gehorcht, aber er ist es, wenn er auf unvernünftige Weise gehorsam ist. Vernünftig sein, heißt, wahrhaftig denken.
– Was ist Wahrheit?

– Was dem Zweifel widersteht und als Sieger hervorgeht.
– Was ist der tiefste Grund der Vernunft?
– Die Oration.
– Aber ist die Vernunft, Maître, nicht vielmehr die Fähigkeit, Objekte nach den autonomen Gesetzen des menschlichen Geistes zu verknüpfen? Die Wahrheit wäre dann die Übereinstimmung der Objekte mit den Gesetzen des menschlichen Geistes.
– Wenn das so wäre, hätte Sarache recht. Der menschliche Geist wäre dann im Grunde der göttliche Geist. Glauben Sie, dass es so ist?
– Nein. Denn ich leide und ich habe das Gute nicht getan, das ich tun wollte.
– Also, warum dann nicht gehorsam sein, Herr Präsident?
– Ja, warum nicht …

Das Auditorium hing an Mitterrands Lippen. Ich war wütend. Alle wollten sehen, wohin uns der Präsident noch führen würde. Er ließ mich sagen:

– Wenn wir eine absolute Freiheit haben wollen, brauchen wir die vollkommene Vereinigung mit der absoluten Realität. Das setzt einen vollkommenen Gehorsam voraus, der auch eine vollkommene Freiheit darstellt, insbesondere eine vollkommene intellektuelle Freiheit.
– Maître, wir bewegen uns zu sehr im Absoluten. Ich sehe immer noch nicht, was es bedeutet, frei zu sein.
– Jedes menschliche Wesen möchte gerne die absolute Freiheit haben. Wir wollten herausfinden, was das bedeutet.
– Und Sie behaupten, wenn man nicht vor der absoluten Macht Gottes auf dem Boden liegt, kann man nicht frei sein.
– Herr Präsident, Sie machen sich über mich lustig.
– Und die Unfehlbarkeit des Papstes? Ist das die Freiheit des Verstandes? Und die Inquisition? Ist das die religiöse Freiheit?

– Herr Präsident, wenn Sie so wollen, können wir darüber reden. Aber ist das wirklich unser Thema?
– Nein. Sonst bleiben wir in den Spuren von Sarache stecken. Es ist höchste Zeit, dass wir von der menschlichen Freiheit sprechen. Warum haben wir von der Vollkommenheit und von der göttlichen Freiheit gesprochen?
– Weil alle davon sprechen und an nichts anderes denken. Anders ausgedrückt, ist der Gehorsam ein derartiges Problem? Er ist die einfachste Sache der Welt. Was ist trivialer, als zu gehorchen? Aber man will die Perfektion, also auch die Perfektion der Freiheit, und so fangen die Schwierigkeiten an.
– So muss es wohl sein. Oder wenigstens hängt es damit zusammen. Also, was heißt es für ein menschliches Wesen, frei zu sein? Lassen Sie uns vorwärts kommen, Guitton, oder wir sterben noch in der Unkenntnis. Sie haben von Vernunft und von Wahrheit gesprochen. Heißt frei zu sein, vernünftig zu sein und vernünftig zu handeln?
– Das war die Idee Kants.
– Was sagen Sie dazu, Guitton? Aber erinnern Sie mich zuerst an die wesentlichen Gedankengänge.
– Um es in einem Wort zu sagen, Herr Präsident: Kant war der Meinung, dass der Mensch dann frei ist, wenn er selbst die Ursache seiner Handlung ist.
– Stimmen Sie dem nicht zu?
– Nicht die einzige Ursache.
– Das stimmt, Guitton, denn es gibt ja Gott und damit die Vorherbestimmung, die Berufung und alles, was wir schon besprochen haben … Also heißt frei sein, Ursache sein.
– Ja, Herr Präsident, aber Ursache sein durch den eigentlichen Grund unseres geistigen Wesens. So hat Kant gesagt.
– Sie stimmen damit nicht überein?
– Doch, doch. Zum Teil. Denn man muss noch definieren, was dieser eigentliche Grund ist.
– Was ist er, nach Kants Meinung?

– Ich nehme an, die Vernunft, Herr Präsident.
– Die Vernunft?
– Die Vernunft. Belassen wir es dabei, um fortfahren zu können.
– Fahren wir fort, Guitton.
– Frei sein bedeutet, die Ursache seiner eigenen Handlungen zu sein, und zwar mit Hilfe der Vernunft, die wir als die Grundlage unseres geistigen Wesens ansehen.
– Das ist doch nicht schlecht ...
– Ich behaupte auch nicht das Gegenteil, Herr Präsident. Warten Sie, was nun kommt. Er will nicht, dass wir von Objekten bestimmt werden, die sich unsere Vernunft vorstellt, noch durch Gefühle, die diese Objekte in uns hervorrufen können.
– Was soll das heißen?
– Wenn ich es recht verstehe, Herr Präsident, so heißt frei sein, nicht vom Reichtum bestimmt werden, von der Macht, den angenehmen Dingen, dem Ruhm, dem Paradies, der Güte Gottes; nicht bestimmt werden von den Bedürfnissen, dem Vergnügen, dem Schmerz, der Furcht, der Liebe usw.
– Was soll das heißen? Wovon sollen wir denn dann bestimmt werden?
– Von der reinen, praktischen Vernunft.
– Erklären Sie mir, Guitton, wie Kant sich das denkt.
– Ganz einfach, Herr Präsident. Man darf sich nur von der Vernunft bestimmen lassen, ohne die Objekte der Vernunft in Betracht zu ziehen noch die gefühlsmäßigen Einflüsse, die diese Objekte auf uns ausüben.
– Wie macht er das?
– Wenn man von den Objekten der Vernunft abgesehen hat, bleibt nur noch die reine Form der Vernunft übrig. Nur sie darf uns bestimmen.
– Worin besteht dieses außerordentliche Geschöpf?
– Das einfache Konzept eines Systems rationeller Gesetze,

die sich gegenseitig nicht widersprechen, und das eine Gesamtheit von Bewusstseinsinhalten bildet, in Form einer durch die Notwendigkeit ihrer Gesetze bestimmten Ordnung.

– Sie sprechen wie ein Buch, Guitton; das entspricht gar nicht Ihrer Gewohnheit. Für mich ist das unverständlich. Bitte, guittonisieren Sie mir das.

– Frei ausgedrückt heißt das, dass wir uns von der Vernunft bestimmen lassen sollen. Nichts, was außerhalb der Vernunft liegt, soll uns bestimmen. Man darf also nur von der eigentlichen Idee der Vernunft bestimmt werden: die Nicht-Widersprüchlichkeit ist das allgemeine Gesetz. Wir sind dann frei, wenn wir nur nach allgemeinen Gesetzen handeln, die sich nicht widersprechen.

– Guitton, so formuliert kann man es besser verstehen. Wohin führt das?

– Zur Eliminierung aller sich selbst widersprechenden Regeln. Übrig bleiben noch die anderen Regeln. Darauf kommen wir noch. So sind wir also frei, Herr Präsident. Und als Prämie dazu sind wir auch noch moralisch.

– Guitton, warum die Prämie?

– Wenn man sich so verhält, so steht man still vor der Vernunft und vor einer Reihe von Regeln, die im großen Ganzen mit der Moral übereinstimmen. Wenn man diese Regeln genau befolgt, ist man moralisch.

– Aber warum?

– Wenn man ihnen nicht folgt, Herr Präsident, befindet man sich im Widerspruch, ist also irrational und damit unfrei.

– Mag sein. Aber warum ist man unmoralisch, wenn man unlogisch ist? Und warum ist man unlogisch, wenn man unmoralisch ist? Mir scheint, dass eine unmoralische Handlung völlig logisch wird, wenn sie ausgeführt ist.

– Diesen Gesichtspunkt hat er, meines Wissens, nicht in Betracht gezogen, Herr Präsident. Man muss vernünftig sein. Etwas anderes gibt es nicht. So ist es eben.

– Dieser Kant ist noch schlimmer als der Papst.
– Das sagen Sie, Herr Präsident, außer dass der Papst gar nicht so schlecht ist.
– Aber was sagen Sie, Guitton?
– Ich verstehe, dass das für Kant bedeutet, frei zu sein. Aber aus den Prinzipien heraus erkenne ich nicht, warum man wählen sollte, frei zu sein, wenigstens nicht in dem Sinn, in dem er das Wort versteht. Warum sollte man wählen, vernünftig zu sein, anstelle vom Gegenteil?
– Guitton, wollen Sie unvernünftig sein?
– Nein, aber anstelle vor der Vernunft stillzustehen, frage ich mich, warum ich ihr, zum Teufel, gehorchen soll. Und anstelle in respektvoller Verblüffung vor der Freiheit stillzustehen, frage ich mich, warum ich frei leben soll und nicht unfrei und ein Bürger sein soll anstelle von einem Tyrannen.
– Man muss sich das fragen, Guitton. Hiob lästert Gott nicht, wenn er ihn befragt. Was sagen Sie dazu?
– Herr Präsident, mir ist die Unabhängigkeit des Geistes äußerst wichtig und ich halte sie für ein hohes Gut. Für mich ist diese Unabhängigkeit eine Voraussetzung, um zur Wahrheit vorzudringen und zum Guten, das im Wahren verborgen ist. Ich fühle mich verpflichtet, so frei wie möglich zu sein, um das Wahre und das Gute zu erforschen.
– Es gibt also nach Ihrer Meinung, Guitton, etwas Tieferes als die Unabhängigkeit, als die Autonomie oder als die Freiheit?
– Ja, das tiefe Streben der Seele nach dem Wahren, dem Guten, dem Sein.
– Die Seele strebt?
– Die Seele ist schöpferisches Werden. Und die Vernunft ist das Denken der Seele.
– Denken und schöpferisches Werden?
– *Denken und schöpferisches Werden.* Diese Bewegung der Seele kann ich akzeptieren oder nicht akzeptieren. Die

Freiheit, Herr Präsident, ist die Vollmacht, damit einverstanden zu sein oder auch nicht – mit dieser natürlichen und anmutigen Bewegung hin zum Guten.
– Ein Faktum.
– Die Freiheit ist eben dieses Faktum.

– Wenn also meine Wähler die Moral verabscheuen, Guitton, dann verabscheuen sie die Lehre Kants.
– So scheint es.
– Was sagen Sie dazu?
– Sie haben Recht.
– In meinem Landhaus im Departement Creuse …
– Dort, wo ich Ihnen den Orden verlieh?
– Genau. Es war ein unvergesslicher Tag. Im Stall neben dem Landhaus hatte ich einen Esel.
– Ich erinnere mich. Er hieß Kant. Ich war darüber erstaunt. Jetzt verstehe ich es.
– Als Sie mich damals besuchten, war er schon sehr alt. Dieser Esel und vor allem sein Name hat mir schon große Ungelegenheiten bereitet. Ein Verräter hat mich bei meinen Kollegen an der Universität angeschwärzt. Es gab einen enormen Skandal. Beinahe wäre ich im Hof der Sorbonne lebendig verbrannt worden. Ich bin zwar lebend davongekommen, aber sie haben vier Jahre lang kein Prüfungsthema genehmigt, das aus meinen Vorlesungen stammte.
– Und Sie haben diese Vorlesungen während der ganzen Zeit weiter gehalten?
– Ja, natürlich. Ganz entspannt schrieb ich meine Bücher. Und ich habe den Studenten erzählt, was ich geschrieben hatte.
– Es war trotzdem ein gutes Tier.
– Wer?
– Kant. Ich habe ihm damals Kleeblätter gefüttert.
– Er hat sie sicherlich aus Pflichtbewusstsein gefressen.

– Guitton, was ist die Sünde?
– Ein Leben gegen Gott zu führen.
– Maître, woran denken Sie bei diesem Wort?
– An ein Hindernis.
– Hindernis wofür?
– Für das Glück, für die Freiheit, für den inneren Zusammenhalt.
– Sie sollten noch anfügen, Maître: für den Elan, das Abheben, die Befreiung.
– Auf dieser Erde gibt es nichts Schöneres als die Schönheit einer Frau. Aber wenn man das Streben nach dem Absoluten, den Durst nach der Unendlichkeit wegnimmt, ist die Liebe nur noch Physiologie. Was ist also diese Schönheit? Voltaire hat es so beschrieben: „Für den Frosch ist das Schönste die Fröschin."
– Also?
– Herr Präsident, wie kann man die menschliche und die göttliche Liebe miteinander in Einklang bringen? Der Einklang ist die Heiligkeit. Die Sünde ist eine Dissonanz.
– Sieht Gott nicht, dass der Mensch in der Schönheit das Absolute sucht?
– Und eine gewisse Unendlichkeit der Freude in den Höhepunkten der Lust. All das ist Traum. Die Unendlichkeit ist in der Unendlichkeit. Das Absolute ist im Absoluten.
– Aber alles Schöne ist wie ein Widerschein davon. Nur mit Hilfe dieses Widerscheins kann ich weiterkommen.
– Auf dem Weg zum Heil befindet sich die Schönheit von Dante und Beatrice. Die Schönheit von Paolo und von Francesca findet sich im fünften Gesang der Hölle. Das wirkliche Schöne spiegelt auch das Gute wider.
– Guitton, als ich im Gymnasium war, sagte man uns immer, wir sollten unsere Gefühlsregungen reinigen.
– Und?
– Besagt die Gefühlsregungen zu reinigen nicht, was es besagt?
– Eben, was heißt das für Sie?

– Sich von seinen Gefühlsregungen reinigen, Guitton, heißt keine Gefühlsregungen mehr haben.
– Es heißt eher, nur noch reine Gefühlsregungen haben, Herr Präsident.
– Die Liebe ist ein Sturzbach, eine Leidenschaft, ein Traum, ein Feuer …
– Haben Sie die Decke der Sixtinischen Kapelle schon einmal aufmerksam betrachtet? Können Sie mir sagen, was die zentrale Figur darstellt?
– Die Erbsünde?
– Nein, Gott sei Dank.
– Also, dann ist es die Erschaffung des Menschen.
– Auch nicht.
– Ich gebe auf.
– Es ist die Erschaffung Evas.
– Dieses Bild habe ich nicht gesehen.
– Es ist das allerschönste von allen, Herr Präsident, und ich weiß nicht, warum man es fast nie abbildet, so dass es im Vergleich mit den anderen Darstellungen dieses großartigen Gemäldes fast unbekannt ist. Adam sieht man links auf dem Gemälde, von einem geheimnisvollen Schlaf befallen, nackt auf einem kreuzförmigen Busch liegend. Im Mittelpunkt sieht man Eva. Sie ist dem Ruf Gottes, des Schöpfers, folgend aus der Rippe Adams entsprungen. Dieser, der allmächtige Vater, befindet sich rechts, die Füße auf dem Boden, wie der Ursprung der Kraft und der Güte. Stolz auf sein kleines Wunderwerk, sieht er die Frau mit großen, gutmütigen Augen an, voller väterlicher Zärtlichkeit.
– Unglaublich, dass mir das bis heute verborgen blieb.
– Und ich bedauere, Herr Präsident, dass ich es nicht genügend bewundert habe.
– Die Schönheit berauscht uns. Sie gibt uns das Gefühl zu leben und lässt uns die, die wir lieben, anschauen wie lebendige Symbole der Ideale, ohne die unser Leben nur Staub und Asche ist.

Was die Gemeinschaft der Heiligen bedeutet

Mitterrand schwieg und gab mir ein Zeichen, fortzufahren. Sankt Peter hatte mit einem Kopfnicken sein Einverständnis gegeben. Also habe ich die dramatischsten Augenblicke unserer Unterhaltung noch einmal durchlebt.

– Das Urteil, Herr Präsident, das Urteil.
– Werde ich verdammt, Guitton?
– Ich habe mich oft gefragt: „Guitton, wirst du verdammt?"
– Wenn sogar Sie verdammt werden, dann ist mein Schicksal erst recht besiegelt.
– Gott urteilt nicht *a fortiori.* Lesen Sie das Evangelium. „Ich bin nicht für die Gerechten gekommen, sondern für die Sünder."
– Guitton, sind wir die, für die uns die Leute halten?
– Das, was mir bei Gott gefällt, ist, dass er die Leute so sieht, wie sie sind, und dass sie so sind, wie er sie sieht.
– Das Urteil der Menschen über mich empört mich nur und irritiert mich. Wenn ich gütig gestimmt bin, dann bedauere ich sie.
– Haben Sie sich nie vor ihnen gerechtfertigt, Herr Präsident?
– Nein. Wenn sie mich verletzt haben, habe ich mich immer gerächt, niemals gerechtfertigt.
– Gott allein rechtfertigt.
– Maître, ich habe Gott nie gesehen.
– Ich auch nicht.
– Ich bin ihm niemals begegnet.
– Ich habe eigentlich immer nur das getan.
– Wie kann man Gott begegnen, wenn man ihn nicht sieht?
– Und wenn Sie ihm in diesem Augenblick begegnen?
– Sie sind nicht Gott.
– Christus zeigt uns Gott.
– Sie sind nicht Christus.
– Die Kirche ist der Arm Christi, und sie teilt ihn aus.

– Die Kirche, das ist der Klerus. Sie sind nicht die Kirche, Guitton.
– Die Kirche ist der Leib Christi.
– Sind Sie Leib Christi?
– Ja, wenn ich in der Gnade stehe.
– Stehen Sie in der Gnade?
– Wie kann ich das wissen?
– Vergewissern Sie sich.
– Das Urteil, Herr Präsident! Das Urteil!
– Wiederholen Sie sich nicht. Sagen Sie mir lieber, wie man sich auf das Gericht vorbereitet.
– Man muss aufhören, sich zu rechtfertigen. Man muss die Masken fallen lassen.
– Welche Mittel haben wir dafür?
– Wieder wie die Kinder zu werden.
– Warum?
– *„Je schwächer man ist, ohne Wünsche und Tugenden, desto mehr ist man bereit, von der verwandelnden und verzehrenden Liebe überwältigt zu werden."*
– Ihre Mutter hat ihren Tod für Ihr Heil angeboten.
– Ich weiß, Maître.
– Nein, Sie wissen es nicht. Sie wissen nicht alles.
– Was wissen Sie mehr?
– Sie litt Folterqualen, Herr Präsident. Der Priester, der bei ihr war, sprach zu ihr wie zu einer starken Seele.
– Sie wollte es nicht anders. Was hat er zu ihr gesagt?
– Ich erzähle es Ihnen. Der Priester: Madame, unterwerfen Sie sich dem Willen Gottes. Sie: Mein Vater, ich bin damit einverstanden, zu sterben, aber ich ängstige mich. Er: Haben Sie Angst vor dem Tod? Sie: Ich fürchte Schlimmes für die Seele meines Sohnes François. Der Priester faltet die Hände, sammelt sich, um die Erleuchtung des Geistes zu empfangen, und sagt: Madame, opfern Sie Ihren Tod für das Heil Ihres Sohnes und denken sie dann an nichts anderes, als sich ganz in die Hände Gottes zu übergeben. Sie

schließt die Augen, öffnet die Hände und sagt: Jesus, Barmherzigkeit, für dich mein Leben und mein Tod, für das Heil meines Sohnes François. Etwas später sagt sie noch einmal: In deine Hände, Herr, lege ich meinen Geist. Und sie stirbt.

– Woher wissen Sie das alles, Maître?
– Der Priester, der ihr in ihren letzten Augenblicken beigestanden hat.
– Warum hat er dieses Geheimnis verraten?
– Gott hat es erlaubt.
– Warum?
– Damit Ihnen eines Tages, und der Tag ist jetzt gekommen, dieses Geheimnis berichtet wird.

Diese Worte waren kaum ausgesprochen, da sagte Jesus selbst:

– François, wir danken dir. Du darfst dich zurückziehen.

Mitterrand ging hinaus.
Gerührt nahm Sankt Peter das Wort.

– Jean, was ereignete sich nach diesem Gespräch?
– Ich glaube zu wissen, dass Präsident Mitterrand sechs Monate vor seinem Tod – er hatte sein Amt erst vor kurzer Zeit verlassen – in der Rue Frédéric-LePlay mit seiner gelben, pergamentartigen Hand die Reliquien der heiligen Theresia von Lisieux berührt hat. Später plante er, ein Buch über die Heilige zu schreiben, in der Form eines Dialogs mit einem französischen Bischof. Schließlich begab sich der Präsident drei Wochen vor seinem Tod nach Lisieux. Ich weiß nicht, was er dort machte.
– Aber ich, ich weiß es, sagte Theresia mit lauter Stimme.

Alle Augen richteten sich auf sie. Sankt Peter wechselte einen Blick mit Christus und sagte zu Theresia:

– Sagen Sie aus.

Theresia trat vor und sagte:

– Als ich ihn in Lisieux ankommen sah, gebrochen, alt und leidend, ergriff ich ihn und führte ihn im Geist ins Krankenzimmer im Karmel. Es ist das gleiche Zimmer, in dem ich vor hundert Jahren starb. Das Zimmer ist fast quadratisch, nicht sehr groß. In einer Ecke steht mein Totenbett. An der Wand, ziemlich hoch, dem Bett gegenüber, befindet sich die Statue der Jungfrau mit dem Lächeln. Mitterrand war am Kopfende des Bettes. Er betrachtete die Statue. Ich erschien ihm unter der Statue Marias. Ich sagte zu ihm:
– Herr Präsident, in diesem Jahr des 1500. Jahrestages der Taufe Chlodwigs geziemt es sich, dass die Herrin Frankreichs den Chef dieser Nation, den Nachfolger Chlodwigs, trifft.

Nach dieser Begrüßung schwieg ich. Er war weder überrascht noch erschrocken. Er war mit dem Übernatürlichen immer vertraut. Er hatte mich sofort erkannt. Mit einem delikaten Kopfnicken erwiderte er meinen Gruß.

– Schwester, sagte er, der Nachfolger Chlodwigs grüßt die Herrin Frankreichs.

Er zeigte kein Erstaunen, trat zwei Schritte auf mich zu und blieb stehen.

– Also, Schwester, bin ich Ihnen nicht entkommen. Was wollen Sie von mir?
– Ihnen ein Gedicht schenken, das ich geschrieben habe. Der Titel lautet: *Aus der Liebe leben.* Hier ist es.

Er nahm das Gedicht dankbar entgegen und sagte:

– Ich liebe Gedichte. Ich werde das Ihre mit Vergnügen lesen. Sie erweisen mir eine große Ehre.
– Ich wollte Ihnen auch eine Handvoll Rosenblätter schenken.

Ich öffnete meine Hand. Er streckte seine Hand aus und empfing von mir die Rosenblätter, die meine Handfläche bedeckten. In dem Moment entstand ein Luftzug und einige Blätter fielen zu Boden.

– Er sagte, das sind Blätter von Teerosen.
– Ich mag auch die malvenfarbenen Iris, sagte ich.
– Schwester, da haben wir ja denselben Geschmack.

Während er das sagte, verschwand ich vor seinen Augen. Das störte ihn nicht. Er betrachtete das Krankenzimmer um sich: das Fenster zum Garten, das Schmerzensbett, meine Fotografie, den hölzernen Tisch, die Statue der Jungfrau. Dann fiel sein Blick auf das Blatt Papier, das er in den Händen hielt. Er las mein Gedicht. Man konnte ihn murmeln hören. Manchmal sprach er lauter und gab einen Kommentar von sich.

– „*Aus der Liebe leben.*
  Ein schöner Titel für ein Gedicht. Leider werde ich bald sterben. Ich bin gefangen. Wo verbirgt sich Gott?
  O Dreieinigkeit, du bist der Gefangene
  meiner Liebe …
  Wie allein ich bin! An der Pforte des Todes träume ich noch vom Glück. All das ist seltsam.
  Liebende brauchen Einsamkeit …
  Nur dein Blick bringt mir Seligkeit.
  Ich habe Schmerzen.
  Aus der Liebe leben heißt, den Kalvarienberg erklimmen …
  Ich weigere mich zu leiden! O weh, wer kann das verstehen?
  Dem Herzen Gottes habe ich alles gegeben …
  Wahnsinn … Ich habe nichts mehr. Habe ich Angst?
  Die Erinnerung an vergangene Fehler verbannen …
  Was für eine seltsame Liebe empfindet dieses Kind für diesen unverständlichen Gott.
  Sterben vor Liebe, das ist meine Hoffnung.

Wenn ich mich von diesem Leben löse,
Ist Gott meine große Belohnung,
Kein anderes Gut soll mir bleiben.
Seine Liebe soll mich verzehren,
Ihn will ich sehen, mich für immer mit ihm verbinden;
Das ist mein Himmel, meine Bestimmung:
Aus der Liebe leben.
Wer kann das verstehen?"

Er wollte gehen. Er drehte sich um, ging noch einmal zurück, las die wenigen, zu Boden gefallenen Rosenblätter auf und ging hinaus.
Der Präsident kehrte nach Paris zurück, reiste dann nach Ägypten, kam schwerkrank zurück und starb.

Als ich gerichtet wurde

Christus war in Gedanken verloren, den Kopf gesenkt. Sankt Peter sagte kein Wort. Alle Heiligen beteten.
Dann fragte mich Jesus:

– Jean, möchten Sie noch etwas hinzufügen?

Ich antwortete:

– Ich stehe vor dir, Jesus, mein Schöpfer, mein Erlöser und mein Richter.

Bei diesen Worten versuchte ich, ein Papier aus meiner Tasche zu ziehen. Es gelang mir schließlich. Ich entfaltete es, aber ich war zu erregt, das Papier fiel zu Boden … Sofort sprang Theresia vor, nachdem sie zu Christus aufgeschaut hatte und dieser fast unmerklich mit dem Kopf genickt hatte. Alles ging sehr schnell. Sie hob das Papier auf. Ich war sehr müde. Ich sagte mit ruhiger Stimme zu Theresia:

– Lesen Sie selbst. Es stammt von Jan van Ruisbroek, dem

„Doctor ecstaticus". So hätte ich gerne leben und sterben mögen.

Dann las Theresia: „*Wenn der Mensch im Grunde seiner selbst mit den brennenden Augen der Liebe die ungeheure Größe Gottes betrachtet … wenn sich der Mensch dann selbst betrachtet und seine Anschläge gegen den erhabenen und treuen Herrn zählt … findet er keinen Ausdruck der Verachtung seiner selbst, der groß genug wäre, um ausreichend zu sein … Er verfällt in ein seltsames Staunen, ein Staunen darüber, dass er sich selbst nicht tief genug verachten kann … Dann ergibt er sich in den Willen Gottes … und, in innerster Selbstverleugnung findet er den wahren Frieden … den Frieden, den nichts mehr stören kann … Selbst unsere Sünden sind für uns die Quellen der Demut und der Liebe geworden … In die tiefste Demut geworfen zu sein, ist wie in Gott einzutauchen, denn Gott ist der tiefste Grund des Abgrunds … Die Demut empfängt dann Dinge, die zu hoch sind, als dass man sie lehren könnte; sie empfängt und besitzt, was Worte nie erreichen können.*"

Nachdem sie dies gelesen hatte, kehrte Theresia auf ihren Platz zurück. Ich sagte:

– Ich habe gelebt. Amen.

Christus stand auf. Auch das hohe Gericht erhob sich, außer Theresia, die auf die Knie fiel und die Hand nach der Mutter Gottes ausstreckte, die eben an der Seite Montinis eingetreten war. Der Papst schloss die Augen. Die Jungfrau gab Theresia ein unmerkliches Zeichen. Christus erhob die rechte Hand in der erhabenen Weise, die Michelangelo als Prophet gesehen und die er beim Malen des Jüngsten Gerichts in der Sixtinischen Kapelle so meisterlich dargestellt hatte. Das Licht Gottes durchleuchtete mein Wesen. Der Blick Christi drang durch mein Herz. Alle Größe war wie ein Berg aus Wachs zerschmolzen. Christus segnete den Vater. Dann sprach er das Urteil.

Anmerkungen

[1] J. L. Borges, 1899–1986, argentinischer Schriftsteller, Surrealist.
[2] Ort bei Paris mit einer psychiatrischen Anstalt.
[3] Joh 5,36.
[4] Mk 16,16.
[5] Joh 3,2.
[6] 1 Kor 15,15.
[7] Mt 28,11–15.
[8] Mt 11,25
[9] Interesse an der Aufnahme in die Académie.
[10] Von *pan,* alles; *psychê,* Seele. Lehre, nach der die materiellen Phänomene nur Erscheinungen einer seelischen Wirklichkeit sind.
[11] Siehe Buch X.
[12] „Man muss sich zwischen Büchern oder Kindern entscheiden."
[13] „Gott höchsten Erbarmens."
[14] „Alles, was der Geist des Herrn erfüllte."
[15] „So zu sagen." Häufiger Ausdruck bei Cicero.
[16] Emblem der Vichy-Regierung.
[17] Geusen, aus dem frz. Gueux = „Bettler", Bezeichnung für die niederländischen Freiheitskämpfer zur Zeit Philipps II. von Spanien.
[18] „Eine dritte Möglichkeit gibt es nicht."